# आलोक राय

आलोक राय का जन्म 16 जुलाई, 1946 को जबलपुर, मध्यप्रदेश में हुआ। आपने 1966 में इलाहाबाद विश्वविद्यालय से अंग्रेज़ी साहित्य में एम.ए. किया। 1968-71 तक ऑक्सफ़ोर्ड विश्वविद्यालय में रोड्स स्कॉलर रहे। वहाँ से लौटकर इलाहाबाद आए। 1977 तक इलाहाबाद विश्वविद्यालय में अध्यापन किया। उसके बाद कॉमनवेल्थ एकेडमिक स्टाफ़ स्कॉलरशिप पर यूनिवर्सिटी कॉलेज लंदन गए और 1982 में वहाँ से पी-एच.डी. की। 1991 में आई.आई.टी. दिल्ली में प्रोफ़ेसर नियुक्त हुए। 2002 में दिल्ली विश्वविद्यालय में अध्यापन शुरू किया। 1985-87 तक नेहरू मेमोरियल म्यूज़ियम एंड लायब्रेरी के फ़ेलो रहे। 1985 में आईसीएसएसआर के सीनियर फ़ेलोशिप से सम्मानित हुए।

'ऑरवेल एंड द पॉलिटिक्स ऑफ़ डिस्पेयर' और 'हिन्दी नेशनलिज़्म' आपकी प्रमुख पुस्तकें हैं।

आप ताउम्र देश-विदेश में अंग्रेज़ी भाषा और साहित्य पढ़ते-पढ़ाते रहे। अब दिल्ली विश्वविद्यालय से रिटायर होने के बाद इलाहाबाद में रह रहे हैं।

ईमेल : alokrai1@ gmail.com

# हिन्दी राष्ट्रवाद

आलोक राय

राजकमल पेपरबैक्स

राजकमल पेपरबैक्स में
**पहला संस्करण :** 2022
**दूसरा संस्करण :** 2023



**राजकमल पेपरबैक्स :** उत्कृष्ट साहित्य के जनसुलभ संस्करण

राजकमल प्रकाशन प्रा.लि.
1-बी, नेताजी सुभाष मार्ग, दरियागंज
नई दिल्ली-110 002
द्वारा प्रकाशित

**शाखाएँ :** अशोक राजपथ, साइंस कॉलेज के सामने, पटना-800 006
पहली मंजिल, दरबारी बिल्डिंग, महात्मा गांधी मार्ग, प्रयागराज-211 001
वेबसाइट : www.rajkamalprakashan.com
ई-मेल : info@rajkamalprakashan.com

बी.के. ऑफसेट
नवीन शाहदरा, दिल्ली-110 032
द्वारा मुद्रित

**मूल्य :** ₹299

HINDI RASHTRAVAD
*by* Alok Rai

ISBN : 978-93-90971-65-7

हिन्दी
राष्ट्रवाद

# क्रम

# अनुवाद के बहाने, पुनर्लेखन

हमारी किताब Hindi Nationalism लगभग बीस साल पहले छपी थी। किता. को सराहा गया, और विदेश में ख़ूब-ख़ूब प्रशंसा भी मिली। जगह-जगह पाठ्यक्रम में शामिल कर ली गई और दक्षिण एशिया के भाषायी संघर्ष और विकास के विद्यार्थियों के लिए अनिवार्य-सी बन गई। लेकिन किताब छपने के ठीक बाद से ये भी कहा जाने लगा कि इसे तो हिन्दी में होना चाहिए। आख़िर बात तो हिन्दी की है, और बहस हिन्दी-जगत में होनी चाहिए। ख़ैर, हिन्दी की दुनिया में चर्चा न होने का एक कारण तो ज़रूर ये हो सकता है कि किताब अंग्रेज़ी में है, और वो भी ख़ासी जटिल अंग्रेज़ी में। लेकिन मुझे शक है कि कारण कुछ और भी होंगे। फिर ये भी कि अंग्रेज़ी की भाषायी प्रकृति हिन्दी से बहुत भिन्न है : अंग्रेज़ी में जिस तरह का संक्षेपण सम्भव है, वो सम्भवत: अत्यन्त संस्कृतनिष्ठ हिन्दी में भी सम्भव होगा। लेकिन—और इस बात का सम्बन्ध अनुवाद से है—कि हिन्दी को लेकर जिस तरह की बात हम कह रहे हैं, या कहना चाह रहे हैं, वो ही इस घोर संस्कृतनिष्ठ हिन्दी को हमारे लिए वर्जित-सा बना देती है। या यूँ कहें हिन्दी राष्ट्रवाद के तर्क और उस तर्क की भाषा में अन्तर्विरोध गले नहीं उतरता।

यानी कि मुश्किलें कथ्य और भाषा, दोनों ही स्तर पर आईं, और बड़े-बड़े महारथियों ने, बड़ी मेहनत से, Hindi Nationalism का हिन्दी अनुवाद करने की कोशिशें कीं—कइयों ने तो कुछ पन्नों बाद ही हाथ ऊपर कर दिए, कुछ और थे कि डटे रहे। लेकिन, दुर्भाग्यवश, बात बनी नहीं, और अन्त में हुआ वही जिसका हमें अन्देशा और डर था।

शुरू ही से, हम ख़ुद अनुवाद करने से कतरा रहे थे—सो बात हमारे ही गले पड़ गई। और शायद ऐसा होना ही था, क्योंकि हमारी जटिल अंग्रेज़ी और हिन्दी-अंग्रेज़ी की भिन्न भाषायी प्रकृति के अलावा, एक मुश्किल और थी। हिन्दी और अंग्रेज़ी के पाठक-वर्ग फ़र्क़ हैं। जो बात हिन्दी पाठक सहज रूप से समझ लेगा, उसे अंग्रेज़ी पाठक के लिए समझाना पड़ता है। और इससे ठीक

उलटे, जो बातें अंग्रेज़ी विमर्श में अति-सामान्य हो गई हैं वो फ़िलहाल हिन्दी में अपरिचित और शायद अनुपलब्ध हैं। यानी कि अनुवादक की समस्या, बतौर अनुवादक, ला-इलाज है।

किताब का मूल लेखक होने की हैसियत से, मैं वो कर सकता था—और जिसके डर से शुरू ही से कतरा रहा था—वो था कि मैं, बतौर लेखक, मूल पाठ से हटकर भाषायी और पाठकीय बातों को मद्देनज़र रखते हुए अपनी बात को किसी दूसरे ढंग से कह सकता था। ज़ाहिर है ये छूट किसी अनुवादक को न तो है, न हो सकती है। सो हुआ वही कि जो चीज़ अनुवाद के रूप में शुरू हुई थी, वो चलते-चलते एक तरह का पुनर्लेखन बन गई।

एक मानी में ये ठीक भी था, क्योंकि भाषायी और पाठकीय मजबूरियों के अलावा, पिछले बीस साल में सामाजिक परिस्थिति भी बहुत बदल गई है। और इस तेज़ी से बदलते हिन्दी प्रदेश में हिन्दी और हिन्दी प्रदेश के बनने बदलने की कहानी को भी इस नए सन्दर्भ से मुख़ातिब होना अनिवार्य-सा हो गया था। ज़ाहिर है, ये सब कोई अनुवादक बेचारा कैसे कर सकता था—वो तो मूल पाठ से ही जूझ सकता था।

फिर भी, मैं अपने सभी अनुवादक मित्रों का परम आभारी हूँ कि उन्होंने बड़ी मेहनत से, हमें ये समझा दिया कि अगर Hindi Nationalism का हिन्दी अनुवाद होना है, तो वो कैसे-कैसे नहीं हो सकेगा, और ख़ुद भटक-भटक कर मुझे यूँ पुनर्लेखन का रास्ता दिखलाया, और इसे अपनाने के लिए मजबूर किया। सो इस हिन्दी 'हिन्दी राष्ट्रवाद' का बीस साल पहले के Hindi Nationalism से क्या रिश्ता है, ये तो द्विभाषी पाठक ही बताएँगे। लेकिन हम लोग तो काफ़ी दूर की उलझी रिश्तेदारियों को भी क़रीबी मानते हैं, क्यों?

ये सच है कि Hindi Nationalism मोटे तौर पर आधुनिक हिन्दी के आविष्कार के संघर्ष की कहानी ही बयान करती है। और ये कहानी बहुत हद तक उन्नीसवीं सदी के उत्तरार्द्ध और बीसवीं सदी के आरम्भिक दशकों की कहानी है। सो बात एक मानी में एक गुज़रे हुए ज़माने की है।

और इस तरह से ये हिन्दी के जय-पराजय की कहानी आज के परिवेश में, बेमेल-सी लग सकती है। किसी दूसरे युग का बेढब अतिथि, जिसे जल्दी ही रुख़सत करना चाहिए, वरना रसभंग हो जाएगा। आख़िर, किन्हीं की सुनें तो चारों तरफ़ हिन्दी का बोलबाला है; हिन्दी अख़बारों ने अंग्रेज़ी को कहीं पीछे छोड़ दिया है; जन-संस्कृति के विभिन्न हलक़ों में हिन्दी नित नए रूप अपना

रही है; और जो बात सरकार और हिन्दी-महक़मे के निठल्ले नहीं कर पाए, वो फ़िल्मों ने कर दिखाया है, हिन्दी का साम्राज्य उत्तरोत्तर बढ़ता ही जा रहा है—इत्यादि-इत्यादि...देखा गया है कि इन्हीं लोगों से, दूसरे मौक़ों पर करुणा और रौद्र-रस प्रधान राग भी सुने जा सकते हैं—हाय हिन्दी, चिर-वंचित हिन्दी, फिर वंचित हिन्दी...लेकिन ये जो बीती सदियों की गाथा सुनाता अतिथि है, वो जाने का नाम नहीं लेता। बस डटा हुआ है, और आग्रह ये कि हमारी बात सुनो, सुननी पड़ेगी। क्योंकि हमारे पुरखों के इन भूले-भुलाए रहस्यों में, हमारी-तुम्हारी नियति की रूपरेखा अंकित है।

सो रूपक छोड़ें और साफ़-साफ़ संक्षेप में, अपनी बात कहें।

हिन्दुस्तान प्राय: भारत के उस भू-भाग का नाम है जिसे हिन्दी प्रदेश भी कहा जाता है। और हिन्दुस्तानी उस भाषा-समूह का नाम है—भाषा, उपभाषा, बोली, कोई नाम धरें—जिसके ज़रिए इस भूभाग के बाशिन्दे सदियों से अपना सम्प्रेषण का काम चला रहे हैं, लड़ाई-झगड़ा कर रहे हैं, प्यार और व्यापार कर रहे हैं। मेरा मूल सवाल तो शायद बस इतना-सा है कि इस 'हिन्दुस्तान' को जहाँ वो सब (या उसका बड़ा अंश) उपजा जिसे हम अपनी गौरवशाली संस्कृति के रूप में जानते हैं—संगीत, काव्य, दर्शन, स्थापत्य—इस 'हिन्दुस्तान' को हिन्दी प्रदेश उर्फ़ गोबर-पट्टी बनाने में हिन्दी की क्या भूमिका है, वो हिन्दी प्रदेश जो बीमारू है, और उन्नत देश का सबसे पिछड़ा हिस्सा है, सबसे दकियानूसी, सबसे जड़? यानी, लाग-लपेट छोड़ें, हिन्दी और हिन्दू राष्ट्रवाद उर्फ़ हिन्दुत्व का क्या सम्बन्ध है। कहीं हिन्दी दक्षिणपंथी मानसिकता की वाहिनी तो नहीं? सवाल उलझा हुआ है—और उत्तेजक भी, क्योंकि रामविलास शर्मा की नवजागरण की अवधारणा के पदार्पण के बाद से हिन्दी-जगत में ये अकाट्य सत्य बन गया है कि हिन्दी, और ख़ास तौर से भारतेन्दु-युग में जन्मी आधुनिक हिन्दी का प्रगति और तमाम प्रगतिशील प्रवृत्तियों से प्रगाढ़ और अनन्य सम्बन्ध है।

और शायद किन्हीं मायनों में है भी। लेकिन यही हिन्दी, बयकवक़्त, संस्कृत की ज्येष्ठ पुत्री भी है—और यावनी संसर्ग और यावनी प्रदूषण से अपने आप को मुक्त करने की आकांक्षा से प्रेरित 'शुद्ध' और 'तत्सम' बनने का अथक प्रयास करती है। इस गुत्थी को सुलझाने का दावा तो मैं नहीं करता, लेकिन मेरी किताब इन बातों के बारे में सतथ्य सोचने का सामान ज़रूर जोड़ती है।

मैं संघी 'विचारकों' की बात तो नहीं करता, उनका तो अन्दाज़ ही निराला है। लेकिन ऐसे तर्क सुनकर उन्नत, खुले दिमाग़ वाले हिन्दी-प्रेमी भी बिचकते

हैं, और झट हिन्दी की मान-रक्षा के लिए कूद पड़ते हैं। ये सच है कि हिन्दुस्तान बीमारू हिन्दी प्रदेश उर्फ़ गोबर-पट्टी बन गया है, यहाँ और साम्प्रदायिकता सबसे ज़्यादा उग्र है, और जहाँ साम्प्रदायिकता का ज़हर सबसे ज़्यादा व्याप्त है—लेकिन इस सबका 'दोष' हिन्दी पर नहीं मढ़ा जा सकता, हिन्दी निर्दोष है।

एक तरह से देखें तो ये बात सच भी है—कि हिन्दी के बड़े सृजनकर्मियों ने कभी भी साम्प्रदायिकता की वाहिनी 'शुद्ध' पंडिताऊ हिन्दी को नहीं अपनाया। फिर नाम गिनाए जा सकते हैं—प्रेमचन्द, निराला, अज्ञेय, रेणु, शमशेर...और ये बात बिलकुल सच है।

लेकिन अगर हम दोषारोपण-प्रत्यारोपण के दायरे से हटकर ज़रा सोचने की कोशिश करें, तो ऐसा आभास ज़रूर हो सकता है कि हो न हो, हिन्दी प्रदेश के इस ज़हरीले परिवर्तन में, हिन्दी का कोई योगदान ज़रूर होगा। क्योंकि बात साहित्य और साहित्यिकों की नहीं है। बात तो उस सामाजिक और फिर राजनीतिक प्रक्रिया की है जिसके चलते, जिसके दौरान, जिसमें आधुनिक हिन्दी का आविष्कार हुआ—वो घृणित, विषाक्त भाषा जो सवर्ण, ब्राह्मणवादी आभिजात्य से भरी हुई है, वो भाषा जो तक़रीबन सौ साल से, लाखों-करोड़ों स्कूली बच्चों के गले उतारी जा रही है। इस भाषा में बच्चों के सामान्य जीवन के शब्द वर्जित हैं, और तथाकथित 'यावनी' शब्द विदेशी इसलिए अछूत हैं। ये शैक्षणिक प्रक्रिया प्रतिदिन समाज में ज़हर घोलती है, और इसका पठन-पाठन और उसमें निहित विचारधारा और जीवन-दृष्टि और मानसिकता—थोथे आभिजात्य और बम्हनौटी और छुआछूत और साम्प्रदायिक विद्वेष से सनी-लिपटी है।

सो लब्बोलुआब बस इतना : एक—हिन्दी और ख़ास तौर से, हिन्दी आन्दोलन, हिन्दुत्व नाम के मानसिक विकार का एक प्रमुख स्रोत (या भूमि, या कारण) है; दो—इस आन्दोलन के दौरान आविष्कृत संस्कृत-विकृत हिन्दी इस मानसिक विकार का एक प्रमुख लक्षण है; और तीन—और ये बात ज़ोर देकर कहना चाहता हूँ, हिन्दी ही सामन्ती और ब्राह्मणवादी व्यवस्था के विरुद्ध जन-आन्दोलन की वाहिनी के रूप में, इस मानसिक बीमारी का इलाज भी है। यानी कि हिन्दी ही कारण भी है, लक्षण भी है, और निदान भी।

अगर इस तर्क, इस वृत्तान्त में ज़रा भी सार है तो इस इतिहास को समझना नितान्त आवश्यक है। क्योंकि इस इतिहास को समझकर ही हम इससे उबरने की प्रक्रिया शुरू कर सकते हैं। वरना तो हम सामाजिक जकड़न और साम्प्रदायिक विद्वेष के दलदल में धँसते चले जाएँगे, वही 'हिन्दीवादी' झूठ दोहराते हुए जो आज भी लाखों स्कूल-कॉलेजों में दोहराए जाते हैं।

## चलते-चलते

इस संस्करण के बार में कुछ और कहना लाज़िमी है। अनुवाद अपनी विशेष कठिनाइयों के कारण पुनर्लेखन कैसे बन गया, इसके बारे में ऊपर लिख चुका हूँ। लेकिन, जैसा कि हिन्दी पाठक फ़ौरन देख लेंगे, यहाँ पुनर्लिखित मूल रचना के साथ कुछ और सामग्री भी है—अपूर्वानन्द और रविकान्त के लिखे दो निबन्ध, और दो लम्बी बातचीत। पलाश कृष्ण मेहरोत्रा (तहलका) और संजय शर्मा (बीबीसी रेडियो) के सहयोग से, बरसों पहले इतिहासकार शाहिद अमीन और मेरे बीच दो लम्बी बातचीत हुई थी और किताब के साथ-साथ ये चर्चाएँ भी ख़ूब चर्चित रही थीं।

यह सब अतिरिक्त सामग्री जोड़ने का मक़सद यही है कि हिन्दी के बनने-बनाने की सच्ची-झूठी कहानियों के बारे में ईमानदारी से बात हो सके, इस अड़े-ठिठके विमर्श को हल्की-सी एड़ लगे : बहस हो, गरमागरम हो, लेकिन अकादमिक शालीनता के साथ, हम इतना ही चाहते हैं। क्योंकि तमाम तरह के झूठ—'ज्येष्ठ पुत्री' इत्यादि—और चुप्पी—नामवर जी का 'बासी भात'—के जो घातक परिणाम हैं, उन्हें हम सब, भाषा ही नहीं, बल्कि व्यापक सांस्कृतिक-सामाजिक स्तर पर झेल रहे हैं।

ज़ाहिर है, ये काम हम सबके सहयोग से ही हो पाएगा—सो ये संस्करण उसी अपेक्षित सहयोग का नमूना है। अगर सीएसडीएस के रविकान्त ने हाथ न बँटाया होता, तो ये काम, ये 'अनुवाद', ये संस्करण, बनता ही नहीं। सो बहनो-भाइयो—चलो, मित्रो ही सही—बात आगे बढ़ाओ। अभी बहुत काम पड़ा है।

**आलोक राय**

जनवरी, 2022
दिल्ली

# मूल संस्करण की भूमिका

पिछले कुछ अरसे से हिन्दी के सवाल पर काफ़ी ग़ौर किया गया है। कई अकादमिक किताबें और लेख सामने आए हैं और कुछ आनेवाले हैं। एक स्तर पर मेरी ये कोशिश अपने आधुनिक इतिहास के एक ख़ास पहलू को समझने की है : हिन्दी-उर्दू के बनने-बिगड़ने की प्रक्रिया को समझने की, और समझना उसके दूरगामी परिणामों को, उसकी चाही-अनचाही अनुगूँजों को, आज के बदले हुए माहौल में।

दूसरे स्तर पर मेरा इन मामलों से उलझाव यानी हिन्दी/उर्दू के सवालों से उलझाव, निहायत ज़ाती है। मैंने अपने पिता अमृत राय से बहुत-सी चीज़ें विरासत में पाई हैं। उनमें से एक थी : उनकी मेज़ पर बिखरे हुए किताबों और कॉपियों का ढेर, उन पर काम किए जाने का न्योता देते हुए। जब एक दौरे ने—जिसने आख़िरकार उनकी जान भी ली—उन्हें अचानक ख़ामोश कर दिया, तब वे इन्हीं मज़ामीन और विषयों पर अपनी किताब में (जिसे ऑक्सफ़र्ड यूनिवर्सिटी प्रेस ने 1984 में *अ हाउस डिवाइडेड : दी ओरिजिन ऐंड डेवलपमेंट ऑफ़ हिन्दी-उर्दू* के नाम से छापा था।) रद्दोबदल और इज़ाफ़ा कर रहे थे। मुझे ये कहने में थोड़ी झिझक होती है कि मैंने उस काम को अंजाम दिया है जो उन्होंने अधूरा छोड़ा था—झिझक इसलिए कि ज़्यादातर मामलों की तरह इस मामले में भी हमारे बीच काफ़ी तक़रार रहा करती थी। लेकिन सही ये भी है कि उनकी और मेरी सोच में एक सिलसिला भी क़ायम है। उनकी किताब सही मायनों में 1870 में ख़त्म होती है और मेरी कहानी तक़रीबन तभी शुरू होती है। इसके अलावा, मेरी नज़र भाषाओं के बँटवारे की वजह पर कम, उस बँटवारे के नतीजे, ख़ास तौर पर अनचाहे नतीजों पर ज़्यादा है।

फ़िक्र का सिलसिला असल में और भी गहरा है—जो मेरे पिता तक नहीं, बल्कि उनके पिता तक जाता है। अपने आख़िरी बरसों में प्रेमचन्द अपनी ख़राब तन्दुरुस्ती के बावजूद बँटवारे की उन्हीं धाराओं के ख़िलाफ़ जद्दोजहद कर रहे थे जो, तब भी और अब भी, भाषा की उस साझी विरासत को कमज़ोर बना रही

हैं जिसके वो ख़ुद हामी भी थे और लेखक भी। लिहाज़ा, ज़ाती और ख़ानदानी तौर पर, मैंने विषय को नहीं चुना, बल्कि विषय ने मुझको चुना है। लेकिन मैं ये भी कहना चाहूँगा कि विरासत में मिली हुई ये ज़िम्मेदारी मेरे नज़दीक ख़ुशनसीबी कम और बोझ ज़्यादा है। इसे उठा पाने की क़ाबिलियत की मुझमें सचमुच कमी है। अगर मेरे लेखन से सिर्फ़ इतना भर हो जाए कि हिन्दी का मामला लोगों तक पहुँच जाए और मुझसे ज़्यादा क़ाबिल लोगों का ध्यान इन अहम सवालों की तरफ़ जाए, तो मुझे ऐसा लगेगा कि ये (इतने सारे) साल आख़िर यूँ ही गँवाए नहीं।

विषय की फ़ितरत ही कुछ ऐसी है कि इसमें कई भाषाओं के हवालों की ज़रूरत पड़ेगी। ज़ाहिर है कि इस विषय की विशाल धारा में बह पाने के लिए कई घाटों से गुज़रना पड़ा है और बहुत से अहसानों के क़र्ज़ मुझ पर हैं। जो क़र्ज़ बाक़ायदा अकादमिक हैं, उनका हवाला सही जगहों पर दिया गया है। ज़ाती तौर पर मैं इन मामलों में इतना भटकता फिरा हूँ कि जिन सब लोगों से मैंने बातचीत की, उनके नाम याद कर पाने की भी कोई उम्मीद नहीं है। फिर भी मैं उन कुछ लोगों का शुक्रिया अदा करना चाहूँगा जिनसे मुझे अलग-अलग तरीक़ों से मदद मिली—किताबों और दस्तावेज़ों से, और उन सबसे जिन्होंने मेरी बात ग़ौर से सुनी, कभी मानी कभी काटी—फ्रांचेस्का ओर्सीनी, सुदीप्त कविराज, शम्सुर्रहमान फ़ारूक़ी, कृष्ण कुमार, हरिमोहन मालवीय, शाहिद अमीन, राजीव भार्गव, नीलाद्री भट्टाचार्य, ऐजाज़ अहमद...

इस बात का अफ़सोस हमेशा रहेगा कि इसे वो एक आदमी नहीं पढ़ पाया जिसने इस किताब का लिखा जाना मेरे लिए बारी-बारी से सम्भव, फिर मुश्किल, फिर अनिवार्य बनाया—मेरे पिता, अमृत राय। सो, आख़िर में, बात तो हमारी ही ठहरी, क्यों?

**आलोक राय**

अप्रैल, 2000
दिल्ली

1

# परिचय

गुज़रा हुआ वक़्त परदेस है, वहाँ लोगों के तौर-तरीक़े ही अलग होते हैं—यूँ एक परदेसी उपन्यास शुरू होता है। सो अपना हाल फिर अलग है। गुज़रा हुआ समय कभी गुज़रता नहीं, कोई फ़ाइल कभी बन्द नहीं होती। हिन्दुस्तान में बीता हुआ कल और भावी कल, दोनों हमेशा एक जीते-जागते वर्तमान में मौजूद रहते हैं : तभी तो सोमनाथ के ढहाने का बदला, हज़ार साल बाद, भागलपुर की भिनकती गलियों में लिया जाता है, बम्बई की बजबजाती बस्तियों में। ऐसा लगता है कि हम ख़ुशी वहीं रहने में पाते हैं, जहाँ सच्चे और काल्पनिक भूतों का बसर है—लड़ते-झगड़ते भविष्य की तरफ़ जा तो रहे हैं, लेकिन पीठ किए हुए। ऐसा लगता है जैसे हिन्दी के व्याकरण का निरालापन—बीते हुए और आनेवाले दिन के लिए एक ही लफ़्ज़ का होना—हमारी पॉलिटिक्स में ऐसा रम गया है कि भूत के छोटे-छोटे टुकड़ों को लेकर हुए झगड़ों के साये जैसे आजकल पड़ रहे हैं, आनेवाले दिनों पर हमारे सम्भावित भविष्यों पर भी पड़ते रहेंगे।

ऐसा लग सकता है कि मेरा विषय बहुत पुराने इतिहास से ताल्लुक़ रखता है। मगर सच तो ये है कि यह बहस-मुबाहिसे, ये मसले पुराने नहीं हैं—मसला चाहे बर्तानवी राज दरबार में इस्तेमाल की जानेवाली लिपि का हो, या कविता के लिए सही भाषा का, या फिर एक या दूसरी क्लासिकी विरासत (संस्कृत या फ़ारसी) के बीच बेवजह चुनाव करने का हो। हमें तो दोनों ही मंज़ूर है—कोई तीसरी हो तो उसे भी पेश करो!

बात सिर्फ़ पुरानी स्मृतियों को ताज़ा बनाए रखने तक सीमित नहीं है : ठेस और बेइज़्ज़ती का एहसास बनाए रखने के लिए नित नए अनुभवों की तलाश है, बल्कि एक अमूर्त ऐतिहासिक झल्लाहट, एक तीव्र आक्रोश इतिहास मात्र के विरुद्ध जो बरस पड़ने को बहाना ढूँढ़ता हो। इस सबके साथ-साथ, मैं कहना चाहता हूँ कि ये भाषायी इतिहास हिन्दुस्तानी राष्ट्रवाद के अधूरे, उमड़ते-घुमड़ते प्रयास का अहम हिस्सा है, भले ही इस पहलू पर कम ग़ौर किया गया हो। 'हिन्दीत्व' 'हिन्दुत्व' नहीं है, मगर दोनों में रिश्ता ज़रूर है।[1] हिन्दी प्रदेशों के बुद्धिजीवियों

में ख़ुद की पहचान बनाने की मुहिम और उससे जुड़ा हुआ हिन्दीत्व—ये दोनों गहरी छाप छोड़नेवाली धाराएँ हैं—चाहे हम इन्हें पहचानें या न पहचानें, बल्कि ख़ास तौर पर तब जब पूरी तरह से इसे पहचाना न जाए। ये घोर प्रभावशाली प्रक्रियाएँ दमन नहीं, स्वीकृति माँगती हैं—ज़रूरी है कि इनके बारे में खुला चिन्तन हो—वरना ये हमारे राजनीतिक जीवन में अपना ज़हर घोलती रहेंगी।

कम-से-कम पिछले सौ सालों में हिन्दी का मामला कई अलग-अलग रूप में हमारे जनजीवन को हिलोरता रहा है। इक्कीसवीं सदी के मुहाने पर खड़े हुए हम लोग ये आरज़ू तो कर ही सकते हैं कि कम-से-कम ये वाली फ़ाइल बन्द हो जाए। आख़िरकार ये तो सभी मानते हैं कि रोज़ाना की ज़बान के रूप में अंग्रेज़ी उभर रही है। देश में हर हिस्से के, हर तबक़े के लोग अंग्रेज़ी सीखने के लिए बेताब हैं। जिस तेज़ी से छोटे शहरों और क़स्बों में प्राइमरी स्कूलों के नाम किसी न किसी 'सेन्ट' के नाम पर रखे जा रहे हैं, ये सभी बेचारगी और बेताबी का इज़हार है।

क्या ये मुमकिन है कि हिन्दी का मामला यूँ ही रफ़ा-दफ़ा हो जाएगा—इतिहास का एक और बदनुमा बोझ जिसे हम आगे बढ़ते वक़्त उतार फेंकेंगे? क्या हिन्दी का ऐसा बदहाल होगा कि वो सिर्फ़ इश्तहार के मसाले में देसी लोगों के लिए एक तड़का बनकर रह जाएगी—'ये दिल माँगे मोर' के जैसे! या कहीं ऐसा तो नहीं कि ये हिन्दी का मसला वास्तव में हिन्दी या भाषा का मसला है ही नहीं—सिर्फ़ प्रत्यक्ष रूप है एक गहरी बेचैनी और सामाजिक गड़बड़ी का—जिसका हल जल्दी नहीं निकला तो वो हमारे सुनहरे सपनों को, भविष्य के सब्ज़-बाग़ को ही निगल जाएगी?

एक तरह से हिन्दी का सवाल वाक़ई सिर्फ़ एक निशानी है, चिह्न मात्र है : बड़े शहरों में पिछड़े हुए इलाक़ों को लेके चिन्ता और डर; छोटे इलाक़ों में इस बात की बेचैनी कि बड़े शहरों के प्रभु वर्ग ने हिन्दुस्तानी राज को अग़वा-सा कर लिया है; 'दक्षिण' के 'उत्तर' पर शक के तेवर और हिन्दी-भाषी इलाक़ों को दुनिया की हर होड़ में पीछे छूट जाने का डर—गोया समाज में मायूसी और बेचैनी के अनेकानेक पहलुओं की तरफ़ इशारा करती हुई एक निशानी। मेरा मानना है कि हिन्दी का मामला हमारे दौर पर छाई हुई मायूसी से दो-चार होने का एक बेहतर ज़रिया है। अगर इसे सही तरीक़े से समझा जाए और इस्तेमाल किया जाए तो हिन्दी समाज में बदलाव लाने में अहम भूमिका अदा कर सकती है। लेकिन इसके ऊपर ध्यान नहीं दिया गया और अनदेखा कर दिया गया तो ये बदसूरत और अनचाहे बदलावों का कारण भी बन सकती है—शायद बन भी चुकी है। यानी हिन्दी रोग का नाम भी है, और, मेरी राय में, कम-से-कम

आंशिक रूप से, दवा का नाम भी। इस वजह से इन मामलों पर लिखना ख़ासा मुश्किल हो जाता है। इन पर बात करने से पहले एक वाक़या बयान करता हूँ, जो, कम-से-कम मेरे लिए, उन सब विषयां को छूता है, जो मेरे लेखन की तह में हैं।

दिल्ली में सर्दी की एक सुबह। श्रीराम कल्चरल सेंटर के बाहर सफ़दर हाशमी मार्ग के सामनेवाली खुली जगह। सलमान रूश्दी की किताब *The Moor's Last Sigh* पर सरकारी बैन लगाए जाने की अफ़वाह के ख़िलाफ़ (जिसका बाद में खंडन भी किया गया), मिला-जुला, अफ़रा-तफ़री में साथ आया हुआ एक मजमा, किताब के छोटे-छोटे हिस्से पब्लिक में पढ़कर विरोध कर रहा है। ख़ुशनुमा, मासूम-सा मौक़ा जो हमारी उदार पॉलिटिक्स का क्लासिकी नुमाइन्दा है, जो दिलचस्प है तो इसलिए कि यहाँ इकट्ठे लोग अपने आपको देखते हैं बाग़ी के रूप में। मेरी नज़र में जो वाक़ई दिलचस्प मंज़र है वो इस मजमे से कुछ दूर गुज़र रहा है... यहाँ हिन्दी के बुद्धिजीवियों का एक छोटा सा समूह—जिसमें एक बहुत ऊँचे स्वर में बोलनेवाला कहानी लेखक भी है, पहले समूह का विरोध कर रहा है। वो कोई शिव-सेना का हिमायती नहीं है जो अपने नेता, 'ठाकरे-मेंडक', का किताब में उड़ाए गए मज़ाक़ के ख़िलाफ़ ग़ुस्से का इज़्हार कर रहा है। वो भाजपा का हामी भी नहीं है जो अपना कोई उल्लू सीधा कर रहा हो। वो एक दुखी हिन्दी उदारवादी है—और उसके दु:ख का कारण है पहले समूह का विरोध करने की उस ख़ास जगह को अपनी जागीर समझना! उसको लगता है कि ऊँचे तबक़े का एक छोटा सा समूह कल्चर और पॉलिटिक्स में अपनी संख्या से कई गुना ज़्यादा अहम भूमिका करने का दावा करता है। उसकी नाराज़गी ठीक भी लगती है जब उस विरोध का—जिसमें जाने-मांने नाम और चेहरे शामिल हैं—देश के मीडिया में भी ज़िक्र होता है।

विडम्बना ये है कि अगर महोदय बस थोड़ी देर शान्ति से अंग्रेज़ी वालों की बात सुन लेते तो पता चल जाता कि उस घृणित अंग्रेज़ी-भाषी तबक़े में से कई लोग उनसे सहमत हैं। वाक़ई अंग्रेज़ी बोलनेवाले तबक़े का अपनी तादाद के अनुपात में समाज में कहीं ज़्यादा बोलबाला है। ये बात भी सोचने की है कि विरोध करनेवाले उस असरदार तबक़े की नुमाइन्दगी करते भी हैं या नहीं! ये भी है कि इस आम और बिखरे हुए हिन्दी-भाषी जोश को अगर हिन्दी के ज़रिए सहेज लिया जाए तो ये हमारे देश के जनजीवन में बदलाव लाने की ताक़त रखता है। बहुत हद तक भाजपा की सफलता का कारण भी यही है कि एक लम्बे अरसे तक उदारवादी तत्त्वों ने जनमानस से जनभाषा में रिश्ता

बनाने की कोशिश ही नहीं की। और भले ही वो इन शब्दों में बयान न करें, हिन्दी प्रदेश के बुद्धिजीवियों की झल्लाहट और बौखलाहट की जड़ में भी यही बात है।

एक तरह से हिन्दी का सवाल वाक़ई अटका-ठिठका हुआ है। बहस की गुंजाइश ही नहीं दिखती। हिन्दी वाले अपने आप को घुटा और लुटा हुआ महसूस करते हैं। उन्हें अपनी इस बात पे पक्का विश्वास है कि सिर्फ़ हिन्दी ही एकमात्र राष्ट्रभाषा है और जो भी इससे हल्का सा भी इनकार करता है वो ग़लत ही नहीं, शायद दुश्मन भी है। इस बात पर किसी भी क़िस्म की बहस या इतिहास समझने की तजवीज़ करना ही मुमकिन नहीं है—मसला-ए-हिन्दी महज़ एक दीवार है जिस पर आप सिर्फ़ सिर फोड़ सकते हैं। इस माहौल में ग़ैर-हिन्दी वालों के लिए ये मान लेना एकदम आसान हो जाता है कि हिन्दी का मसला ही ख़त्म हो चुका है—और उसे झट हिन्दी की छत्रछाया में फलते-फूलते, हिन्दी तले पनपते बदमाशों के साथ दफ़ना देना चाहिए!

जब भी हिन्दी का मामला उठाया जाता है, दो बिलकुल जुदा नज़रिए सामने आते हैं—जो लोग हिन्दी-उर्दू से किसी भी तरह जुड़े हुए हैं वे बहस-मुबाहिसों में पड़ जाते हैं, और जो इस गरमागरम घेरे के बाहर हैं, वे इसे अचम्भे में तकते रहते हैं। संविधान सभा में बहस के दौरान भी ये मामला इतना गर्म हो गया कि जब इसके चलते संविधान बन पाना तक खटाई में पड़ता दिखाई दिया तो इसे बिलकुल आख़िर के लिए मुल्तवी कर दिया गया, सारे अहम मुद्दे ख़त्म हो जाने तक। कोई हल ढूँढ़ पाना तो दरकिनार, आसान से आसान मुद्दों को लेकर भी बहस छिड़ जाती है। यही सवाल लीजिए—क्या हिन्दी और उर्दू एक ही भाषा के दो नाम हैं, या ये दो अलग-अलग भाषाएँ हैं? क्या नागरी लिपि में लिखे जाने पर उर्दू हिन्दी बन जाती है? क्या हिन्दी हिन्दू है? क्या उर्दू मुसलमान है, हालाँकि दूर-दराज़ मालाबार के मुसलमान भी इसे अपनी मादरी ज़बान मानते हैं! इन सवालों का सही और चकरा देनेवाला जवाब एक ही बन पड़ता है। है भी और नहीं भी है। हिन्दी या उर्दू के बारे में कोई भी साफ़ जवाब नहीं दे सकता—कैसे और क्यूँ ऐसा नहीं है (इसको समझाने के लिए इतिहास को कुरेदने की ज़रूरत पड़ती है) और फिर कुछ दशकों के वक़्फ़े में ये कि कैसे और क्यूँ ऐसा ही है। ज़ाहिर है, ये हिन्दी-उर्दू का मसला मेरे लिए महज़ बौद्धिक नहीं है—इन गलियों में बरसों बिताए हैं, ख़ून-पसीना बहाया, घड़ों आँसू रोए हैं। लेकिन फिर भी, अन्ततोगत्वा, मेरा इरादा इतिहास के कुछ पहलुओं पर रोशनी डालना है। ख़ास तौर से कुछ दूर-दराज़ के अहिन्दी-भाषी दोस्तों के लिए जिन्होंने हम हिन्दी-उर्दू वालों की गरम और व्यर्थ और अन्तहीन बहसें देख-सुनकर यही नतीजा निकाला

है कि गोबर-पट्टी के बुद्धिजीवियों की खोपड़ी ही उलटी होती है!

मेरा मानना है कि इस ऐतिहासिक ठिठकन के परिणाम—और फिर परिणामों के परिणाम हम सबको प्रभावित करेंगे। भले ही हम हिन्दी से अपना सरोकार मानें या नहीं। हिन्दीवाला इस ऐतिहासिक भूल में क़ैद है कि हिन्दी के 'विस्थापन' का कारण—इस ज़िच की हालत की जड़ में अंग्रेज़ी-भाषी प्रभुवर्ग की साज़िश है—और ये भी कि ये वर्ग महज़ उत्तराधिकारी है उस अवधी प्रभुवर्ग का जिसने गुज़रे वक़्तों में हिन्दी का विरोध किया था। यानी कि कहानी दुश्मनों के षड्यंत्र भर की है, और हिन्दी के अपने इतिहास और विकास का इसमें कुछ हाथ ही नहीं। और अंग्रेज़ी का गहराता वर्चस्व किसी और गहरे ऐतिहासिक रोग का चिह्न भर है—और ये भी कि उस रोग के कारणों में ख़ुद हिन्दी की परख ज़रूरी नहीं। ये तो हिन्दीवाला बड़ी आसानी से समझ जाता है कि अपनी अनोखी परिस्थिति के कारण हिन्दी के बग़ैर समस्या का समाधान नहीं निकलेगा। लेकिन ये समझने से इनकार है कि अपने अनोखे इतिहास और विकास के कारण हिन्दी समाधान ही नहीं, समस्या का भी बुनियादी हिस्सा है।

इतिहास के नज़रिए से देखें तो हिन्दी को विभिन्न विरोधों या antitheses के ज़रिए परिभाषित किया गया है : यानी कि हिन्दी क्या-क्या नहीं है : सो, हिन्दी उर्दू से भिन्न है और भिन्न है तथाकथित बोलियों से, ख़ास तौर से ब्रज; प्रान्तीय भाषाओं से भिन्न और हाँ, अंग्रेज़ी से तो है ही! इन हीले-हवालों पे आगे तफ़सील से बात होगी। फ़िलहाल इतना कहना ही काफ़ी है कि इन सभी हवालों और उनके लोकल रंगों की तरफ़ हिन्दी और हिन्दीवादियों का मासूमियत और बेगानेपन का रवैया अजीब-सा है। इस रवैये से ऐसा लगता है जैसे बाक़ी बोलियों का न तो कोई आगा-पीछा है न ही हिन्दी की बोली पर उनका कोई असर। जैसे कि वो स्वयंभू हिन्दी किसी भी दाग़ या कमी से परे है और हमेशा से ऐसी ही थी। हिन्दी वालों की अपनी समझ में हिन्दी का कोई इतिहास और विकास है ही नहीं बल्कि वो भी, तथाकथित माता संस्कृत के समान, बनी-बनाई ब्रह्मा के मुँह से प्रकट हुई है। अगर इतिहास है तो सिर्फ़ उस पर किए गए सिलसिलेवार ज़ुल्मों का। और इन सब ज़ुल्मों के बावजूद, चमत्कार ये है कि हिन्दी के कुँवारेपन में कोई आँच नहीं आई है! ज़ाहिर है कि ये सब कोरी बकवास है।

जिस शिद्दत से हिन्दीवाले पहले उर्दू को और अब अंग्रेज़ी को शक और डर से देखते रहे हैं, उससे लगता है कि हताश हिन्दी अपनी निजी अन्दरूनी परेशानियों से बचने की ज़रूरत महसूस करती है। ये परेशानियाँ हिन्दी के बोझिल इतिहास की देन है—गहराई में बँटी-कटी उस विरासत की जो उसे बस कुछ हद तक ही लोकप्रिय, जनवादी, सुधारवादी या विकासशील बनने देती है। मगर

उसका एक ऐसा रुख़ भी है जो दकियानूसी है, सुधारों के ख़िलाफ़ है। ज़रूरत इस बात की है कि हम हिन्दी को ऐसे रूप में निकाल ढूँढ़ें जो ठहरा हुआ नहीं है बल्कि गतिमान है—ऐसा रूप जो अपने जारी इतिहास में, ख़ुद अपने चुने हुए विरोधाभासों से, और बाहरी परिस्थितियों से परिभाषित और निर्मित हो रही है—यानी जिसका भाषा के रूप में अपनी पहचान बना पाने की जद्दोजहद का सिलसिला जारी है। ये सवाल मुँह बाए खड़ा है हमारे सामने और इसका जवाब हमें ढूँढ़ना होगा : इन विरोधाभासों, झगड़ों के इतिहास ने किन-किन तरीक़ों से हिन्दी की रूह पर घाव किए हैं, उस पर असर डाले हैं और मैला किया है?

मेरी समझ में मेरी कोशिश हिन्दी को उसके अपने इतिहास के कुप्रभाव से उबारने की है—यूँ कहें कि इस इतिहास को चिन्ता और चिन्तन के लिए उपलब्ध कराना ताकि हिन्दी उस दूषित-प्रदूषित भूत से मुक्ति पा सके—और यूँ, फिर एक बार अपनी ऐतिहासिक भूमिका निभाने में सक्षम हो सके। ज़्यादा बहसी अन्दाज़ में कहें तो...मेरा जतन हिन्दी को हिन्दी-दलालों के शिकंजे से छुड़ाना है ताकि वो अपने अग़वा करनेवाले पंडों-पंडितों से आज़ाद हो सके—यानी नागरी प्रचारिणी सभा (अब से 'सभा') और हिन्दी साहित्य सम्मेलन ('सम्मेलन') में जमे हुए महानुभावों से जिन्होंने हिन्दी के नाम पर काफ़ी कालिख लगाई है। ऐसा इसलिए कि हिन्दी-प्रेमी, अंग्रेज़ीदाँ या महज़ हिन्दुस्तानी होने के नाते हम उन सब ताक़तों को शामिल कर सकें जो हिन्दी ही जुटा सकती है।

अंग्रेज़ीदानों को लुटेरों जैसे नफ़रत की निगाह से भले ही देखा जाता हो, मगर उनमें से एक बड़ा तबक़ा इस बात का स्वागत करेगा कि हिन्दी वालों को अपने हक़ की लोकप्रिय विरासत मिल सके—ऐसा मेरा विश्वास है। ऐसा इसलिए कि तब नफ़रत और फ़िरक़ापरस्ती के उस ख़तरे का सामना किया जा सकेगा जो हिन्दी-भाषी इलाक़ों के तिरस्कृत, आहत, अनाथ, मानस से पैदा हो रहा है।[2] अगर हिन्दी अपनी ऐतिहासिक ज़िम्मेदारी निबाहे—या, काश, हिन्दी निबाह सके—तब अंग्रेज़ी-भाषी प्रभुवर्ग, जो अपने आप को घिरा हुआ पाता है—असुरक्षित और अन्ततः असहाय—उस राजनीतिक दायित्व से मुक्ति पा सकेगा जिसे अतीत के बोझ से मुक्त हिन्दी बख़ूबी निभा सकती है। लेकिन ऐसा कर पाने के लिए हिन्दी को अपने उलझे हुए इतिहास को स्वीकार करना होगा। ऐसा कर पाने से वो उस बेबसी और ग़ुस्से से निकल पाएगी जिसमें वो फँसी हुई है। मेरा ये लेखन इस दिशा में एक छोटी-सी कोशिश है।

आज हिन्दी की मुहिम हारी-सी लगती है। और हिन्दीवालों की लालची और अर्ध-शिक्षित मिनमिनाहट को देखकर मन तो होता है कि कहें—आमीन। मगर ये समझना ज़रूरी है कि ये बहुत बदक़िस्मती की बात है। अंग्रेज़ीवादी

महानुभावों की लगातार धाक जमते जाने का हश्र सिर्फ़ दुखदायी हो सकता है—ख़ुद उनके लिए भी। मीडिया में और बाक़ी जगह भी आजकल अंग्रेज़ी को बेबाकी से भारतीय क़रार दिया जा रहा है, सो तो वो है—मगर इस बात को भी नकारा नहीं जा सकता कि वो एक ख़ास प्रभुवर्ग की ज़बान है—उनके प्रभाव का साधन और प्रतीक :

> पुराने समय में आर्य और अनार्य का भेद था, आज अंग्रेज़ीदाँ और ग़ैर अंग्रेज़ीदाँ का भेद है।[3]

एक बेहद ग़रीब देश में अंग्रेज़ी का भौंडे और बेतुके ढंग से इस ऊँचे आसन पर बैठना, उसकी 'सौत' हिन्दी को एक बेवजह और बेबुनियादी नैतिक 'बढ़त' अता करता है।[4] हिन्दी बेवजह अनाथ जनता की भाषा बन जाती है। अंग्रेज़ीदाँ अपनी वाजिब बोझिल ज़मीर के शिकार हैं—वे इस नैतिक 'बड़प्पन' को चुनौती देना तो दरकिनार, उसे पूरी तरह समझ भी नहीं सकते। समाज में उनका ये ऊँचा आसन अन्ततः उन सेक्युलर और आधुनिक मूल्यों-मान्यताओं के आड़े आ जाता है जिसके वे हामी हैं।

जब तक कि 'सभा'/'सम्मेलन' के दकियानूसी हिन्दी वाले हिन्दी की ताक़त पर अपना हक़ क़ायम रखते हैं और उसके वकील हैं, अंग्रेज़ी से जुड़े सेक्युलर मूल्यों के लिए मुक़ाबला बहरहाल 'हिन्दी' ही से होगा। अंग्रेज़ीदाँ मजबूर हो जाएँगे कि वे उस लोकप्रिय आक्रोश की पॉलिटिक्स के घमासान में आमना-सामना करें, जिसकी गुहार हिन्दी आसानी से लगा सकती है। सत्ता के ढाँचे में अंग्रेज़ी की जो ख़ास जगह है वो आख़िरी लड़ाई को मुल्तवी भर कर सकती है। लेकिन, बिना हिन्दी के, हिन्दी के ख़िलाफ़ लड़ते हुए, अंग्रेज़ीदाँ अपनी सेक्युलर मान्यताओं के साथ एक ऐसी लड़ाई लड़ रहे हैं, जो वे निश्चित हारेंगे।

बहरहाल, ऊँचे मसनद पर बैठे अंग्रेज़ीदानों का गुनहगार ज़मीर लड़ाई में उतरने के लिए एक कमज़ोर हथियार है : न तो वो मसले की बारीकियों को समझ सकता है और न ही हिन्दी के आरोपित नैतिक पद की पड़ताल कर सकता है। ज़ाहिर है कि आज का भाषायी हाल अंग्रेज़ीदानों के गुनहगार ज़मीर और ऊँचे पद के उम्मीदवार हिन्दीदानों के दोहरेपन और बुरी नीयत के बीचोबीच फँसा हुआ है। मैं एकदम साफ़ कर देना चाहता हूँ कि ये लड़ाई—मेरी लड़ाई—हिन्दी के ख़िलाफ़ नहीं, हिन्दी के हक़ में हैं। मगर हिन्दी के लिए इसी लड़ाई की दरकार है कि हम इसके इतिहास को समझें—ताकि हम उस जनवादी आवाज़ को आगे बढ़ा सकें जिसे इसने कभी बल दिया था।

जहाँ तक याद पड़ता है हिन्दी हमेशा ही युद्धरत रही है, लड़ाई लड़ती रही है। सच तो ये है कि हिन्दी की आधुनिक परिभाषाओं का इतिहास ही ऐसे हिंसाग्रस्त विरोधों का इतिहास है। इस अन्तहीन आपातकाल ने एक भारी क़ीमत वसूली है : थोपी हुई चुप्पी, जबरन भूल जाने का आग्रह। नतीजा : एक तरह की नैतिक ज़बर्दस्ती जिसने आधुनिक हिन्दी के बनने के इतिहास पर ग़ौर कर पाने की कोशिश को नाकाम किया है। हिन्दी वालों को जिस बड़ी नेमत की चाहत है—पूरे देश की भाषा होना या राष्ट्रभाषा का ओहदा पाना—वो उनकी पकड़ से ललचाता हुआ दूर खिसकता जा रहा है। और उनकी हताश लालसा ही समझदारी के मशवरे और उलझाव की वजह समझ पाने की कोशिश मात्र को ख़ारिज कर देती है।

हम अक्सर आसानी से अंग्रेज़ी प्रभुवर्ग, और फिर हिन्दी प्रभुवर्ग की बात कर देते हैं—सो एक चेतावनी। समाज में अंग्रेज़ी इतने रूपों में रमी हुई है कि एक अंग्रेज़ीदाँ प्रभुवर्ग का ख़याल ही ग़लत है। ज़ाहिर है, कुछ ऐसे तबक़े हैं जिनकी कुल सांस्कृतिक पूँजी टूटी-फूटी अंग्रेज़ी गिटपिटा सकना है। ऐसे भी लोग हैं जो अंग्रेज़ी की धाक से लाभ ज़रूर पाते हैं, लेकिन ये भी समझते हैं कि इस धाक का बने रहना बहुत महँगा पड़ेगा, कुछ उन चीज़ों के लिए जिनकी वे क़द्र करते हैं—मसलन सेक्युलरिज़्म, बराबरी, और सबके लिए इंसाफ़ की तरफ़ ले जानेवाले आधुनिक समाज के लिए लड़ाई।

इसी तरह 'हिन्दीदाँ' या 'हिन्दी महानुभावों' या हिन्दी प्रभुवर्ग शब्दों को इस्तेमाल करने में भी उलझन पेश आती है। शुरू-शुरू में—यानी आधुनिक 'हिन्दी' की ईजाद से पहले—ऐसे महानुभाव हैं जिन्होंने इस पॉलिटिक्स और कल्चर के औज़ार को ऐसे पैना किया—यूँ गढ़ा—कि वो उन्हें एक ख़ास तबक़े में, और फिर सत्ताधारियों में तब्दील हो जाने की ख़्वाहिशों को कामयाबी दे। 1937 के आसपास ऐसा ख़ास तबक़ा भी उभरता है—ज़्यादातर हिन्दीभाषी 'सवर्णों' का, जो हिन्दी को एक विशाल ज़मींदारी का रूप देता है और जिससे वो अलग-अलग जगह अपने फ़ायदे की खेती करता है। इनमें सिर्फ़ गोबर पट्टी के मदारी और 'सभा' और 'सम्मेलन' के ख़ास पंडे-पुरोहित ही नहीं बल्कि, आज़ाद भारत में हिन्दी अफ़सर और उनके क्लर्क, बच्चों को संत्रास देनेवाले टीचर और वो सब शामिल हैं जो बोझिल संस्कृतनिष्ठ हिन्दी उच्चरित करने ही से एक विचित्र कर्तव्य-बोध अर्जित करते हैं। ज़ाहिर है, शुरुआती दौर के हिन्दीवाले और आज के 'हिन्दी' मठाधीशों के बीच में तार एक ही दौड़ता है—लेकिन दोनों वर्ग और उनके सन्दर्भ और प्रयोजन भिन्न हैं और ये भिन्नता तो किसी भी एक शब्द की गिरफ़्त में नहीं—सन्दर्भ ही स्पष्ट करेगा कि संकेत किस ओर है।

आख़िर में ये भी ज़रूरी है कि अंग्रेज़ीदानों और हिन्दीदानों के बीच ज़ाहिर विरोध पर भी सवाल उठाए जाएँ। सारी तानाकशी, परस्पर घृणा-ज्ञापन और गुर्राने के बावजूद, अंग्रेज़ी और हिन्दी के प्रभुवर्ग भले ही अप्रत्यक्ष रूप से, एक़-दूसरे के सहारे से ही अपना-अपना अस्तित्व और वर्चस्व बनाए हुए हैं। इसी तरह की झूठी मुख़ालिफ़त पॉलिटिक्स और बाबूशाही के अगुओं में भी पाई जाती है, जो एक-दूसरे पर उँगली उठाते तो हैं लेकिन सत्ता में भागीदारी होने की सच्चाई को छिपाने के लिए। हिन्दी-अंग्रेज़ी की प्रत्यक्ष दुश्मनी और वास्तविक साझेदारी के ढोंग को समझना भाषा की समस्या की असलियत को समझने के लिए परम आवश्यक है—समझना उन बेमतलब की अन्तहीन बहसों को, जो न तो कहीं पहुँचती हैं, न पहुँच सकती हैं, लेकिन नादान जनता को उलझाए रखने में ज़रूर मददगार हैं। कभी-कभी तो ये भी शक होता है कि ये साँठ-गाँठ दोनों का सोचा-समझा षड्यंत्र है। अंग्रेज़ी प्रभुवर्ग के हित में है कि वो हिन्दी के सामन्ती प्रभुवर्ग को जनतांत्रिक शक्तियों का प्रतिनिधि मान ले—क्योंकि यूँ मान लेने से किसी भी आमूल सामाजिक परिवर्तन की दरकार नहीं। जहाँ तक हिन्दी प्रभुवर्ग की बात है, उनकी सम्पूर्ण राजनीति यहाँ तक सीमित है कि जनतांत्रिक शक्तियों का प्रतिनिधित्व करने के बहाने, उन शक्तियों को बाँधकर रख सके—ताकि उनका अपना सम्पन्न-सवर्ण वर्चस्व बना रहे। अंग्रेज़ी वाले हिन्दी प्रभुवर्ग का भंडा नहीं फोड़ें—कुछ तो उनका अपना गुनहगार ज़मीर—और शायद कुछ ये समझ भी कि उनका दूरगामी हित भी हिन्दी प्रभुवर्ग के हित के साथ जुड़ा है। हिन्दी वाले मौक़ा देखकर लोकतंत्र का अपना पत्ता फेंकते हैं या समय-समय पर फेंक पाने की धमकी बनाए रखते हैं। शायद ऐसा कहना ग़ैर-वाजिब नहीं होगा कि ये गठजोड़ एक तरह से pseudo-secularism और pseudo-democracy—यानी कि 'democracy' और जनतांत्रिक उद्वेलन के दिखावे—पर टिका हुआ है। यूँ देखें तो अंग्रेज़ीदानों का 'सेक्यूलरिज़्म' अक्सर सिर्फ़ एक चाल और मौक़ापरस्ती है—विचारधारा का एक ऐसा ज़रिया जिसके कारण समाज में बिना किसी उथल-पुथल के, चीज़ें हथियाने का सिलसिला क़ायम रहे। 'सेक्यूलरिज़्म' के दिखावे से ये भी फ़ायदा है कि गाहे-बगाहे हिन्दीदानों को जता दिया जाए कि वे सत्ताधारी होने के क़ाबिल नहीं हैं। इसी कारण 'सेक्यूलरिज़्म' और 'साइंसी मिज़ाज' (scientific temper) का रस्मन ऐलान अंग्रेज़ीदाँ सत्ताधारियों की विचारधारा को बल देता है। दूसरी तरफ़ हिन्दी प्रभुवर्ग का जनतांत्रिक दावा छद्म है—जो लोकप्रियता का स्वाँग करता है, लेकिन वास्तव में समाज की सबसे दकियानूसी प्रतिक्रियावादी, घृणित प्रवृत्तियों को मज़बूत करता है। लेकिन साथ ही अंग्रेज़ी प्रभुवर्ग को ये भी जता देता है कि दोनों गुटों की साझेदारी में ही दोनों का हित है।

2

# नाम में क्या रखा है?

आधुनिक हिन्दी की रचना के बारे में लिखने में एक बुनियादी परेशानी आती है—उसके लिए नाम या सही शब्द ढूँढ़ने की। ये परेशानी ख़ास तौर से 19वीं सदी के आख़िर के इतिहास में आती है : जो यक़ीनन सबसे अहम है, यानी हिन्दी-उर्दू की मुठभेड़ का क़िस्सा। वैसे तो ये भाषा की बुनियादी समस्या का ही एक रूप है : भाषा इस्तेमाल करने की ही अनिवार्यता है कि इस्तेमाल औरों के साथ मिलकर ही किया जाता है। शब्दों के मायने कुछ वो होते हैं जो उन्हें प्रयोग करनेवाला चाहता है, और कुछ वो जो समझनेवाला समझता है। यूँ सोचें तो मायने एक तरह की साज़िश है : साज़िश जिसमें कुछ लोग शामिल होते हैं, और कुछ बाहर रखे जाते हैं। यही बात नामों पर भी लागू होती है, ख़ास तौर पर जब नाम एक ही भाषायी धारा के लगे-लिपटे, उलझे-सुलझे हिस्सों को दिए जा रहे हों। मसलन, जब कोई पाकिस्तानी, जिसकी क़ौमी ज़बान उर्दू है, किसी उत्तर भारत के वासी की उर्दू ज़बान की तारीफ़ करता है, तो हिन्दुस्तानी को हैरत होती है, क्योंकि, अपनी राय में वो हिन्दुस्तान में क़ौमी ज़बान का दर्जा रखनेवाली हिन्दी का इस्तेमाल कर रहा है। लेकिन ये भी सम्भव है कि उस व्यक्ति की वो भाषा सुनकर—कोई हिन्दी अतिवादी या उर्दू अतिवादी ये कहे कि वो भाषा हिन्दी है ही नहीं, या उर्दू है ही नहीं—हिन्दी अतिवादी कहेगा कि ये उर्दू है, उर्दू अतिवादी कहेगा कि ये तो हिन्दी है! यानी, एक शख़्स की हिन्दी दूसरे की उर्दू है—और उर्दू, हिन्दी।

गांधी न तो कोई चतुराई दिखा रहे थे न अटकल लगा रहे थे जब उन्होंने *हरिजन सेवक* के 3 अप्रैल, 1937 के अंक में ये लिखा : ...हिन्दी-भाषा, जिसको हम हिन्दुस्तानी और उर्दू भी कहने लगे हैं...'। इस विषय में ये एक पैदाइशी उलझन है। 1918 में, हिन्दी साहित्य सम्मेलन के इन्दौर अधिवेशन में सभापति की हैसियत से भाषण देने से कुछ पहले, गांधी ने रवीन्द्रनाथ टैगोर को लिखा, 'क्या भाषा के रूप में सिर्फ़ हिन्दी (या उर्दू) ही वो भाषा नहीं है जो राष्ट्र की भाषा बने...?'[1] ये उन सवालों की शुरुआत थी जिन्होंने 1949 की संविधान सभा

में ख़ूब हलचल मचाई। पुरुषोत्तमदास टंडन कानपुर-कांग्रेस में प्रस्ताव लाए कि इंडियन नैशनल कांग्रेस को अपना काम हिन्दुस्तानी में करना चाहिए। लेकिन उन तक को बाद में ये स्वीकार करना पड़ा कि, उस समय, उनका मतलब दोनों—हिन्दी और उर्दू—से था।[2]

> मेरा नाम लेकर कुछ भाइयों ने कहा कि मैंने हिन्दुस्तानी शब्द का प्रयोग हिन्दी के अर्थ में किया है। यह तो अर्थ का अनर्थ करना है। कानपुर में मेरे प्रस्ताव पर कांग्रेस के कॉन्स्टीट्यूशन में यह रखा गया कि कांग्रेस का काम हिन्दुस्तानी में हो। वहाँ पर हिन्दुस्तानी का अर्थ स्पष्ट था। वहाँ हिन्दी और उर्दू दोनों के रूप से मतलब था।

कभी-कभी ये अस्पष्टता कारगर भी साबित होती है, जैसे कि टंडन जी वाले उदाहरण से दिखता है! मगर इसी वजह से भाषा के सवाल और फ़र्क़ के बारे में लिखना काँटों भरी राह पर चलने की तरह है। गोया कि मेंढक तोलना।

कुछ अस्पष्टता तो उन नामों से उत्पन्न होती है जो भाषा के पनपने-विकसित होने के दौरान उसके अलग-अलग रूपों को दिए गए। प्राचीन भारत की नशीली धुन्ध में खो जाना आसान है—यहाँ, सबूत की नाज़ुक, लचीली शाख़ों पर बैठे भारी-भरकम पांडित्यपूर्ण जन्तु लम्बे-लम्बे फ़रमान सुनाते हैं।

ख़ैर, ऐसा आम तौर पर माना गया है कि हिन्दुस्तान में कोई आदिभाषा तक़रीबन एक हज़ार साल पहले उभरी, जिसमें तमाम भाषायी और सांस्कृतिक धाराओं का सम्मिलन था। ये इतिहास हिन्दुस्तान की रोमांचकारी परिकल्पना का एक अंग है—सभ्यताएँ मिलीं, एकदिल हुईं, हिन्दुस्तान का जग-चर्चित, चतुरंगी, बहुआयामी समाज बना :

> सर-ज़मीन-ए-हिंद पर अक़्वाम-ए-आलम के 'फ़िराक़'
> क़ाफ़िले बसते गए हिन्दोस्ताँ बनता गया।
>
> —फ़िराक़ गोरखपुरी

राहुल सांकृत्यायन ने इस आदिभाषा के बारे में लिखा है और उसे हिन्दी का नाम दिया है। बक़ौल राहुल, "हिन्दी क्या है, पहले इसे आपको समझना चाहिए। सूबा हिन्दुस्तान हिमालय पहाड़ तथा पंजाबी, सिन्धी, गुजराती, मराठी, तेलुगु, ओड़िया, बांग्ला, भाषाओं के प्रदेशों से घिरे प्रदेश की आठवीं शताब्दी के बाद की भाषाओं को हिन्दी कहते हैं। इसके पुराने रूप को प्राचीन मगही, मैथिली, ब्रजभाषा आदि कहते हैं, और आजकल के रूप (आधुनिक हिन्दी) को

सार्वदेशिक और स्थानीय दो भागों में विभक्त कर आधुनिक सार्वदेशिक हिन्दी को खड़ी बोली (जिसे ही फ़ारसी लिपि तथा अरबी फ़ारसी शब्दों की भरमार पर उर्दू कहते हैं) तथा आजकल भिन्न-भिन्न स्थानों में बोली जानेवाली मगही, मैथिली, भोजपुरी, बनारसी, अवधी, कन्नौज, ब्रजमंडली आदि को आधुनिक स्थानीय हिन्दी-भाषाएँ कहते हैं।"[3]

ज़ाहिर है, इस आदिभाषा ने आधुनिक भारत की भाषायी विविधता में परिवर्तित होने के दौरान काफ़ी बार, और कई ढंग से, भेस बदले होंगे। लेकिन फिर भी एक तरह की निरन्तरता के भी सबूत मिलते हैं। 18वीं सदी के आख़िर में एच.टी. कोलब्रूक के हवाले से, गिलक्रिस्ट लिखते हैं, "ये सुडौल भाषा जो हिन्दुस्तान और दक्कन के हर हिस्से में बोली जाती है, जो यहाँ कई सूबों के पढ़े-लिखे और अपढ़ वासियों में बातचीत का ज़रिया है, और जो तक़रीबन हर गाँव के कुछ रहनेवालों में समझी जाती है..."[4] जी. ए. ग्रियर्सन ने अपने विशाल 'लिंग्विस्टिक सर्वे ऑफ़ इंडिया' में लिखा है, 'इसलिए ऐसा कहा और विश्वास किया जाता है कि बंगाल और पंजाब के बीच गंगा के पूरे इलाक़े में, अपनी अनेक बोलियों के साथ, एक ही भाषा है—हिन्दी।'[5] सर सैयद अहमद ख़ान ने, 1869 में अपनी यात्रा के दौरान इसी साझी भाषा के सबूत पाए :

> बन्दा ने इलाहाबाद से बम्बई तक, क्या गाँव में और क्या चौकियात में, क्या रेल में और क्या गौरमेन्ट के अहलकारों और हर महकमे के चपरासियों और हरेक जगह के क़ुलियों से उर्दू में गुफ़्तगू की—सब लोग हर जगह बख़ूबी समझते थे और उर्दू में ही जवाब देते थे। बाज़-बाज़ लफ़्ज़ों के मुकर्रर समझाने की और ज़्यादातर आसान तौर पर बयान करने की ज़रूरत पड़ती थी। कुछ शुबहा नहीं कि तमाम हिन्दुस्तान में उर्दू ज़बान इस तरह समझी और बोली जाती है।[6]

यहाँ नोट करने के क़ाबिल जो बात है वो ये कि सर सैयद जिस भाषा को उर्दू कहते थे स्पष्ट रूप से सीधे-सीधे उस भाषा से निकली है जिसे राहुल हिन्दी कहते हैं!

इतिहासकार तारा चन्द ने इन नामों के मामले पर मौक़े से रोशनी डाली[7] : वो 'हिन्दी' शब्द के तीन तरह के इस्तेमालों का ज़िक्र करते हैं—

1. हिन्दी—किन्हीं बोलियों के समूह का नाम, ग्रियर्सन की तीसरी प्राकृत, सुनीति कुमार चटर्जी की 'न्यू इंडो-आर्यन लैंग्वेजेज़', राहुल की 'हिन्दी'

2. हिन्दी—हिन्दुस्तानी चीज़ों का नाम; मुसलमानों से सम्पर्क की शुरुआत के काल से, ये उन चीज़ों के नाम के लिए इस्तेमाल होना शुरू हुआ जो कल्चरों के संगम से पैदा हुईं। मसलन, अमीर ख़ुसरो ने अपने ग़ैर-फ़ारसी कलाम को हिन्दी कहा, ऐसा ही ग़ालिब ने किया। ये ज़ाहिर है कि इस हिन्दी को उर्दू भी कहा जा सकता है, जैसा सर सैयद करते हैं।
3. हिन्दी—तीसरा इस्तेमाल : वो आधुनिक भाषा जो उत्तर भारत की अदबी भाषा हिन्दुस्तानी या खड़ी बोली है।

यानी कि जब हम आधुनिक हिन्दी—हिन्दी नं. 3 के आदिकाल को टटोलते हैं, तो सबसे पहले उसमें हमें हिन्दी नं. 2 नज़र आती है, जिसे उर्दू भी कहते हैं। और जब उर्दू की शुरुआत टटोलते हैं तो हिन्दी नं. 1 नज़र आती है![8] दुःख है तो ये कि संस्कृति की यह साझा विरासत परेशानी और शर्मसारी पैदा करने लगती है जब भाषा से जुड़ी राजनीति शुरू होती है। परेशानी—और फिर सरासर झूठ! हिन्दी के हामी मनगढ़न्त तरीक़े से हिन्दी को संस्कृत का वंशज क़रार देते हैं—यानी हिन्दी नम्बर 2 को अनदेखा करके और कभी-कभी तो तमाम प्राकृत को भी। उर्दू के हामी हिन्दी नम्बर 1 को अनदेखा करके उर्दू को अरबी और फ़ारसी का वंशज बताते हैं। उर्दू को इस तरह से देखनेवालों के बारे में 1914 में अब्दुल हक़ ने ये कहा, "...इसमें कोई शक नहीं कि उर्दू का जन्म हिन्दी से हुआ।"[9] उतनी ही साफ़ तौर पर 'पुरानी हिन्दी' के लेखक प्रकांड पंडित चन्द्रधर शर्मा 'गुलेरी' ने ये ऐलान किया कि हिन्दी उर्दू से जन्मी है। उन्होंने लिखा :

> खड़ी बोली या पक्की बोली या रेख़्ता या वर्तमान हिन्दी के आरम्भ काल के गद्य और पद्य को देखकर यही जान पड़ता है कि उर्दू रचना में फ़ारसी-अरबी तत्सम या तद्भवों को निकालकर संस्कृत या हिन्दी तत्सम रखने से हिन्दी बना ली गई है।[10]

ज़ाहिर है, ये झूठ से पनपे दुराग्रही शज़रे बेबुनियाद हैं, मगर इनको पहचान मिल जाती है भाषाओं के अगुओं के ईजाद किए हुए 'शुद्धवादी' भाषायी प्रयोगों में—पंडित हिन्दी और मौलवी उर्दू में।

नामों के मामले पर ये टिप्पणी अनिवार्य थी, लेकिन अब ये बात यहीं ख़त्म करता हूँ। मैंने ये मज़मून इस भरोसे, इस विश्वास के साथ लिखा है कि कम-से-कम उत्तर भारत की बस एक साझा ज़बान है, जिसे समय-समय पर अलग-अलग लोगों के द्वारा अलग नाम दिए गए हैं—हिन्दी, उर्दू, हिन्दुस्तानी। (कुछ और भी नाम हैं जैसे हिन्दवी, या रेख़्ता—यानी मिली-जुली या साथ पनपी हुई—या सिर्फ़ भाषा)। इतिहास के आँचल में—जिसका कुछ ज़िक्र मैं बाद में

करूँगा—इस एक साझी भाषा की सच्चाई को जान-बूझकर नकारा गया है। किसी ग़लत अन्दरूनी एजेंडा, किसी दुराग्रह के चलते, इस एक भाषा के साझे बदन के दो सिरों को अलग-अलग करके उसे एक तरफ़ तो संस्कृत से और दूसरी तरफ़ फ़ारसी-ओ-अरबी से जोड़कर बिगाड़ दिया गया है। इन दुष्प्रयासों ने एक भाषा की दो अलग शैलियों या रजिस्टर को जन्म दिया, इन दो रूपों को मैं ' ' के द्वारा चिह्नित करूँगा—यानी 'हिन्दी' और 'उर्दू'।

दोनों शैलियों के बीच की साझी भाषा को मैं हिन्दी पुकारूँगा—बिना इनवर्टेड कॉमा (' ') के। मैं ऐसा इसलिए करूँगा ताकि उत्तर भारत के उपजाऊ मैदानों में जहाँ कल्चर में एक मुद्दत के मन्थन से ये भाषा जन्मी, उसके नज़दीक रहूँ। और इसलिए भी कि हिन्दू और मुसलमान दोनों के लिए, इस भाषा का नाम हिन्दी कहीं ज़्यादा पुराना है, उन घिनौने विवादों से बहुत पहले का जो 19वीं सदी के आख़िर में पैदा किए गए।

भाषाओं के पनपने का छोटा-सा ब्योरा जो मैंने ऊपर दिया है उसमें ये इशारा शामिल है कि इस भाषा—हिन्दी नम्बर तीन—को उर्दू भी पुकारा जा सकता है। यहाँ तक कि ख़ुद मदन मोहन मालवीय ने नाम के समझौते के लिए ऐसा करने का मशवरा भी दिया था।[11] लकिन इसे उस अरबी-फ़ारसी से बोझिल खुरदुरी उर्दू से बिलकुल अलग देखना पड़ेगा जिसे किन्हीं मज़हबी और सेक्युलर मुल्लाओं ने ईजाद किया। आख़िर में, उर्दू नाम का शब्दार्थ तो सैनिक ख़ेमे की ओर संकेत करता है जहाँ, एक दंत-कथा कहती है, उर्दू जन्मी—और मुझे अमन पसन्द साझा संस्कृति का संकेत देता नाम हिन्दी ही पसन्द है।

नाम के मामले में समझौते का एक प्रस्ताव किया ख़ुद गांधी ने—'हिन्दोस्तानी' के रूप में, यानी हिन्दुस्तान की भाषा। मगर हिन्दोस्तानी का मतलब या तो 'हिन्दी-उर्दू' की धारा में जो साझा था, वो हो सकता था—यानी इससे मुराद है लोगों की भाषा से जो जोशीली, बहुरंगी और लचीली है। या हिन्दोस्तानी का मतलब धारा के उस हिस्से से है जो न 'हिन्दी' थी न 'उर्दू', तो साझापन ख़त्म हो जाता है। ये नाम दोनों तरफ़ के अतिवादियों को ख़ुश कर देता है। तक़रार के माहौल में, जहाँ दोनों तरफ़ के रण-बाँकुरे एक-दूसरे को शक और शत्रुता की भावना से देख रहे थे, समझौते की बात कहाँ—दोनों इस नाम से असन्तुष्ट थे। दोनों ने 'हिन्दोस्तानी' को दूसरे पक्ष के हामी के तौर पर देखा। जो तनातनी का समझौता गांधी ने सुझाया था वो 'हिन्दी या हिन्दोस्तानी' था। इस 'या' के दो अभिप्राय हो सकते हैं—भिन्नता और ऐक्य। 'ऐक्य' समझें तो मतलब निकला

कि हिन्दुस्तानी हिन्दी ही है, सो मुल्ला छिटक गए। भिन्नता मानें तो हिन्दुस्तानी हिन्दी नहीं है, सो पंडित जी रूठ गए। भाषा का नाम क्या है, ये बड़ी भारी अड़चन है जिसके चलते एक अकादमिक ने परेशान होकर तजवीज़ करी कि इस भाषा को हिर्दू कहा जाए।[12] मगर मूझे पूरा यक़ीन है कि इस नामकरण को भी कोई न कोई इकतरफ़ा समझौता कहेगा और कहेगा कि क्यों न भाषा का नाम हो उर्दी...

वैसे भी अगर हर खिलाड़ी को ये आज़ादी हो कि वो जब चाहे नियम बदल दे, नए नियम लगा दे, सीमाओं को मनमाने ढंग से आगे-पीछे कर दे, तो खेल हो के रहा, समस्या का हल तो दूर की बात है। समाधान तो दूर की बात है, समस्या का सही वर्णन करने में पसीना छूट जाता है।

ये एक ख़ास तरह की पट्टीदारी का झगड़ा है—क्योंकि वास्तव में कोई असल सरहद है ही नहीं। अलग-अलग समय पर अलग-अलग लोगों ने उसे यहाँ, या वहाँ या फिर कहीं और बताया है।

अगर सिर्फ़ भाषा के नज़रिए से देखा जाए तो इस बात की कोई ख़ास अहमियत नहीं है कि साझा भाषा का नाम क्या हो। मगर मुझे मालूम है कि भाषा का नाम क्या हो—हिन्दी या उर्दू—इस बात पर लोग मरने-मारने को तैयार रहे हैं और आज भी हैं। असल में, हमारी भी अपनी चिन्ता मूल रूप में भाषायी नहीं है। हमारा सरोकार तो उन बातों, कारणों और परिणामों से—भाषायी परिणाम भी—है जो इस बिलावजह के नामरूपी झगड़े से निकलते हैं। हम भले ही साझा हिन्दी को कृत्रिम 'हिन्दी' से अलग जताएँ, परेशानी शायद ख़त्म नहीं होगी। लेकिन शायद, कुछ समय के लिए ही सही, शान्त बैठ जाए, और सहलाई जा सके...

3

# मैक्डॉनेल भये कोतवाल

सन् 1900 में इलाहाबाद विश्वविद्यालय के हिन्दू हॉस्टल के उद्घाटन का मौक़ा था। मदन मोहन मालवीय के अथक परिश्रम का फल था, उन्हीं के द्वारा जमा किए गए चन्दे से बना था छात्रावास। सर ऐंथनी मैक्डॉनेल, पश्चिमोत्तर प्रान्त के लेफ़्टिनेंट गवर्नर, माननीय अतिथि थे। मालवीय मैक्डॉनेल के अहसानमन्द थे क्योंकि कुछ ही दिन पहले, मैक्डॉनेल ने एक ऐसे अहम फ़ैसले की नींव डाली थी जो सिर्फ़ आधुनिक हिन्दी के पनपने में ही बहुत अहम नहीं है बल्कि कहा जा सकता है कि ख़ुद आधुनिक हिन्दुस्तान के इतिहास में भी अहम है। 18 अप्रैल, 1900 को, मैक्डॉनेल ने सूबे में ये फ़रमान जारी किया था कि कचहरियों में उर्दू के साथ-साथ देवनागरी का भी इस्तेमाल किया जा सकता है। दिखने में अन्तत: ये छोटी-सी छूट थी—मगर यही हिन्दुस्तान के बँटवारे का एक कारण बनी। आज, ऐन्थनी मैक्डॉनेल का नाम हिन्दी मानस की स्मृति से लगभग मिट चुका है, उद्घाटन में लगी शिला आसपास की घास के पीछे गुम सी हो गई है। और हॉस्टल का नाम बाक़ायदा बदलकर मालवीय के नाम पर हो गया है।

भाषा के सवाल के 19वीं सदी में अचानक इतनी अहमियत पा जाने की वजह असल में 'डायरेक्टर्स ऑफ़ दी ईस्ट इंडियन कम्पनी' के 1832 के एक मासूम कथन में थी। कहा ये गया था कि ये तो बहुत ज़रूरी है ही कि फ़ैसले उस भाषा में दिए जाएँ जिससे जज वाक़िफ़ हो, उतना ही ज़रूरी ये भी है कि अदालत का काम उस भाषा में किया जाए, जो आम लोग समझ सकें।[1] फ़रमान में ये भी कहा गया : "जज के लिए ज़्यादा आसान है कि वो लोगों की भाषा बरतें बनिस्बत इसके कि लोग जज की भाषा समझें" (या, जैसा कि आज हम 'हिन्दी' के मारे कहना चाहेंगे, "लोगों की उस भाषा को बरतें जिसको लोग वाक़ई इस्तेमाल करते हैं।") कम्पनी के निज़ाम में फ़ारसी की बजाय लोकल भाषाओं का इस्तेमाल किए जाने के इस फ़ैसले ने एक ऐसी गहरी और असरदार

सांस्कृतिक प्रक्रिया को पैदा किया जिसका असर अगली सदी और फिर उसके भी आगे देखा जा सकता है।

19वीं सदी के आख़िरी चार दशकों में नागरी/हिन्दी को सरकारी पहचान दिए जाने की माँग गाहे-बगाहे उठती रही। मगर 1900 के पहले के दो सालों में सूबे के लोगों ने बड़ी तादाद में इस मुहिम को तेज़ी दी कि बर्तानवी सरकार के निज़ाम में नागरी/हिन्दी को सरकारी रूप से मान लिया जाए। (सतही रूप से ये मुहिम सिर्फ़ लिपि को लेकर थी, मगर उसके पर्दे में, दूसरी भाषा की माँग की झलक भी मिलती है।) 2 अप्रैल, 1900 को हिन्दी पत्रिका 'भारत जीवन' ने अपने पाठकों से एक अजीब अपील की कि वे गवर्नर साहब के समर्थन में जुलूस का बन्दोबस्त करें। मौक़ा था उस इजाज़त के मिल जाने का जिसका बेताबी से इन्तज़ार किया जा रहा था : 'फ़ारसी हुरूफ़' (आज की उर्दू) के साथ-साथ कचहरियों में नागरी वर्णमाला के इस्तेमाल की स्वीकृति का। इशारा ये भी है कि अब बर्तानवी निज़ाम के बाक़ी काम में भी आम तौर पर ऐसा ही हो।

सच ये है कि 1900 से पहले ही मैक्डॉनेल नागरी/हिन्दी के दायरों में, एक क़िस्म के लोकनायक बन चुके थे—आख़िरकार, वे एन.डब्ल्यू.पी. ऐंड ओ., यानी मोटे तौर पर आज के उत्तर भारत, में अपनी बिहारी शोहरत के साथ आए थे। बंगाल के ले. गवर्नर के कार्यकारी सेक्रेटरी के रूप में, मैक्डॉनेल बिहार की कचहरियों और निज़ाम में नागरी वर्णमाला के शामिल किए जाने में मुब्तला रहे। सर सैयद की जीवन कथा में हाली ने एक मज़ेदार क़िस्से का बयान किया है : दौरे पर आए हुए बंगाल के ले. गवर्नर (कैम्पबेल) के सम्मान में 'साइंटिफ़िक सोसाइटी ऑफ़ भागलपुर' (जिसमें ज़्यादातर मुसलमान थे) ने तहरीर पेश की। उस वक़्त बर्तानवी निज़ाम के काम को नागरी में करने की दबी-सी माँग भी माहौल में थी। तहरीर को इस क़दर ज़ोरदार अरबी और फ़ारसी से लादा गया था कि कैम्पबेल के पल्ले कुछ नहीं पड़ा। नाराज़ होकर उसने घोषणा की कि वो ज़बान तो सूबे की ज़बान हो ही नहीं सकती और, कुछ ही दिनों में उसने नागरी वर्णमाला और 'वो भाषा जो उस वर्णमाला में लिखी जा सके', उसे बिहार की कचहरियों में इस्तेमाल करने का फ़रमान जारी कर दिया।[2] हाली ने ये भी लिखा है कि कई मुसलमानों और 'इज़्ज़तदार हिन्दुओं ने इस फ़रमान के ख़िलाफ़ दरख़्वास्त पेश की, मगर गवर्नर साहब टस से मस नहीं हुए।

1882 में, 'दी नैशनल मुहमडन एसोसिएशन ऑफ़ कैलकटा' ने गवर्नर जनरल को एक अर्ज़ी भी पेश की। देश भर में मुसलमानों की आम तौर पर दयनीय हालत को देखते हुए, इस दस्तावेज़ में भाषा और लिपि—फ़ारसी/उर्दू—को बनाए रखने की अपील की गई जिसमें इस पर ज़ोर दिया गया कि वो बिहार के

हिन्दुओं और मुसलमानों दोनों के पढ़े-लिखे तबक़ों में लोकप्रिय है। मैक्डॉनेल ने उस अपील को नकारने में बड़ी भूमिका निभाई।[3] इस बात पर विश्वास किया जा सकता है कि बिहारी अनुभवों ने मैक्डॉनेल में उन इज़्ज़तदार व मुसलमानों के लिए शक और दुश्मनी का जज़्बा पैदा कर दिया जो उत्तर भारत के उस समय के बर्तानवी निज़ाम में काफ़ी प्रभावी थे। 1 अगस्त, 1897 को जब वो एन.डब्ल्यू.पी. ऐंड ओ. के ले. गवर्नर ही थे, मैक्डॉनेल ने लॉर्ड एल्गिन को लिखा कि "मुसलमानों का ताक़तवर होना मुल्क के लिए ख़तरा था" और अपील की कि "मुसलमानों और हिन्दुओं के अनुपात को पाँच से तीन में बदल देना चाहिए।"[4] 18 मई, 1900 को जब उसका अहम फ़रमान गवर्नर जनरल की मंज़ूरी का इन्तज़ार कर रहा था, मैक्डॉनेल ने कर्ज़न को लिखा : "हम हिन्दुओं के बोलबाले को ज़्यादा शह देना चाहते हैं, बनिस्बत मुसलमानों के जो इन हालात में, हमारे ख़िलाफ़ ही होंगे।"[5]

ज़ाहिर है कि सूबे के नागरी/हिन्दी के मोर्चे वालों के लिए ऐसा मानना वाजिब था कि मैक्डॉनेल का एन.डब्ल्यू.पी. ऐंड ओ. का ले. गवर्नर बनाया जाना भगवान की देन था। 1895 में वहाँ पहुँचने के एकदम बाद, बनारस म्युनिस्पैलिटी में मैक्डॉनेल ने जो भाषण दिया उसे सुननेवालों को किसी शक में नहीं छोड़ा कि उसका रुझान किस तरफ़ है।

"डफ़रिन ब्रिज से गंगा को पहली दफ़ा पार करते हुए मैं मंज़र की ख़ूबसूरती देखकर दंग रह गया...मेरी आँखें ख़ुद-ब-ख़ुद मंज़र की सबसे ख़ास चीज़ों पर टिक गईं—औरंगज़ेब की मस्जिद की सुडौल मीनारें और ठोस डफ़रिन पुल। अचानक ये ख़याल मेरे मन में कौंधा कि दोनों ही अपने-अपने ज़माने की और तब की पॉलिसी की नुमाइन्दगी करते थे। जब मेरी नज़र हिन्दुओं के उन प्राचीन मन्दिरों पर पड़ी जो मोहम्मद साहिब के न जाने कितने पहले बने थे और उनको मैं मीनारों के नीचे झुका पाता हूँ तो मुझे मुग़ल हुकूमत के आख़िरी वक़्त में उसके नफ़रतशुदा और ज़ालिम रवैये की निशानी नज़र आती है जिसने ज़मीर पर क़ैद लगाई और लोगों के बड़े हिस्से को उनके क़ुदरती हक़ से महरूम रखा। और पुल में मुझे नई बर्तानवी तहज़ीब की पहचान नज़र आई। इस नई तहज़ीब का असर आपसी मनमुटाव को कम करना है, एक तबक़े का दूसरे की तरफ़ भाईचारे को बढ़ावा देना है और सबको दुनियावी ख़ुशहाली की तरफ़ ले जाना है।"[6]

बर्तानवी राज के असर में मैक्डॉनेल साहब को चौतरफ़ा ख़ुशहाली और भाईचारा नज़र आए, ये तो स्वाभाविक है—ये तो उनके पद की दरकार थी। सच्च ये है कि मैक्डॉनेल साहब का अपना भाषा-लिपि सम्बन्धी फ़रमान उस लम्बी प्रक्रिया की शुरुआत मात्र है जिसमें नई-नई दुश्मनियों को ईजाद कर,

पारम्परिक भाईचारे की नींव कच्ची कर दी। मेरा उद्देश्य यहाँ से फ़्लैशबैक करने का है, ताकि हम उस ऐतिहासिक अनिवार्यता को समझ सकें, जिसके चलते क्रिया-प्रतिक्रिया का क्रम चला, और मैक्डॉनेल साहब के प्रभावशाली फ़रमान की ज़मीन बना। इस क्रिया-प्रतिक्रिया के क्रम को समझे बग़ैर, हम इस छोटे-से फ़रमान के घातक और दूरगामी नतीजों को नहीं समझ पाएँगे।

ये तो ख़ैर माना ही जाता है कि ऐसे किसी भी देश में जो कभी उपनिवेश बना हो या रहा हो, उसमें जो कुछ भी घटता है उसका सीधा सम्बन्ध विदेशी राज से होता है। तो इसमें कोई ताज्जुब की बात नहीं कि हिन्दी-उर्दू के झगड़े के मामले में भी दोष अंग्रेज़ी हुक्मरानों को ही दिया जाता है। और किसी हद तक बात ठीक भी है। लेकिन जहाँ अंग्रेज़ों का दोष समझना ज़रूरी है, वहीं वो अपर्याप्त, नाकाफ़ी भी है, बात को पूरी तरह से समझने के लिए।

अनजाने में हम जो बातें विदेशी राज के सिर मढ़ देते हैं, उनके बारे में दो बातें कही जा सकती हैं। एक तो ये कि विदेशी दख़लअन्दाज़ी की दलील के चलते एक क़िस्म का सन्तोष सा महसूस होता है। ऐसा करने से बुराई की वजह कोई दूसरी हो जाती है और लोकल लोगों की हरकत और गुटबन्दियाँ नज़रअन्दाज़ हो जाती हैं। उतनी ही एक अहम बात का इशारा भी इस नज़रिए में शामिल है—ये कि सारे गुट ये मानते हैं कि कोई बुराई, कोई ख़राबी है, जिसे समझना ज़रूरी है, कोई कमी है जिसको जानना होगा। मुजरिम की तलाश से ये तो ज़ाहिर है कोई जुर्म हुआ है, हो रहा है।

हिन्दी-उर्दू के बँटवारे के आधुनिक सिलसिले की शुरुआत करनेवालों में फ़ोर्ट विलियम कॉलेज के महानुभावों की ख़ास भूमिका रही है। सर्जन और घुमक्कड़ भाषायी विद्वान, जॉन बोर्थविक गिलक्रिस्ट, जो उन दिनों उत्तर भारत में था, उसने एक 'मदरसा' क़ायम करने की योजना बनाई, जिसमें ईस्ट इंडिया कम्पनी के अफ़सरों को हिन्दुस्तानी सिखाई जा सके। मगर जल्दी ही ये 'मदरसा' कॉलेज ऑफ़ फ़ोर्ट विलियम के तहत बनी एक संस्था में समा गया और वहाँ गिलक्रिस्ट को हिन्दुस्तानी का प्रोफ़ेसर बनाया गया। उसका काम हिन्दुस्तानी जानकार और अनुवादकों के स्टाफ़ को सँभालना था। इन लोगों ने जल्द ही एक पुस्तकमाला तैयार की जिससे कम्पनी बहादुर के नए अफ़सर हिन्दुस्तानी सीखकर, उत्तर भारत के अनजाने भाषा-सागर में कूद सकें।[7] इन जानकारों में से कम-से-कम दो जनों—सदल मिश्र और लल्लूजी लाल—ने जो काम किया वो आधुनिक हिन्दी की रचना में महत्त्व रखता है।

उनका समकालीन इंशाअल्लाह ख़ाँ—जो बंगाल छोड़ लखनऊ आ बसा था—इसने ये ऐलान किया कि वो अरबी-फ़ारसी और संस्कृत से बचते हुए, 'ठेठ हिन्दवी' लिखेगा। ऐसी भाषा : "जिसमें हिन्दवी छोड़ और किसी बोली का पुट न हो। बाहर की बोली और गँवारी कुछ उसके बीच में न हो।...हिन्दवीपन भी न निकले और भाखापन भी न हो। बस जैसे भले लोग अच्छे से अच्छे आपस में बोलते-चालते हैं, ज्यों का त्यों वही सब डौल रहे और छाँह किसी का न हो...।"

(भूमिका, *रानी केतकी की कहानी*)

दूसरी तरफ़, ऐसा माना जाता है कि लल्लूजी लाल ने आधुनिक संस्कृतमय हिन्दी की "तक़रीबन नए सिरे से ईजाद की" : "अकबरी सेनावालों और उनके बहुद्‌देशीय बाज़ारी मिलने-जुलनेवाले बहुद्‌देशीय लोगों के संसर्ग से जो उर्दू भाषा बनी थी", उससे लल्लूजी लाल ने सारे 'परदेशी' शब्द निकालने का काम उठाया।[8] सच तो ये है कि जो मुंशी और पंडित उस दफ़्तर में मुलाज़िम हुए थे, उन पर दबाव था—कुछ अपने सरकारी ओहदे की बाबूगिरी की ज़रूरत को स्थापित करने के लिए, और कुछ शायद भाषायी गुणों की अपनी दरकार के चलते। गरज़ ये कि इनकी हरकतों से दो जुदा भाषायी रजिस्टर बनने लगे—एक जिसमें झुकाव संस्कृत की तरफ़ हो और दूसरा जिसमें झुकाव फ़ारसी-अरबी की तरफ़ हो। कोई हैरत नहीं कि जो मज़मून इन लेखकों ने तैयार किए वो वाक़ई मिली-जुली भाषा में थे। हुआ ये कि ख़ुद गिलक्रिस्ट भी उस 'ज़िन्दा बोलचाल की भाषा' के हिमायती थे, जिसका तजुर्बा उन्हें अपनी उत्तर भारत की यात्राओं में हुआ था। गिलक्रिस्ट को ऐतराज़ था तो उन कठमुल्लों से, जो उस काल में, अद्‌भुत लचीली और सम्पन्न हिन्दुस्तानी को तोड़-मोड़कर, और फ़ारसी-अरबी के अन्धाधुन्ध अल्फ़ाज़ लादकर, उसको बदशकल बना रहे थे। तक़रीबन सौ साल बाद ग्रियर्सन को एक दूसरी परेशानी थी—और इस परेशानी की जड़ में गिलक्रिस्ट और फ़ोर्ट विलियम की करतूत भी मौजूद हैं। ग्रियर्सन को परेशानी उस भाषायी विकृति से थी—जनभाषा में संस्कृत ठूँस-ठूँस कर एक ऐसी कृत्रिम/नक़ली भाषा बनाई जा रही थी, जो किसी की भी मादरी ज़बान थी ही नहीं।[9]

बहरहाल, फ़ोर्ट विलियम से जो अहम बात निकलकर आई वो थी भाषा के दोहरापन का ख़याल—दो-रुख़ी भाषा। फ़ोर्ट विलियम ने इस बात को सरकारी पहचान दी कि हिन्दुस्तानी को देखने के दो तरीक़े थे। एक जो आम और मिली-जुली बोली थी और दूसरी जिसमें अरबी-फ़ारसी शब्दों को (यानी 'मुसलमानी' पैदाइश वाले) निकाल एक ऐसी भाषा (रजिस्टर? शैली?) का गठन जो हिन्दुओं के लिए ज़्यादा उपयोगी थी।

ग्रियर्सन ऐसा मानता है कि गिलक्रिस्ट महज़ ग़लतफ़हमी का शिकार था। "गिलक्रिस्ट ने एक शुरुआती ग़लती की : वो ये समझा कि ये (हिन्दुस्तानी जो उसके चारों तरफ़ आम इस्तेमाल में थी) एक क़ौमी ज़बान है और इसलिए ये कोशिश की कि अरबी और फ़ारसी के शब्दों को हटाकर और उनकी जगह हिन्दू शब्द लगाकर, भाषा को उस बुनियादी हिन्दू रूप में ले आए जो उसकी कल्पना में कभी था।"[10] 'हिन्दू' शब्दों से शायद ग्रियर्सन की मुराद संस्कृत शब्दों से है, मगर बुनियादी बात जो ग़ौरतलब है वो ये कि उपनिवेश के हुक्मरान की समझ, सही या ग़लत, जल्दी ही सरकारी चलन में तब्दील हो जाती है। और, वक़्त गुज़रने के साथ, हुक्मरान की मासूम ग़लतफ़हमी एक नागवार सच्चाई का रूप ले लेती है। डेविड वॉशब्रुक के शब्दों में : "अंग्रेज़ों ने उस चीज़ को 'खोजना' चाहा जो उनकी साइंस के नज़रिए से होनी चाहिए थी, कोई हैरत नहीं कि वो 'कामयाब' हुए और जल्द ही उस 'कामयाबी' की बिना पर व्याकरण और शब्दकोश का पूरा ज़ख़ीरा तैयार करा दिया।"[11]

'फ़ोर्ट विलियम' जल्द ही एक प्रतीक बन गया। उसे या तो सरकार की बाँटो और राज करो की नीति का निशान समझा जाने लगा या, दूसरी तरफ़, सरकार द्वारा इस बात की प्रभावशाली स्वीकृति की मुहर कि एक अनदेखी भाषायी परम्परा है जो आगे चलकर बा-हक़ आधुनिक हिन्दी बन गई।

अलग-अलग लोग जिस तरह से ये इतिहास बखानते हैं, उससे ये साफ़ नहीं होता कि उनकी समझ में, 'फ़ोर्ट विलियम' ने एक वास्तविक मौजूद भाषायी फ़र्क़ पर सरकारी मुहर भर लगाकर उसे पुख़्ता बना दिया—या फिर उसने (या, वहाँ) एक भाषायी फ़र्क़-ईजाद किया, गढ़ा गया। फिर, ये भी साफ़ नहीं होता कि फ़ोर्ट विलियम में जो हुआ—जो भी हुआ हो—वो अच्छा हुआ, कि बुरा हुआ। यानी, हमें क्या करना चाहिए—फ़ोर्ट विलियम द्वारा चिह्नित भाषायी दरार को और बढ़ाना चाहिए, या फिर उसे पाटने की कोशिश करनी चाहिए? ज़ाहिर है कि लोग अलग-अलग समय पर अलग-अलग बातें करते हुए नज़र आते हैं। समय-समय पर, उस काल की राजनीति निर्धारित करती है कि 'फ़ोर्ट विलियम' से उपजी भाषायी दोहरेपन की जो धारणा है, उसे अपनाया जाए या नकारा जाए, हवा दी जाए या भुलाया जाए। इतिहास में ऐसे मक़ाम आते हैं जब एक तरफ़ के योद्धा इस तथाकथित 'दोहरेपन' और फ़र्क़ को ग़लत ठहराते हैं—मसलन सर सैयद, जो सारे हिन्दुस्तान में घूमते हैं और सब जगह बस एक ही ज़बान, उर्दू, पाते हैं—जबकि मालवीय जी और उनके संगी-साथी उन्नीसवीं सदी के आख़िरी दशकों में, भाषायी फ़र्क़ पर ज़ोर देते हैं। इसके कोई पचास-साठ साल बाद, आज़ाद भारत में, अब उर्दूवाले भाषायी फ़र्क़ दिखाना और मनवाना चाहते हैं,

और हिन्दीवाले, सत्तारूढ़-सत्तासम्पन्न, अब इस 'फ़र्क़' को मानने से इनकार करते हैं और फ़ोर्ट विलियम को इस ज़हरीले मुग़ालते का स्रोत मानते हैं।

बर्तानवी हुकूमत में एक और समूह भी है जिसे भाषा के बँटवारे के इस इतिहास में याद किया जाता है। वे मिशनरी जिन्होंने 18वीं सदी के आख़िर में कलकत्ता के नज़दीक सेरामपुर में अड्डा जमाया। अपने काम के तहत उन्होंने जल्द ही पूरे उत्तर भारत में—कलकत्ता, आगरा, इलाहाबाद—स्कूल बुक सोसाइटी बनाई और प्रकाशन का विशाल प्रोग्राम चालू किया। इस मुहिम में किसी साज़िश के इल्ज़ाम लगाए जाने या ऐसा कोई इशारा किए जाने की ज़रूरत नहीं है। ज़ाहिर है, उनकी अपनी तकनीकी और दूसरी मजबूरियाँ थीं जिन्होंने उनका उत्तरी भारत की भाषायी विविधता, बल्कि अराजकता के प्रति उनका नज़रिया बनाया। जैसे कि, अगर किताबें बड़ी संख्या में छापनी थीं तो कुछ न कुछ भाषायी व्यवस्था अनिवार्य हो जाती है। छापे की नई प्रौद्योगिकी ने ही व्याकरण और वर्तनी का मानकीकरण लाज़िमी बना दिया था।[12]

इसके अलावा एक और ज़रूरत भी थी जिसे मैंने 'ज़ाती पहचान' कहा है। इन लोगों के साथ एक और तरह की मजबूरी काम करती नज़र आती है जिसे मैं परिस्थितिजनित समझता हूँ। हम लाख फ्रांसीसी दार्शनिक फ़ूको के अनुयायी हों, लेकिन हम भी ज़रूरत पड़ने पर अव्यवस्था को व्यवस्थित करने के लिए कोई आसानी से उपलब्ध अवधारणा या category ढूँढ़ते हैं। और मिशनरियों की ख़ास तौर पर प्रवृत्ति होती है कि वो बेतरतीब दीखनेवाले माहौल में तरतीब लाने के लिए किसी धार्मिक सिलसिले से जोड़ें। इस पहले क़दम के बाद, ज़ाहिर है कि धार्मिक गुट—लोग, अभी तबक़े नहीं—जो मज़हबी और रूहानी विरासत के लिए जुदा-जुदा क्लासिकी भाषा से जुड़े होते हैं, अलग-अलग भाषा-समूहों में बाँटे जाएँ।

संवेदनशील इतिहासकार यही समझाते हैं—कि धार्मिक समुदायों का होना क़तई स्वाभाविक नहीं है—ये क़तई ज़रूरी नहीं है कि एक धर्म के माननेवाले या महज़ माननेवाले परिवार में पैदा हुए बाक़ी माननेवालों के साथ कोई साझा बिरादराना महसूस करें—और न ये ज़रूरी है कि ऐसी किसी बिरादरी की कोई भाषायी पहचान हो।[13] ऐसा हो ज़रूर सकता है—और अगर उन्हें यूँ 'समझाया' जाए तो ऐसा किया जा सकता है—लेकिन अनिवार्य हरगिज़ नहीं है। बहुत क़िस्म की बिरादरियाँ, धार्मिक या सेक्युलर, एक-दूसरे से दो-चार होती हैं, और इस तरह लोग एक ही वक़्त में कई बिरादरियों, और आगे पनपनेवाली बिरादरियों के

हिस्सेदार होते हैं। किसी एक क़िस्म की बिरादरी को दूसरी बिरादरी के बनिस्बत अहमियत देना, हमेशा और हर जगह, एक ज़ाती पसन्द है, एक तरह का आग्रह है, अपने नज़रिए और विचारधारा के चलते। आज के दौर में ये बात ज़ाहिर और आम है। सेरामपुर के मिशनरी अपनी समझ में ईश्वर से महरूम लेकिन वास्तव में परम ईश्वर-सम्पन्न हिन्दुस्तानी समाज को एक सही रास्ते पर लाने के लिए उतावले थे—उन्होंने उत्तर भारत के लोगों को एक ही बेहद बहुरंगी भाषा के दो अलग-अलग रूपों में मुख़ातिब किया। इनमें से एक रूप में से जिसका रुख़ हिन्दुओं की तरफ़ था, फ़ारसी-अरबी के अल्फ़ाज़ निकाल दिए गए और उनकी जगह संस्कृत के शब्द डाल दिए गए। दूसरे रूप में जो मुसलमानों से मुख़ातिब था, उस भाषा में फ़ारसी-अरबी के अल्फ़ाज़ नुमायाँ थे।[14] आधुनिक हिन्दी की चेतना जगानेवालों में एक अगुआ, रामचन्द्र शुक्ल ने मिशनरियों के इस 'बोध' को जायज़ ठहराया है कि अगर वे उत्तर भारत के आम आदमी से मुख़ातिब होना चाहते थे तो सरकारी 'हिन्दुस्तानी' नाकाफ़ी थी, सही ही था कि उनकी भाषा संस्कृत के आसपास की हो, जिनमें धार्मिक कहानियाँ सुनाई और सुनी जाती थीं।[15]

जैसा कि हम जानते हैं, इस फ़ैसले के बहुत गहरे और लम्बे साये पड़े। मगर फ़िलहाल इस पर दो बातें कहना ज़रूरी है : उस वक़्त, मज़हबी सीख बरतनेवाले मिशनरियों की समझ से परे, ऐसे धार्मिक-भाषायी समुदायों/सम्प्रदायों/बिरादरियों का कोई वजूद नहीं था। ईसाई बनाने की कोशिश ने बहरहाल उत्तर भारत की आबादी को 'हिन्दू' और 'मुसलमान' ज़रूर बना दिया; या बारीकी से समझें तो गुटों को हिन्दू और मुस्लिम नहीं : बल्कि 'ग़ैर-मुस्लिम' और 'ग़ैर-हिन्दू' बना दिया—क्योंकि इस पहचान की बुनियाद ही इस बात में थी कि एक समुदाय दूसरे की ज़बान समझ नहीं सकता।

इसी से जुड़ी हुई एक और बात ग़ौर करने के क़ाबिल है। सेरामपुर के मिशनरियों ने जो समुदाय बनाए वो उस अखिल भारतीय हिन्दुस्तानी सांस्कृतिक बिरादरी से मूल रूप में भिन्न थे, जो कई सदियों की आवाजाही, लेन-देन, सौदा-सुलुफ़, आदान-प्रदान से उभरी और पुख़्ता हुई थी। आधुनिक बिरादरी के पहले वाली बिरादरियाँ बोलचाल की बिरादरियाँ थीं—देसी बोलियों वाली, जिनका ज़िक्र पहले किया जा चुका है। हर भाषा के छपने में जिन मानकों की ज़रूरत होती है उससे परे, ये वो बिरादरियाँ थीं जहाँ बोली में, पड़ोसियों को समझने-समझाने की ज़रूरत में, शब्दों का 'लेन-देन' लोकल था स्थानीय पास-पड़ोस का। इसकी तह में एक ऐसा साझा प्लैटफ़ॉर्म था, जहाँ सुनने और बोलनेवाले दोनों शामिल थे, ऐसे लचीले संवाद के ज़रिए जिसे दोनों पहचान सकें—और समझ-समझा सकें। दूसरी तरफ़, लिखित रूप से बात फ़ितरतन लचीली नहीं

होती, और एकतरफ़ा होती है। ये बोलचाल वाली बिरादरी या समुदाय बक़ौल सुदीप्त कविराज 'fuzzy communities' थीं—अस्पष्ट, जिनकी सीमाएँ स्थायी नहीं, बनती-मिटती रहती हैं, ऐसे समुदाय जिनकी गणना करना असम्भव है।[16] जनगणना के तहत गिनी हुई आधुनिक बिरादरियों से ये बिरादरी क़तई अलग थी। बाद में जो बिरादरियाँ पनपीं वे दोस्तों और पड़ोसियों के बजाय दूर-दराज़ के अजनबियों को लेकर गढ़ी गईं जिनका पॉलिटिक्स में इस्तेमाल किया जा सकता था। लेकिन ये भी कहना ज़रूरी है कि सेरामपुर के मिशनरियों की कल्पना का समुदाय उन सम्प्रदायों से बिलकुल फ़र्क़ हैं जो आधुनिक भारतीय साम्प्रदायिकता की ख़ास पहचान हैं। इन आधुनिक सम्प्रदायों के फलने-फूलने, गुल खिलाने के लिए हालात अभी तैयार नहीं हुए थे।

बहरहाल, पहला 'गुनाह' किसने और कब किया, इसकी कहानी तो और भी पीछे जाती है, किसी अनजाने काल में जो फिर भी गरमागरम बहस का मुद्दा बन जाता है—लेकिन इतना तो तय है कि ये काल 'फ़ोर्ट विलियम' और सेरामपुर से पहले का है। जैसे नैथनिएल हॉलहेड ने 1778 में बंगाल का व्याकरण लिखने में 'हिन्दुस्तानिक' भाषा का ज़िक्र किया जिसे उसने बंगाल में 'इस्तेमाल' होते हुए देखा। हॉलहेड ने दो क़िस्म की 'हिन्दुस्तानिक' को इस्तेमाल में पाया—इनमें से एक मिली-जुली शैली थी जो मुस्लिम दरबारों में काम करनेवाले हिन्दू बोलते थे।[17] इसके अलावा एक और क़िस्म भी थी जो वे ब्राह्मण और दूसरे पढ़े-लिखे हिन्दू इस्तेमाल करते थे, "जिनके उसूलों पर उनकी ख़्वाहिशें हावी नहीं हुई थीं।" दूसरी वाली बोली नागरी वर्णमाला में लिखी जाती थी और 'शुद्ध' थी—यानी ये उन 'विभाषी' शब्दों से बची हुई थी जो मुसलमानों की वजह से भाषा में आए और जिसमें उलटे "संस्कृत के कठिन से कठिन और समझ से परे शब्दों का इस्तेमाल होता था। हॉलहेड ख़ुद शुद्ध और पुरातन भाषा का पक्षपाती था और ये नज़रिया बर्तानवी राज के वैयाकरणों और पंडितों से मेल खाता था।

फिर भी ऐसा सोचना तो सही हो सकता है कि सेरामपुर मिशनरियों और बर्तानवी राज के वैयाकरणों की कोशिशों के और बाबूशाही की नज़रों में 'मुस्लिम' हिन्दुस्तानी और 'हिन्दू' हिन्दुस्तानी में फ़ोर्ट विलियम से फ़र्क़ किए जाने के असर काफ़ी गहरे पड़े। मगर ये सोचना कि ऐसा किसी साज़िश के तहत हुआ, सही नहीं है। बर्तानवी राज के शुरुआती अफ़सरों ने बहुरंगी भाषाओं के चलन को समझने के लिए कई पहलुओं से विचार किया, इस बात के काफ़ी सबूत मिलते हैं। सरकारी काम-काज चलाने की ज़रूरत और सरकारी मुलाज़िमों की तालीम की दरकार—इन दोनों के चलते और भाषायी बिखराव—को देखते हुए लाज़िमी था कि निज़ाम का रवैया कुछ पहल करनेवाला हो, न कि इन्तज़ार और सब्र

करनेवाला। वे परदेशी थे, और इसलिए ज़ाहिर है कि उनमें इतनी होशियारी नहीं थी कि वे उस भाषायी सागर में आसानी से नैया पार लगा पाएँ जैसे हिन्दुस्तानी कर सकते थे—तब और आज भी, अलग-अलग बोलियाँ, अलग-अलग बोलचाल के अन्दाज़, अलग-अलग शब्दों के मेल-जोल से एक साझा, सहज समझ रोज़ाना बना करती है। ज़ाहिर है, लोगों को अमूमन अपनी ही भाषा के लिए व्याकरण की ज़रूरत नहीं पड़ती है। जैसे एक देसी मुख़बिर ने हैरत में अपने 'साहिब' डिक्शनरी बनानेवाले से पूछा, "क्या किसी भी देश में वहाँ के लोगों को अपनी ख़ुद की भाषा के लिए डिक्शनरी और नियमों की दरकार होती है..."।[18] हालाँकि कालान्तर में ये भी हुआ कि देसी भाषा इतनी परदेशी बन गई कि सारी डिक्शनरी और नियम हिन्दी बोलनेवाले हिन्दुस्तानी को 'हिन्दी' में स्कूली परीक्षा में फ़ेल होने से नहीं बचा पाए। ख़ैर, उसका ज़िक्र बाद में।

बोर्ड ऑफ़ डायरेक्टर्स ऑफ़ ईस्ट इंडिया कम्पनी ने दरियादिली से मुग़ल हुकूमत की ज़बान फ़ारसी की जगह देशी भाषाओं के जिस सिलसिले को शुरू किया उसमें अलग-अलग जगह लोकल फ़र्क़ दिखाई देते हैं। इन सबके लिए—1832 में बम्बई और मद्रास प्रेसिडेन्सी में, 1837 में बंगाल प्रेसिडेन्सी में, लेकिन बिहार को छोड़कर—हालाँकि बिहार तब बंगाल प्रेसिडेन्सी में शामिल था—फ़ारसी का हटाया जाना, और उसकी जगह स्थानीय भाषाओं, बांग्ला, मराठी और तमिल का लाया जाना, बहुत महत्त्वपूर्ण पल था। मगर उस पल के बाद के इतिहास इन इलाक़ों के ख़ास कल्चर और आबादी के मिज़ाज का ही असर लिए हुए रहे।

उत्तर भारत में भी, जहाँ ज़्यादातर जगह फ़ारसी लिपि में 'हिन्दुस्तानी' को सरकारी दर्जा मिला हुआ था, वहाँ भी बदलाव लाए जा सकने के तरीक़ों में एक इलाक़े से दूसरे इलाक़े में फ़र्क़ था। एक मुद्दा 'हिन्दुस्तानी' के असली रूप का था—जो तब भी था और अब भी है। ज़ाहिर है कि नाम और रुतबे के एतबार से फ़ारसी का पलड़ा भारी था। मगर, नागरी के हिमायतियों का मानना था कि फ़ारसी लिपि का इस्तेमाल किया जाना भी फ़ारसी ज़बान को पहल देता है। और ये भी कि असली लोकल भाषा की कई ध्वनियाँ फ़ारसी लिपि में नहीं ढाली जा सकती थीं। इसलिए लिपि का सवाल भाषा को क़ुबूल करने के आड़े आया—शुरू में सिर्फ़ इशारों में इसका इज़हार किया गया, मगर दोनों मसले, लिपि और भाषा, एक-दूसरे से उलझे हुए तो शायद हमेशा ही से थे।

बिहार और सेन्ट्रल प्रॉविन्सेज़ (अब मध्य प्रदेश) में हिन्दुस्तानी को फ़ारसी लिपि के बजाय नागरी में लिखी हिन्दी का इस्तेमाल 1870 और

1880 के दशकों में शुरू हुआ। पंजाब में उर्दू (या हिन्दुस्तानी) और फ़ारसी लिपि का दबदबा 20वीं सदी के बड़े हिस्से तक चलता रहा। मगर आधुनिक हिन्दी के बनने की प्रक्रिया को समझने के लिए जो इलाक़ा सबसे अहम है वो है एन.डब्ल्यू.पी. ऐंड ओ. (यानी लगभग आज का उत्तर प्रदेश) जहाँ पर सब इलाक़ों से ज़्यादा मुख़ालिफ़त और जद्दोजहद थी, और कल्चर पर असर सबसे गहरा। बिहार और सी.पी. (आज का मध्य प्रदेश) का इस कहानी में महत्त्व है तो सिर्फ़ इसलिए कि इनसे तुलना करके उस इलाक़े की कशमकश, और जद्दोजहद को समझने में मदद मिलती है जो आगे चलकर हिन्दी प्रदेश बना।

'सागर और नर्बदा के इलाक़ों में (बाद में सी.पी., अब एम.पी.) एक बड़े कर्मठ अफ़सर फ्रेडरिक शोर ने नागरी लिपि की पहली बार सरकारी तौर पर शुरुआत की। बोर्ड ने तो फ़ारसी को लोकल भाषा में बदलने की रज़ामन्दी दे रखी थी, मगर शोर ने फ़ारसी लिपि को ही हटाने की पहल की। (लिपि के अहम मुद्दे का बोर्ड के फ़रमान में कोई ज़िक्र नहीं था)। शोर का कहना था कि बर्तानवी राज के पहले, इन इलाक़ों के लोग सरकारी काम नागरी में ही करते थे; बर्तानवी हुकूमत के तहत फ़ारसी के इस्तेमाल किए जाने की वजह से उत्तर-पश्चिम से आए हुए दूतों ने निज़ाम सँभाला और फ़ारसी और फ़ारसी से लबरेज़ हिन्दुस्तानी का इस्तेमाल करना शुरू किया क्योंकि वे उसी से वाक़िफ़ थे।

ख़ैर, ये बदलाव बहुत आसानी से नहीं आया। नागरी लिपि के इस्तेमाल की इजाज़त मिल जाने पर भी, बाहर से आए हुए ये लोग फ़ारसी लिपि इस्तेमाल करते रहे। शोर की पैनी नज़र ये ताड़ गई, और उसने उन्हें नागरी लिपि इस्तेमाल करने के लिए मजबूर किया, मगर उसके बाद भी उन्होंने भाषा को इतना फ़ारसीशुदा कर दिया कि वो लोकल बोली से बहुत दूर हो गई, और राजकाज का काम कहीं आमफ़हम न हो जाए, इसकी ज़रूरत पूरी होती रही।'फ़ारसीशुदा ज़बान' के ख़िलाफ़ सरकारी दबाव बना रहा मगर एक ख़ास भाषा (ख़ास लिपि भी) की जानकारी के ज़रिए निज़ाम में दबदबा बनाए रखने की नीयत आसानी से नहीं बदली।

नागरी लिपि और हिन्दी भाषा (यानी लोकल बोली का ग़ैर-फ़ारसी रूप) के शुरू करने की कहानी में कई रुकावटें रही हैं। जब 1861 में 'सागर और नर्बदा' के इलाक़ों में से सी.पी. का गठन हुआ, तब ये पाया गया कि फ़ारसीशुदा ज़बान और लिपि का इस्तेमाल जारी था। मगर इस चलन को किसी ताक़तवर तबक़े का सहयोग नहीं मिला और इसलिए इन इलाक़ों में नागरी लिपि का इस्तेमाल एन.डब्ल्यू.पी. ऐंड ओ. के इलाक़ों से काफ़ी कुछ पहले शुरू हो गया।[19] बर्तानवी हुक्मरान ने ग़लती से जो फ़ारसी की शुरुआत की थी, उसे बहुत वक़्त तक नहीं चलने दिया गया, और नागरी को सरकारी दर्जा मिल गया जो कुछ वक़्त के

लिए उससे छीन लिया गया था। ये एन.डब्ल्यू.पी. ऐंड ओ. में जो हुआ उसके बिलकुल उलटा है—वहाँ राज की भाषा लिपि, जहाँ तक याद पड़ता है, फ़ारसी ही थी। यहाँ एक बहुत ताक़तवर और जमा हुआ तबक़ा मौजूद था और वो चलते आ रहे रिवाज में कोई भी तब्दीली करने की मुख़ालिफ़त करने के लिए तैयार था। (बिहार का मामला, जिसका थोड़ा सा ज़िक्र ऊपर किया जा चुका है, सी.पी. और एन.डब्ल्यू.पी. ऐंड ओ. के मामलों के क़रीब बीच का था—यानी, कुछ मुख़ालिफ़त थी, मगर इतनी नहीं कि अहम भूमिका अदा करे)।

एन.डब्ल्यू.पी. में भाषाओं को जानने-समझनेवाले समुदायों की सामाजिक रचना संयुक्त प्रान्त और बिहार से बहुत काफ़ी अलग थी—कुछ हद तक इलाक़े में तालीम के इन्तज़ाम और पहुँच के चलते।[20] आज अगर हम उस पर नज़र डालें तो वो एक साज़िश जैसी लग सकती है, मगर ज़्यादा मुमकिन ये है कि एन.डब्ल्यू.पी. में 19वीं सदी में बर्तानवी राज की शिक्षा नीति साफ़ नहीं थी और बेतरतीब थी। और शायद ये बात आज भी उतनी ही सच है जितनी तब थी। बर्तानवी राज के पहले ही से स्कूल मौजूद थे जो फ़ारसी, अरबी, हिन्दी, और संस्कृत में तालीम देते थे। उनकी अलग तबक़ों के लिए अलग शिक्षा में, छिपे हुए मगर ख़तरनाक फ़र्क़ देखे जा सकते हैं। आगरा ज़िले में हिन्दी स्कूलों की तादाद (128) बाक़ी सब स्कूलों की तादाद के जोड़ से भी ज़्यादा थी : फ़ारसी (85), संस्कृत (6), अरबी (1)। हिन्दी स्कूलों में गाँवों के ब्राह्मण, बनिया और राजपूत—यानी हिन्दू सवर्ण—पढ़ते थे, जो लोकल निचले ओहदों के उम्मीदवार थे। इन स्कूलों में पढ़ानेवाले ज़्यादातर ब्राह्मण थे। दूसरी तरफ़, फ़ारसी स्कूलों का झुकाव शहरी था। यहाँ पढ़ानेवाले ज़्यादातर मुसलमान थे—और पढ़नेवाले ज़्यादातर कायस्थ और मुसलमान थे, जिन्हें उम्मीद थी कि वे सरकारी नौकरी करेंगे। इसलिए ये हो सकता है कि 1837 के बाद, शासन में फ़ारसी का महत्त्व कम करने की कोशिश से इस ढर्रे पर कुछ असर पड़ा हो, लेकिन सरकारी उर्दू/हिन्दुस्तानी को फ़ारसी-मय बनाने से और फ़ारसी लिपि को बचाकर ये ढर्रा ज़्यादा बदल नहीं पाया। ये ढर्रा—जो हम आगरे में देखते हैं—यानी एक तरह के स्कूल जहाँ मुसलमान और हिन्दू-कायस्थ सरकारी नौकरी करने के लिए पढ़ते थे और दूसरे हिन्दू-सवर्ण, अधिकतर ब्राह्मणों के लिए कम शानदार हिन्दी स्कूल—पूरे सूबे में दोहराया गया।

फ़र्क़ करने की यही तरतीब उन स्कूलों में भी पाई गई जो सरकार ने खोले—एक धारा उर्दू (फ़ारसी) की और दूसरी हिन्दी (संस्कृत) की, क्रिस्टॉफ़र किंग ने आँकड़ों की बारीकी से जाँच करने के बाद, कई दिलचस्प नतीजे निकाले। जैसे उन्होंने पाया कि "एक तरफ़, शहरी रिहाइश और इस्लामी विरासत की ज़बानों

में पढ़ाई में यक़ीनी तौर पर एक रिश्ता है; दूसरी तरफ़, देहाती रिहाइश और हिन्दू-विरासत की भाषाओं में पढ़ाई में एक पक्का रिश्ता है।"

हम देखते हैं कि जैसे-जैसे छात्र ऊँची तालीम की तरफ़ बढ़े, देहाती स्कूलों से शहरों में गए, हिन्दी पढ़नेवालों की तादाद घटती रही, और उर्दू (फ़ारसी)—बाद में अंग्रेज़ी पढ़नेवालों की तादाद बढ़ती रही। आँकड़ों से एक और बहुत अहम और गहरा असर डालनेवाली बात सामने आती है—सूबे के अलग-अलग इलाक़ों में पढ़ी जा रही भाषाओं में बड़ा भेद। अब जैसे अवध और एन.डब्ल्यू.पी. के पश्चिमी ज़िलों में उर्दू (फ़ारसी) का दबदबा था, एन.डल्ब्यू.पी. के बीच वाले और पूरबी जिलों में पहले हिन्दी—फिर संस्कृतमय हिन्दी—भारी बहुमत में पढ़ी जाती थी। इसलिए कोई हैरत नहीं कि 19वीं सदी के दूसरे हिस्से में जब हिन्दी-आन्दोलन ने ज़ोर पकड़ा, तो उनमें इलाहाबाद (मध्य एन.डब्ल्यू.पी.) और बनारस (पूरबी एन.डब्ल्यू.पी.) अगुआ रहे।

हिन्दी और उर्दू के बीच की गहराती खाई—बल्कि एक ही हिन्दी-उर्दू भाषा से 'हिन्दी' और 'उर्दू' का उपजना—इसको लेकर चिन्ता बहुत पहले से ज़ाहिर होने लगती है। वैसे, 18वीं सदी में भी ख़ालिस 'उर्दू' और शुद्ध 'हिन्दी' की छुट-पुट मिसालें मिल सकती हैं।[21] मगर भाषाओं के फ़र्क़ किए जाने में जो गहराई और पहुँच 19वीं सदी के दूसरे हिस्से में सामने आई, उसने भाषा की सरहद से परे, कल्चर और तबक़े और अन्ततः 'राष्ट्र' पर भी गहरा असर डाला—और उसे बाद के दौर में पैदा हुए हालात के मद्‌देनज़र समझना ज़रूरी है।

1857 के बाद, तालीम में आए फैलाव के चलते, कोर्स की किताबों की ज़रूरत बहुत बढ़ गई। इनको तैयार करने की ज़िम्मेदारी उन पंडितों और मौलवियों पर ही आना लाज़िम था जो स्कूलों में पढ़ाते थे। जैसा गिलक्रिस्ट[22] और 19वीं सदी के महान कोशकार फ़ैलन[23] वग़ैरह का मानना है, लोकल और चालू बोलियों की तरफ़ इन लोगों का रवैया बेइज़्ज़ती का था। इसलिए ज़ाहिर था कि वे अपनी क्लासिकी विरासतों—जिनसे वे वाक़िफ़ थे—को ही अपनाएँगे। 1876 में अवध के डायरेक्टर ऑफ़ पब्लिक इंस्ट्रक्शन जे.सी. नेस्फ़ील्ड ने लिखा : "मौलवियों और पंडितों में होड़ लगी कि आम बोली जानेवाली भाषा पर वो अपनी-अपनी टकसालों के शब्द लादें। बिना कोई शक, इस टकराव ने उर्दू और हिन्दी के बीच की खाई को गहरा किया और इस ग़लतफ़हमी को बढ़ावा दिया कि दोनों अलग-अलग भाषाएँ हैं।"[24]

1880 में सी.जे. लायल ने पंडितों की बिना फ़ारसी के शब्दों के उच्च हिन्दी को पैदा करने की कोशिश को "शुद्धतावादी पोंगापन और सियासती हिमाकत" क़रार दिया।[25]

आर.टी.एच. ग्रिफ़िथ, जो एन.डब्ल्यू.पी. ऐंड ओ. में डायरेक्टर ऑफ़ पब्लिक इंस्ट्रक्शन थे, उन्होंने 2 फ़रवरी, 1884 को सचिव को दिलासा देते हुए लिखा कि उनकी देखरेख में "हिन्दी बल्कि हिन्दुस्तानी किताबों का एक नया सेट तैयार किया गया है, जो उन ऐतराज़ों से परे होगा जो पुरानी किताबों के ख़िलाफ़ किए जाते थे : दकियानूसी, बचकानी, दिखावटी, बेलज़्ज़त और भाषा के एतबार से घटिया।" मगर उसने, 1884 में, ये डर ज़ाहिर किया कि "हिन्दी के कुछ शुद्धतावादी शायद ये कहेंगे कि ये भाषा हिन्दी है ही नहीं।"[26] सीता राम बी.ए. ने भी इन पगलाए पंडितों को देखकर 6 अक्टूबर, 1902 को हिन्दी सब-कमेटी को एक ख़त में शिकायत करते हुए लिखा : "दक़ियानूसीपन (हिन्दी और उर्दू के बीच) खाई को और गहरा कर रहा है, मगर सबसे ज़्यादा दोष उन हिन्दी लेखकों का है जो लोकल बोलियों में अपनी क़ाबिलियत की कमी को संस्कृत के शब्दों की भरमार से पूरा करते हैं।"[27] मैक्डॉनेल की जगह आए हुए ले. गवर्नर हारकोर्ट बटलर ने शिकायत भरे ख़त में अपनी माँ (!) को लिखा कि उनकी कोर्स की किताबों की कमेटी घोर हिन्दुओं के प्रभाव में है जो अब इतनी संस्कृतमय हिन्दी में प्राइमरी पाठ्य-पुस्तकें लिख रहे हैं जो लोग समझ नहीं सकते।"[28] मज़ेदार बात ये कि ख़ुद नागरी प्रचारिणी सभा के अध्यक्ष लक्ष्मी शंकर मिश्रा ने 1902 में प्रॉविंशियल टेक्स्ट बुक कमेटी को लिखा : "कोशिश की जानी चाहिए कि भाषा के दोनों रूपों (उर्दू और हिन्दी) को एक भाषा में ढाला जाए जिसे हिन्दुस्तानी कहा जाए और जिसे फ़ारसी या नागरी लिपि में लिखा जाए।"[29] नागरी प्रचारिणी सभा ने जल्द ही एक नया अध्यक्ष चुन लिया!

टेक्स्ट बुक कमेटी में ही एक साझा ज़बान का आख़िरी मोर्चा लड़ा—और हारा गया। 1915-16 की यू.पी. एजुकेशन कमेटी की रिपोर्ट में ये दर्ज है कि कमेटी ऑन प्राइमरी एजुकेशन ने अन्ततः अपनी पिछली कमेटी—रूरल कमेटी—की 1910 में दी गई इस सिफ़ारिश को सहमति दे दी कि "कम-से-कम ऊँचे दर्जे की प्राइमरी पाठ्य-पुस्तकों में, ख़ालिस हिन्दी और ख़ालिस उर्दू के आलेख शामिल किए जाने चाहिए। इस बार सरकार ने कोई दख़ल नहीं दिया।"[30]

तालीम के साथ-साथ चलती हुई दो धाराओं का बेढबपन बहुत दुखद मोड़ पर पहुँच गया, क्योंकि सबसे बड़ी नौकरी देनेवाली इकाई—सरकार—नागरी धारा के ग्रैजुएट्स के लिए लगभग बन्द ही थी। जैसा ऊपर कहा गया है, अनुमान ये था कि तादाद में ज़्यादा देहाती छात्र सिर्फ़ निचले ओहदे के उम्मीदवार होंगे। इस तरह मामला और उलझ गया। 1877 में, नागरी/हिन्दी की सरकारी पहचान के

लिए आन्दोलन के बढ़ते क़दमों के ख़िलाफ़, घटिया बदले की भावना से, एक नया नियम बनाया गया कि 10 रु. माहवार से ज़्यादा की नौकरियों के लिए उर्दू जानना लाज़िमी होगा। इस नियम को 1896 में वापिस लिया गया। लेकिन 19वीं सदी की भाषायी जद्दोजहद को समझने के लिए उसे नौकरियों की क़िल्लत, और उससे पैदा आर्थिक अभाव के सन्दर्भ में देखना ज़रूरी है। पढ़े-लिखे लोगों की बेकारी का विषय भारतेन्दु और उनके ज़माने के लेखों में बारम्बार आता है। उन्हीं में से एक ने 1891 (तारीख़ दी गई : 6 ए.एच....हरिश्चन्द्र के बाद!!) में एक कविता लिखी जो घुटन के मूड का बखान करती है :

लैसन इन्कम चुंगी चन्दा पुलिस अदालत बरसा घाम।
सबके हाथन असन बसन जीवन संसयमय रहत मुदाम॥
जो इनहु ते प्रान बचे तो गोलि बोलति आय धड़ाम।
मृत्यु देवता नमस्कार तुम सब प्रकार बस तृप्यन्ताम॥[31]

शिक्षा-तंत्र से निकलनेवाली जमात और नौकरियों में जगह पानेवालों में जो फ़र्क़ सरकारी विधान द्वारा पैदा हुआ वो बहुत असरदार साबित हुआ। जिस भाषायी भिन्नता का संकेत फ़ारसी-प्रभावित या फिर संस्कृत-प्रभावित भाषा रूपों में—फ़ोर्ट विलियम और सेरामपुर से मिलता है—या छुट-पुट उससे भी पहले या चन्द पतनशील मुग़लकालीन भाषा-सुधारकों के प्रयासों में, या हिन्दू धर्म-ग्रन्थों के अनुवादों में, उसका इतना ज़हरीला असर उन्नीसवीं सदी के आख़िर के विशेष सन्दर्भ में ही सम्भव हुआ। लेकिन ये महज़ भाषायी भेद इतना ज़हरीला असर न पैदा करते अगर शासन ने तालीम और नौकरी के सिलसिले में यूँ भेदभाव न किया होता।

कल्चरों में दरार डालनेवाला घिनौना ख़ूँख़्वार जानवर—जो गुटों में लड़ाई करवाने और अन्ततः बँटवारे का कारण बना—इन्हीं प्राइमरी के तबेलों में पला-पनपा। ये कॉलोनी राज की तालीम की पॉलिसी का मासूम पर यक़ीनन अनचाहा नतीजा था। जिसे देश की बोलियों का मुद्दा कहा जाता था, या नागरी/हिन्दी का आन्दोलन, वो सही मायनों में एन.डब्ल्यू.पी. ऐंड ओ. में उभरकर आया। अन्ततः इस तूफ़ान को रोकना नामुमकिन हो गया : कॉलोनी राज की तालीम पॉलिसी, और छोटे शहरों में व्यापारियों और सौदागरों के हाथों में ढेर सारा पैसा आ जाने जैसे कारणों ने, एक बलवान और असन्तुष्ट तबक़े को जन्म दिया।[32] जो उस पॉलिटिक्स को बढ़ावा दे सकता था, जिसे भाषाओं में भेदभाव ने पहले तो मुमकिन बनाया, और फिर एक ऐसा तूफ़ान उठा जिसे रोका न जा सका।

ये बात अक्सर अनकही—और शायद अनजानी—रह जाती है, लेकिन उन्नीसवीं का उत्तरार्ध—कम-से-कम उत्तर भारत में—1857 की ग़दर के घटनाक्रम के बग़ैर समझना असम्भव है। अंग्रेज़ों और उनके पिछलग्गुओं ने 1857 के महत्त्व को हमेशा हेठा दिखाया है, महज़ एक 'सिपाही विद्रोह'। लेकिन रामविलास शर्मा की गहरे असर वाली 1977 की किताब, 'महावीर प्रसाद द्विवेदी और हिन्दी नवजागरण', एक ज़ोरदार ऐलान से शुरू होती है, "हिन्दी के इलाक़ों में पुनर्जागरण की शुरुआत 1857 की आज़ादी की लड़ाई के साथ हुई।" बक़ौल शर्मा, 1857 के बाग़ियों के लोकप्रिय, जनतंत्र के हामी और कॉलोनी के ख़िलाफ़ किए गए कई ऐलान, और भारतेन्दु और उस काल के लेखकों के काम में, एक गहरा, सीधा रिश्ता है। और जो बात 1857 से भारतेन्दु और उनके सहयोगियों तक आती है, वही बात बक़ौल शर्माजी 'सरस्वती' सम्पादक महावीर प्रसाद द्विवेदी और उनके संगी-साथियों की आधुनिक और राष्ट्रवादी बेचैनी में भी काम कर रही है। बात ख़ुशगवार है, और सतही तौर पर सही भी लग सकती है—लेकिन गहराई से सोचें तो मुश्किलें नज़र आती हैं। 1857 के बाग़ियों की विचारधारा मिली-जुली थी—लोकप्रिय और जनतंत्र का जज़्बा भी था, सामन्ती सोच भी थी। और विचारधारा के यूँ गड्डमड्ड होने में कोई ताज्जुब की बात भी नहीं—और शर्माजी 1857 के बाग़ियों पर जो उपनिवेशी तोहमत मढ़ी गई उसके ख़िलाफ़ ज़ोरदार दलील पेश करते हैं। मगर ये भी सच है कि 1857 के आघात के बाद की जो पीढ़ी है, उसका ग़दर की विरासत से रिश्ता बहुत लगाव का नहीं था। ज़ाहिर है, इस विरासत को खुल्लमखुल्ला अपनाया नहीं जा सकता था। लेकिन फिर भी ये स्पष्ट है कि 1857 को महज़ याद करना भी कुछ दशक बीतने के बाद ही मुमकिन हो पाया। नागरी/हिन्दी आन्दोलन की अपनी मौलिक, पथप्रदर्शी किताब में, शितिकंठ मिश्र चलते-चलाते ये भी कहते हैं कि भारतेन्दु और उनके 'मंडल' के लेखकों में '1857' का कोई ज़िक्र तक नहीं मिलता है।[33]

उस भयंकर, हिला देनेवाली घटना—घटनाक्रम, विद्रोह और उसके बाद का दमन—के बाद जो चेतना उभरी उसमें गहरे विरोधाभास का तनाव था। दहशत-भरे उपनिवेशी परिवेश में किसी तरह की राष्ट्रवादी चेतना साकार करने का तनाव था। भारतेन्दु के अपने क्रिया-कलाप ख़ुद इस तनाव की दर्दभरी कहानी कहते हैं—जागी हुई चेतना दुनिया में अपनी ज़िम्मेदारी लेने को बेक़रार है, लेकिन गाहे-बगाहे उसे अंग्रेज़ सरकार के सामने घुटने टेकने पड़ते हैं, ख़ामोशी अपनानी पड़ती है। शर्मा के बरअक्स, मेरा मानना है कि भारतेन्दु, उस काल के बाक़ी लेखक और उनकी अगली पीढ़ी इसी तनाव के साये में बड़े हुए। हिन्दी आन्दोलन में, ख़ास तौर से शुरुआत में, यक़ीनन जनतंत्र और नए ज़माने

के आसार शामिल थे। मगर सब पहलुओं पर ग़ौर करने के बाद, यही तनाव आन्दोलन को दकियानूसीपन और प्रतिक्रियावादी बना देता है। 1857 एक मोड़ है। उसके उस तरफ़ कल्चर की पॉलिटिक्स के समेत जो पॉलिटिक्स पनपती है, उसमें निशान दोनों ही तरह के हैं—आज़ादी का आग्रह है, तो उसके बाद के भयावह दमन की छाया भी है। 1857 को मैं ऐसी दहलीज़ या प्लेटफ़ॉर्म की तरह नहीं देखता जिससे हिन्दुस्तानी आधुनिकता के क़ौमी जज़्बे की नई लहर आई हो। बल्कि वो मुझे बहुत गहरी खाई जैसा लगता है। खाई के इस किनारे जो पॉलिटिक्स हुई, उस पर इस खाई और उसकी वजह से पैदा ख़ालीपन का उतना ही असर था, जितना बाग़ियों के ऐलानों का, और एक जटिल रूप में, 1857 के आघात से पहले की दुनिया की यादों का भी।

हंटर कमीशन ने 1884 में ये दर्ज किया : "1857 की तबाही ने कुछ बेहतरीन परिवारों को भी ख़ाकसार बना दिया, और इससे बढ़ावा मिला लोगों की मेहनत और क़ाबिलियत को।"[34] इस जुमले में समाज के इतिहास का एक ख़ज़ाना छिपा हुआ है। एक तरफ़ था 1857 के पहले ऊँचा ओहदा रखनेवालों का तबक़ा यानी बक़ौल फ्रांसिस रॉबिन्सन, अवधी "उर्दू भाषी प्रभुवर्ग"* और उसकी घबराहट। रुतबे वाले इस तबक़े को नज़र आने लगा कि उसके रौब के क़िले अब ढहने लगे हैं—और उन्हें जितना ख़तरा नागरी/हिन्दी के आन्दोलन से है, उतना ही ख़तरा सरकारी नौकरियों के लिए इम्तहानों के नए-नवेले तरीक़ों से है। बक़ौल रॉबिन्सन, "इस सुझाव को लेकर कि सरकारी नौकरियों के लिए तालीम के दर्जे को ऊँचा करना चाहिए, रुहेलखंड के कमिश्नर का नज़रिया एक ख़ास सोच का नमूना था : 'सबसे क़ाबिल लोग, ख़ास तौर से मुसलमान, मुक़ाबलों में नहीं ठहर पाएँगे। कायस्थों के तेज़ दिमाग़ वाले बच्चे सामने आ जाएँगे, जबकि ज़्यादा भरोसेमन्द और सँभले हुए लोग नज़रअन्दाज़ हो जाएँगे'।"[35]

मगर उतनी ही साफ़ तौर पर, दूसरी तरफ़ देखें तो हिन्दी-नागरी वालों की भूख और उनका लालच नज़र आते हैं—अवध के रौबदार तबक़े की ढलती ताक़त को देख, और उससे भी ज़्यादा, 1857 के बाद के दमन से जो समाज

* ये प्रभुवर्ग, प्राय: ज़मींदार और सरकारी अफ़सर—मुसलमानों और हिन्दुओं का मिला-जुला रोबीला तबक़ा—इसकी पहचान है उसका सरकारी कल्चर, एक जीवन-पद्धति जो शहरों और सरकारी मुलाज़िमत से ही परिभाषित होती है। ये बात समझने की है कि मुसलमान इस वर्ग का एक हिस्सा भर थे—भले ही बड़ा हिस्सा। लेकिन उनके अपने सहवर्गी हिन्दुओं से जो ताल्लुक़ात थे, वो उन मुसलमानों से कही ज़्यादा गहरे थे जो इस प्रभुवर्ग का हिस्सा नहीं थे—जैसे शहरों के क़साई और गँवई-गाँव के ज़्यादा कट्टर जुलाहे। (रॉबिन्सन, 1993, पृ. 31-32)

में खाई-सी पैदा हुई, उसमें इस नए महत्त्वाकांक्षी तबक़े ने अपना ऐतिहासिक अवसर देखा। डेविड लेलीवेल्ड ने इस सिलसिले को इन शब्दों में समेटा : "सैयद अहमद जैसे शख़्स के नज़रिए से, 1870 में ऐसा मान लेना वाजिब था कि ऐसे दिन आनेवाले हैं जिनमें शरीफ़ लोगों के जाने-माने परवरिश के सारे तरीक़े कचहरी-समाज की सहूलियतमन्द ज़िन्दगी में शामिल हो पाने के लिए नाकाफ़ी होंगे। चाहे 1857 की बग़ावत के ज़िम्मेदार मुसलमानों के ख़िलाफ़ अंग्रेज़ों का बैरभाव हो, या 'अमलाह' तबक़े के ख़िलाफ़ आम हिन्दुस्तानी की बदगुमानी हो, या सरकारी मुलाज़िमत में अंग्रेज़ी को बढ़ावा दिया जाना हो, या फिर हिन्दी को कचहरी की भाषा बनाने की सियासती मुहिम हो—इन पहलुओं ने उन मुसलमान परिवारों के लिए ख़तरा पैदा किया जिन्हें अपने बेटों को सरकारी मुलाज़िमत दिलवाने में दिलचस्पी थी।"[36]

मुख़्तसर ये कि 1857 का दर्दनाक और दुखद विद्रोह (और बेशक शानदार भी)—और उसके बाद का हौलनाक दमन—इस सब के चलते मुसलमान ज़मींदारी तबक़े को, जिसने विद्रोह में बड़ा हिस्सा लिया था, शक की नज़र से देखा जाने लगा। हालाँकि मुसलमान बड़ी तादाद में सरकारी मुलाज़िमत में बने रहे,[37] मगर उनको लगा कि उनके ख़िलाफ़ सौतेलापन किया जा रहा है।[38] जैसे 1857 के बाद ही दिल्ली में ग़ालिब को शिकायत रही कि लोग मुसलमानों को नौकरी देने से कतराते हैं।[39] आख़िर सर सैयद ताज़िन्दगी अथक जतन करते रहे कि मुसलमानों को जफ़ाकारी के 'दाग़' से उबारें—और तालीम के ज़रिए विदेशी सरकार से मिले फ़ायदा मुहैया करवाएँ।

लेकिन हिन्दुओं के सवर्ण वर्ग—ब्राह्मण, बनिया और खत्री[40]—जो नागरी/हिन्दी के आन्दोलनों का बड़ा हिस्सा थे, उन्होंने अपनी तरफ़ से बहुत शिद्दत के साथ ये कोशिश जारी रखी कि वे उन मुसलमानों से अपनी अलग पहचान बनाएँ जिन्हें 1857 में माफ़ न किए जा सकनेवाला जफ़ाकार तबक़ा माना गया था। 1868 में राजा शिव प्रसाद ने नागरी की तरफ़ से सरकार को अर्ज़ी दी तो उन्होंने इस बात में कोई शको-शुबहा नहीं छोड़ा कि वे हिन्दुओं के मध्यम वर्ग की तरफ़ से बोल रहे थे। और ये वर्ग 'गोरों' के शासन को ख़ुशी-ख़ुशी स्वीकार करेगा, इस बात का आश्वासन भी दिया। "किसी भी ज़िले को एक गोरे मुखिया के बिना छोड़ा जाना ख़तरे से कभी ख़ाली नहीं होगा। हमें गोरों के ज़्यादा होने की शिकायत नहीं है, बल्कि उनके बहुत कम होने की शिकायत है।"[41] ख़ैर, राजा शिव प्रसाद ख़ुद अपने समसामयिकों के लिहाज़ से भी कुछ ज़्यादा ही चापलूस थे—ऐसा कहा जाता है कि कांग्रेस के शुरू के एक सम्मेलन में उनके पुतले को फाँसी तक दी गई।[42] उनकी 1868 वाली अर्ज़ी की ज़ाहिरा मंशा तो नागरी की सिफ़ारिश करना था, मगर उसके पर्दे में, वो अर्ज़ी (उर्दू) लिपि, ज़बान और लोगों, यानी

ग़ैर-भरोसेमन्द मुसलमानों, को ज़लील करने की कोशिश वाला दस्तावेज़ भी था। "मैं यूँ ही ख़तरे की घंटी बजानेवालों में नहीं हूँ, जिनका मानना है कि वो दिन दूर नहीं जब तातारी गिरोह, पहले की तरह सिन्धु नदी पर लाए जाएँगे। लेकिन इस बात से भी इनकार नहीं किया जा सकता कि हिन्दुस्तानी मुसलमान की आँखें अब पेशावर पर लगी हैं और कौन जाने वो जमात जिसमें शामिल हैं, वे कसाई जो कमिश्नरी को लूटपाट कर तगड़े हो रहे हैं और सरहद के बाग़ियों को धन भेज रहे हैं, ये आफ़त के वक़्त क्या गुल खिलाएँ।"[43] यू.पी. के गवर्नर हारकोर्ट बटलर ने लिखा है कि 1918 में जब मदन मोहन मालवीय उनसे मुलाक़ात करने आए तो उन्हें आगाह किया कि मुसलमान हिन्दुस्तान को बर्तानवी हुकूमत से फिर जीतने की कोशिश कर सकते हैं। (बटलर पेपर्स)[44]

यहाँ तक कि शिव प्रसाद की नज़र में सर सैयद तक, कोई भी ख़ास वफ़ादार नहीं है। "एक ऐसा शख़्स जो बर्तानवी हुकूमत से मिले फ़ायदों को नकारता है, वो न सिर्फ़ अपने देशवासियों के हित को अनदेखा करता है बल्कि हुकूमत का वफ़ादार भी नहीं है।"

एक और शुरुआती हिन्दीवादी बालकृष्ण भट्ट ने पैरवी करते हुए कहा कि हिन्दुओं के प्राचीन धार्मिक लेखनों में ये सीख दी गई है कि वे सब राजाओं (और शायद रानियों) को देवों का अवतार मानें।[45] ये ख़त दिसम्बर 1899 में लिखा गया है—मैक्डॉनेल पर ज़्यादा से ज़्यादा दबाव डालने के लिए। भट्ट को हैरत होती है कि अंग्रेज़ उनकी बिरादरी की क़ुदरती वफ़ादारी को मानने में इतना वक़्त क्यों ले रहे हैं जबकि अकबर तक ने इस बात को पहचाना था। बाद के हिन्दीवाले ज़रूर अपने आपको उपनिवेश-विरोधी जताने के लिए उत्सुक लगते हैं—मसलन, एक इतिहासकार हिन्दी-नागरी आन्दोलन ही को 'साहस-प्रदर्शन' की पदवी देते हैं—लेकिन असल बात जल्द ही सामने आ जाती है—"...वैसे सरकार का रुख़ हिन्दुओं के पक्ष में था..."[46]

ज़ाहिर है, इस ख़ौफ़ से प्रेरित वफ़ादारी जताने की होड़ में नागरी-हिन्दी के विरोधी भी तत्पर थे, ये सिद्ध करने के लिए कि इस आन्दोलन से राष्ट्र को ख़तरा है, और ये कि इसका सीधा सम्बन्ध गौरक्षा आन्दोलन से है, और कांग्रेस पार्टी से भी जो तभी-तभी उभर रही थी। 18 जून, 1900 को उर्दू रिसाले 'अल-बशीर' ने हुक्मरान को ये मशवरा दिया : "हिन्दी-उर्दू का विवाद गौरक्षा समुदाय और मुक़ाबले वाले इम्तहान (सरकारी नौकरियों के लिए) का तरीक़ा—ये सब यूँ तो मुसलमानों के ख़िलाफ़ नज़र आते हैं, मगर असल में ये सब नैशनल कांग्रेस के पुछल्ले हैं और देश में एक ऐसी तरंग पैदा करते हैं जो बर्तानवी सरकार के हक़ में तो हो नहीं सकती।"[47]

नागरी/हिन्दी के हिमायती भी इतने ही उत्सुक थे कि उन पर बेवफ़ाई का कोई इल्ज़ाम न आए। इसकी बहुत-सी मिसालों में से एक है प्रताप नारायण मिश्र की रानी विक्टोरिया के लिए चापलूसी से भरी बेतुकी कविता :

पूरी अमी की कटोरिया सी, चिरजीवी रहौ विक्टोरिया रानी...[48]

1889 के हिन्दी रीडर नम्बर 3 की 'आलोचना' में महावीर प्रसाद द्विवेदी ने लिखा :

> इस पुस्तक को हमने साद्यान्त पढ़ा परन्तु इसमें ऐसा कोई पाठ हमको नहीं मिला जिसमें अंग्रेज़ी राज्य की प्रशंसा अथवा कथा होती। नादिरशाह का वृत्तान्त है, भारतेश्वरी-विक्टोरिया का नहीं। बाबर की कथा बड़े प्रेम से वर्णन की गई है, किसी वाइसराय की नहीं। जिसके राज्य में हम सुख से शयन करते हैं, जिसके राज्य में हिन्दी पाठशालाएँ नियत हुई हैं और जिसके राज्य में आज किताबें लिखने का सौभाग्य हमको प्राप्त हुआ है उसका अथवा उसके किसी प्रतिनिधि का परिचय लड़कों को दिलाना कोई अनुचित बात थी?[49]

1892 में किन्हीं स्वामी अलाराम ने *कांग्रेस पुकार मंज़री* में घनाक्षरी, लावणी, दोहा जैसी लोक विधाओं के ज़रिए जो कांग्रेस का सन्देश दिया उससे कॉलोनी राज से जन्मे आधुनिकता के जोश और उसमें शरीक हो पाने की आशा झलकते हैं। इसी आशा ने मालवीय और उनके साथियों को नागरी/हिन्दी आन्दोलन की शुरुआत में बढ़ावा दिया। उनकी आशा थी कि वे आम जनता तक *कांग्रेस* का मूल 'अभिप्राय' पहुँचा सकेंगे, ताकि सरकार के प्रति राजभक्ति मज़बूत हो और वे सरकार के 'पूरे शुभचिन्तक' बन सकें। उनकी कविता का एक नमूना ये है :

> विदित हो कि श्रीमती विक्टोरिया जबसे इंडिया राज लिया
> नगर-नगर में बने कॉलिज बजा नकारा विद्या का।
> दोय मास का गैल जो था वा रेल से हो गया एक दिन का
> जहाँ ख़बर जा एक साल में, वहाँ तार एक छिन में जा।[50]

कोई हैरत नहीं कि एन.डब्ल्यू.पी. ऐंड ओ. में नागरी/हिन्दी के हक़ में हलचल 1857 के एकदम बाद शुरू हो गई—अभी जब बर्तानवी के पलटवार में बहाया हुआ ख़ून सूख भी नहीं पाया था। बक़ौल रामचन्द्र शुक्ल : "सन् 1857 के बलवे के पीछे ही हिन्दी गद्य साहित्य की परम्परा अच्छी तरह चली।"* बनारस इंस्टीट्यूट की स्थापना 1861 में और इलाहाबाद इंस्टीट्यूट की उसके कुछ साल

* आचार्य रामचन्द्र शुक्ल, 1929, पृ. 232

बाद हुई। इन संस्थाओं के ज़्यादातर सदस्य हिन्दू पेशेवर थे, जिन्होंने सवाल उठाने शुरू किए कि लोकल बोली और लिपि क्या होगी : उर्दू या हिन्दी? उसी ज़माने के लेखक गार्सां द तासी ने लिखा है कि उन शुरू के दिनों में भी, हिन्दू और मुसलमानों के बीच ये टकराव का एक अहम मुद्दा था।[51] हाली लिखते हैं कि जल्द ही सूबे में कई एक सभाएँ बन गईं—जिनका कामकाज इलाहाबाद इंस्टीट्यूट की देखरेख में चला।[52]

1860 के दशक में ऐसा हुआ कि सर सैयद अहमद बनारस में मजिस्ट्रेट के ओहदे पर मुक़र्रर हुए। बक़ौल जीवनी-लेखक हाली, सर सैयद को इस मतभेद के तीखेपन को लेकर गहरी चिन्ता थी। बाद के सालों में वो कहा करते थे कि इसी दौरान उन्हें ये अन्देशा हो गया था कि हिन्दू और मुसलमान साझे प्लेटफ़ॉर्म पर आकर साझे मुद्दों पर साथ-साथ काम नहीं कर सकेंगे।

सर सैयद ने एक वाक़ये का ज़िक्र किया जब वो उन्हीं दिनों बनारस के कमिश्नर, एक मिस्टर शेक्सपियर से मिलने गए थे। सर सैयद मुसलमानों में तालीम की हालत को सुधारने के लिए क़दम उठाने के सिलसिले में बात करने गए, मगर शेक्सपियर ने उनकी बातें बहुत अचरज से सुनीं। उसने कहा कि ये पहली मर्तबा हुआ कि सर सैयद मुसलमानों की हिमायत कर रहे थे, न कि सब हिन्दुस्तानियों की। सर सैयद का डर सही साबित हो ये लाज़िमी तो नहीं था, लेकिन सही साबित ज़रूर हुआ। जब अपने आप को तालीमयाफ़्ता कहनेवाले लोग भी इस कशमकश में शामिल होने लगे, तो दोनों समुदायों के बीच तनाव बढ़ना ही था। ये तो महज़ शुरुआत है। "अभी तो बहुत कम है, जो ज़िन्दा रहेगा वो देखेगा।"[53]

1868 में बाबू शिव प्रसाद, जो बाद में राजा शिव प्रसाद के नाम से जाने गए, शिक्षा विभाग में आला अफ़सर थे। उन्होंने सरकारी भाषा के सिलसिले में एक ज्ञापन दिया जिसका ज़िक्र हम पहले कर चुके हैं। शिव प्रसाद की दलील फ़ारसी लिपि को लेकर थी, फ़ारसीशुदा उर्दू के ख़िलाफ़ नहीं, जिसके वे ख़ुद अच्छे इस्तेमाल करनेवालों में से थे। मगर अपनी दलील को उन्होंने जिन लफ़्ज़ों का जामा पहनाया वो साफ़-साफ़ फ़िरक़ापरस्ती के उन तेवरों का पता दे रहे थे जो आनेवाले वक़्त में नुमायाँ होनेवाले थे। जैसे, उन्होंने कहा कि किस तरह उस वक़्त की सरकारी लिपि से "एक यहूदी क़िस्म की चीज़ें हिन्दुओं के गले में जबरन उतारी जाती हैं जो उन्हें उनकी न सिर्फ़ आर्य बोली से अलग करती हैं, बल्कि हर उस चीज़ से जो आर्य है। फ़ारसी भाषा पढ़ने का मतलब है फ़ारसी

हो जाना—हमारे सारे विचार नापाक हो जाते हैं और हमारी राष्ट्रीय पहचान ख़त्म हो जाती है। उस दिन को लानतें जब मुसलमान सिन्धु के इस पर आए; वे सभी ख़राबियाँ जो आज अपने में पाते हैं उसके लिए हम अपने 'प्यारे भाई' मुसलमानों के क़र्ज़दार हैं...।"[54]

सरकार ने इस मुद्दे पर सोच-विचार करने का वादा किया—यानी, कुछ नहीं करने का फ़ैसला किया। और शिव प्रसाद ने इसका ज़िम्मेदार अपने साथी हिन्दी अगुओं को ठहराया जिन्होंने अपना आन्दोलन सिर्फ़ लिपि तक ही सीमित नहीं रखा, जिसकी वजह से फ़िलहाल माँग नामंज़ूर हो गई। बरसों बाद, राजा ने शिकवा किया :

> मैं लड़ाई जीत जाता हालाँकि पूरा सरकारी मुसलमानी तबक़ा मेरे ख़िलाफ़ था। मगर अब मैं मजबूर हूँ गुहार लगाने के लिए कि "मुझे मेरे दोस्तों से बचाओ।" मेरे दोस्तों, देशवासियों, मूर्ख हिन्दुओं ने मसले को हिन्दी और उर्दू भाषाओं के सवाल की शक्ल दे दी और लिपि की बात को दरकिनार कर दिया। उन्होंने उन सब फ़ारसी शब्दों के ख़िलाफ़ मुहिम छेड़ दी जो अब आमफ़हम हैं और जिनका इस्तेमाल हमारी औरतें, बच्चे और गाँवों की और शहरों की आबादी करते हैं। वे ये चाहते थे कि न समझ में आनेवाले और कठिन संस्कृत के शब्दों का इस्तेमाल किया जाए...[55]

1873 में हिन्दी लिपि के और फ़ारसी मुक्त हिन्दुस्तानी भाषा के हक़ में एक और अर्ज़ी ले. गवर्नर विलियम म्यूर को पेश की गई। इसमें फिर जानी-पहचानी दलीलें दोहराई गईं : उर्दू लिपि पसोपेश में डालती है, अक्सर पढ़ी नहीं जाती, और क्लर्कों को शरारत करने की छूट देती है; इसका झुकाव एक बनावटी फ़ारसी शैली की तरफ़ रहता है; हिन्दी इस्तेमाल करनेवालों की तादाद उस ऊँचे तबक़े से कहीं ज़्यादा है जो सरकार के मौजूदा चलन को जारी रखने में सिर्फ़ अपने ही फ़ायदे देखते हैं। बिहार, सी.पी. और एन.डब्ल्यू.पी. के पहाड़ी ज़िलों में हिन्दी का इस्तेमाल बग़ैर कोई मुश्किल पेश किए जारी है।

सरकार ने फिर एक बार इस मामले में कुछ नहीं किया। बल्कि ज़ख़्मों पे और नमक छिड़का—ये ऐलान करके कि उन सरकारी नौकरियों के लिए, जिनमें दस रुपए माहवार से ज़्यादा तनख़ाह मिलती है, उम्मीदवारों को उर्दू की जानकारी लाज़िमी है। इसके ख़िलाफ़ कोई ख़ास आवाज़ें नहीं उठीं। लेकिन लोकल बोलियों के अख़बारों में संकेत मिलता है कि ये मुद्दा नागरी/हिन्दी वालों को परेशान करता रहा। इस हुक्मनामे को 1896 में वापस ले लिया गया, लेकिन इससे पनपी

तल्ख़ियों की फ़सल आनेवाली एक मुद्दत तक काटी जाती रही। पॉलिसी और बेरुख़ी के इस सरकारी घालमेल ने न सिर्फ़ लिपि/भाषा के विवाद पर गहरा असर डाला बल्कि, मेरा मानना है कि उस 'हिन्दी' पर भी जो इस लम्बी और तल्ख़ लड़ाई के बीच गढ़ी जा रही थी। 1882 में उम्मीद फिर जागी जब सरकार ने सर विलियम हंटर की सदारत में तालीम की तरक़्क़ी का जायज़ा लेने के लिए एक कमेटी बनाई। बहरहाल कम-से-कम नागरी/हिन्दी वालों को भरोसा था कि कमीशन को सरकार की भाषा की नीति में बदलाव लाने की सिफ़ारिश करने की क्षमता है। बहुत से ख़ास गवाहों ने कमीशन के सामने बयान दिए, जिनमें राजा शिव प्रसाद, भारतेन्दु हरिश्चन्द्र और सर सैयद अहमद ख़ान शामिल थे। नागरी/हिन्दी के हिमायतियों ने अपनी मुहिम के लिए भारी भीड़ जुटाई। नागरी/हिन्दी के हक़ में 76 अर्ज़ियाँ पेश की गईं। ये सब हूबहू एक जैसी थीं, हालाँकि कहा ये गया कि ये पूरे सूबे के अलग-अलग इलाक़ों से आई हैं; और इन पर 58,289 दस्तख़त थे।

जो दलीलें कमीशन के सामने पेश की गईं वो अब तक काफ़ी घिस-पिट चुकी थीं। एक तरफ़ फ़ारसी लिपि पसोपेश पैदा करती है, आबादी का एक बड़ा हिस्सा बहरहाल उर्दू नहीं जानता है, और उर्दू एक ख़ास तबक़े के लिए हुकूमत पर गिरफ़्त बनाए रखने का ज़रिया थी। दूसरी तरफ़ : उर्दू ज़बान तहज़ीब की और लोगों के बेहतर तबक़े की नुमाइन्दा है और हिन्दी अक्खड़ गाँव वालों की बेतरतीब और बेहूदा ज़बान है। भारतेन्दु हरिश्चन्द्र का बयान उस पेचीदा पॉलिटिक्स की झलक देता है जिसमें मामला उलझा हुआ था। इस तरह के मामले में बयान देने की अपने आप की क़ाबिलियत पर उन्होंने कहा : "मैंने हमेशा तालीम में दिलचस्पी ली है। मैं संस्कृत, हिन्दी और उर्दू में शायरी करता हूँ...।" एक जगह अपने बयान में कहते हैं : "मुझे ये जानकर अफ़सोस हुआ कि जनाब सैयद अहमद ख़ान बहादुर, सी.एस.आई. ने कमीशन के सामने अपने बयान में उर्दू को ऊँचे तबक़े और हिन्दी को निचले तबक़े की भाषा बताया है। ये बयान न सिर्फ़ ग़लत है बल्कि हिन्दुओं के साथ नाइंसाफ़ी करता है।" एक जानी-पहचानी दलील ये भी है कि "अगर उर्दू कचहरी की ज़बान न रहे तो मुसलमान लोगों के लिए इतनी सारी सरकारी नौकरियाँ पाना आसान नहीं होगा...जिन पर फ़िलहाल उन्हीं का बोलबाला है।" उन्होंने कहा कि ये "एक छिपी हुई तरक़ीब भी है जो उर्दू की पूजा करनेवालों को उसकी तरफ़दारी करने के लिए उकसाती है। ये नाचने-गानेवाली लड़कियों और तवायफ़ों की भाषा है। अमीर हिन्दुओं के बिगड़े हुए बेटे और मालदार मगर ढीले किरदार के जवान जब वेश्याओं, रखैलों और उनके दलालों के बीच होते हैं तो उर्दू बोलते हैं...।" ज़बान में ये तंज़ और तेज़ी गहरी अहमियत रखते हैं।

बहरहाल, आख़िर में सैयद अहमद ख़ान, जो वॉइसरॉय की विधान सभा के मेम्बर थे, उन्होंने कमीशन को ये बात समझा दी कि नगरी/हिन्दी/उर्दू के मामले का तालीम से कोई लेना-देना नहीं है। उन्होंने दलील दी कि ये एक बहुत ही संजीदा सियासी मामला है और सरकारी अफ़सरान इसके नतीजों से अच्छी तरह वाक़िफ़ थे।[56] हंटर को बात समझ में आ गई और वो पूरी तरह से इस विषय से बचकर रहा। और इस वक़्त के लिए बात वहीं रुक गई—सुलगती हुई, बलबलाती, अपना तल्ख़ ज़हर उगलती हुई। उस ज़माने के एक कवि के शब्दों में :

हंटर ने जो हंटर मारा,
बस टूट गया दिल टुकड़े हुआ हमारा।[57]

कुछ कम जज़्बाती ज़बान में बनारस की एक हफ़्तावार पत्रिका ने आगाह किया : "अगर सरकार नहीं सुनती है तो हमें इतनी ज़ोर से चिल्लाना चाहिए कि पुकार कानों तक पहुँचे।"[58]...आख़िर में उन्होंने यही किया, और आवाज़ पहुँची भी ख़ूब-ख़ूब।

हंटर कमीशन पर ज़ोर डालने के लिए हिन्दी वालों ने ज़बर्दस्त कोशिश की थी—और सतही तौर पर लग सकता है कि उस नाकामी से जो हताशा पैदा हुई, उसने आन्दोलन को भी ढीला कर दिया। लेकिन जब, 1895 में, हिन्दी के हमदर्द सर ऐंथनी मैक्डॉनेल लेफ़्टिनेंट गवर्नर होकर आए, तो आन्दोलन ने फ़ौरन फिर ज़ोर पकड़ लिया। प्रतिनिधिमंडल मैक्डॉनेल से मिलने लगे। हिन्दी के अख़बारों में फिर सरगर्मी पैदा हुई। जाने-माने, सम्भ्रान्त लोगों ने मैक्डॉनेल को वो बात समझाने की कोशिशें शुरू कर दी जिसे वो पहले ही से माने बैठे थे। उनके हक़ में बड़ी तादाद को जमा करने और सत्ता के गलियारों में लगातार पैरवी करते रहने का क्लाइमैक्स यूँ हुआ कि मदन मोहन मालवीय की अगुवाई में 17 जाने-माने नागरिकों का दस्ता, 2 मार्च, 1898 मैक्डॉनेल से मिला। बृहस्पति का दिन था, और ऐन दोपहर का वक़्त।[59]

दस्ते के लोगों की बातों को मैक्डॉनेल ने हमदर्दी से सुना। लेकिन उसने आगाह किया एक ख़तरे के बारे में—वे ताक़तवर तबक़े, जिनके अपने हित दाँव पर लगे थे, मौजूदा विधान की हिफ़ाज़त के लिए उठ खड़े होंगे। यही तो वे अन्देशे थे जिन्होंने पहले भी सुधार की किसी भी सोच को ख़त्म करके रखा था। 1871 में अवध के चीफ़ कमिश्नर को एन.डब्ल्यू.पी. ऐंड ओ. के सेक्रेटरी ने लिखा : "सरकार के लिए उर्दू के ख़िलाफ़ हिन्दी का साथ देना 'बहुत बड़ा

जोखिम' है : उन तबक़ों में नाराज़गी पैदा करने में 'सियासी ख़तरा' है, क्योंकि उन्हें पहले से ही ये शिकायत है कि उनके रोज़ी-रोटी के ज़रिए बहुत कम हैं। इस तरह मुसलमान लोग वाक़ई सरकारी नौकरियों से बाहर हो जाएँगे।[60] जनतंत्र के नज़रिए से सुधार की ज़रूरत थी, मगर विदेशी हुक्मरान का झुकाव, जनतंत्र की चुनौतियों की बनिस्बत, चली आ रही तरतीब की तरफ़ था।

दसियों साल की अर्ज़ियों और पैरवी ने एक सही आख़िरी शक्ल पाई उस ज्ञापन में—"एन.डब्ल्यू.पी. ऐंड ओ. में कचहरी की लिपि और प्राइमरी एजुकेशन" (1897)—जो मालवीय ने मैक्डॉनेल को पेश किया। बेशक ये एक प्रभावी दस्तावेज़ था। इसमें विवाद के पिछले इतिहास का, दलीलों और दस्तावेज़ों का असरदार जमाव था। मालवीय वकील थे और ये ज्ञापन अपने हक़ में लिखा गया वकालती दस्तावेज़ है। मगर ये नागरी/हिन्दी के हाल में उभरे ऊँचे तबक़े की सियासत की पकड़ का पता भी देता है। अब ये तबक़ा अवध के दानवों से टक्कर लेने को पूरी तरह से तैयार था—और मालवीय की अर्ज़ी और मैक्डॉनेल के उस ऊँचे ओहदे पर होने ने एक असरदार फ़र्क़ डाला।

नागरी/हिन्दी में तालीम की इजाज़त देना और उसकी मदद करना, और साथ ही उसके लिए सरकारी नौकरी पाने के सारे रास्तों को बन्द कर देना—बर्तानवी पॉलिसी में दो परस्पर विरोधी धारों की मौजूदगी की तरफ़ मालवीय से पहले और लोगों ने भी इशारा किया था। मसलन, एक दलील ये दी गई थी कि अगर नागरी/हिन्दी सरकारी पहचान दिए जाने के क़ाबिल नहीं थी, तो सरकार को उसमें लोगों को तालीम पाने की इजाज़त भी नहीं देनी चाहिए। मालवीय ने नागरी/हिन्दी को सरकारी पहचान देने की तरफ़ की सब जानी-पहचानी दलीलों को इकट्ठा किया। फ़ारसी-उर्दू लिपि की बुनियादी पसोपेश पैदा करने की फ़ितरत को कम नहीं किया जा सकता; इसके इस्तेमाल में शरारत किए जाने के इमकान हैं; ये लिपि ही उसमें लिखी भाषा को बनावटी और बोझिल बना देती है। एक ज़बान जो धोखेबाज़ कायस्थ और मुसलमान फ़िलहाल इस्तेमाल करते हैं—जो न जनता समझती है न सरकार। इसके बनिस्बत, नागरी हिन्दी सरकार और लोगों के बीच में एक ज़्यादा ज़ाहिर रिश्ता क़ायम करेगी...

मालवीय की अर्ज़ी की जितनी भी तारीफ़ की जाए कम है। उन्होंने विवाद को ऐसा नया जामा पहनाया कि अब उसका अहम मुद्दा सूबे में प्राइमरी तालीम के लिए रौशन फ़िक्र के रूप में उभरकर आया। दलील सीधी थी : अगर तालीम के एक ख़ास धारे से गुज़रे छात्रों को लगातार नौकरियाँ मुहैया करानेवाली तरतीब से बेदख़ल रखा जाएगा, तो ऐसी तालीम की अहमियत ख़त्म हो जाएगी। मालवीय ने 1877 के ऑर्डर—दस रुपये माहवार से ज़्यादा तनख़्वाह वाले उम्मीदवारों

के लिए उर्दू को लाज़िमी बनाए जाने के हुक्म के तहत जो 'ख़तरनाक' नतीजा निकला है, उसके आँकड़े इकट्ठे किए। मालवीय की दलील थी कि इस ऑर्डर को तारी करने में सरकार ने उर्दू में तालीम की तरफ़दारी पैदा कर दी है। लेकिन जो सबसे शातिराना पैंतरा था वो ये दलील कि इस तरतीब का सबसे बड़ा शिकार नागरी/हिन्दी का छात्र नहीं था—ये बात इतनी साफ़ थी कि कहने की कोई ज़रूरत नहीं थी। उन्होंने लिखा कि चूँकि प्राइमरी तालीम के लिए नागरी लिपि बेहतर है, इसलिए ख़ुद प्राइमरी तालीम पर भी इस तरतीब का बुरा असर पड़ रहा है।

गोया मालवीय की दलील अपने वर्ग-स्वार्थ पर नहीं टिकी है बल्कि उस इलाक़े के ज़ाहिर पिछड़ेपन और तालीम की बदहाली पर। इस मुक़ाम से, इलाक़े में जुर्म, अन्धविश्वास और अतिवाद के पहलुओं को भी शामिल किया जा सकता था। मालवीय ने विक्टर ह्यूगो की बात दोहराई—"वो जो एक स्कूल खोलता है, एक जेलख़ाने को बन्द करता है," और मैकॉले के हवाले से ऐडम स्मिथ की बात दोहराई—"ग़रीबों की तालीम एक ऐसा संजीदा मुद्दा है जो कॉमनवेल्थ के लिए गहरी फ़िक्र का सबब है। जैसे मजिस्ट्रेट को कोढ़ के रोग को लोगों में फैलने से रोकने के लिए दख़ल देना चाहिए, उसी तरह उसे किरदार के ढीलेपन या गिरावट के सिलसिले में भी दख़ल होना चाहिए। इस फ़र्ज़ से मुँह फेर लेने का मतलब है पब्लिक में भाईचारे को ख़तरा। अगर आम लोगों को बिना सही दिशा दिखाए छोड़ दिया जाएगा तो इस गहरे जोखिम का अन्देशा है कि मज़हबी मनमुटाव भयंकर उथल-पुथल फैला सकते हैं।" मैकॉले के '1870' के विलायती ग़ैर मज़हबी दंगों" के सियाह हवाले का भी ज़िक्र है (ये साफ़-साफ़ एक ग़लती है—ज़िक्र असल में 1780 के गॉर्डन दंगों का है। देखें डिकेन्स का उपन्यास 'बारनबी रज') मालवीय ने अपनी बात ऐसे ख़त्म की : "आम लोगों की जहालत हर तबक़े के जानो-माल के लिए बड़ा जोखिम है। शिकायत हो न हो, एक जुनूनी शख़्स की गुहार पर लाखों लोग अपनी जान हथेली पर ले निकल पड़ते हैं..." और अगर ये सब कुछ भी हमदर्द मैक्डॉनेल की 1857 की यादों के लिए नाकाफ़ी पड़े, तो मालवीय ने अपनी बात पर एक और परत चढ़ाई : "सूबों के हाल का इतिहास इसी तरह के चलन की कई दर्दनाक घटनाओं की याद दिलाता है।"

"ये बात ग़ौरतलब है, और ईमानदारी से कही और समझी जानी चाहिए, कि जहाँ तक बात सिर्फ़ भाषा की है, मालवीय की बात उन्नत और जनतांत्रिक दोनों है : ये संस्कृत के ग़ुरूर से लबरेज़ दावा नहीं है : भाषा की तब्दीली की पैरवी नहीं की गई है...क्योंकि अमल में न सही, मगर सरकार के जारी हुक्मों में वो सब शामिल है जो लोगों की ज़बान के इस्तेमाल के हक़ में कहना ज़रूरी

है" (पृ. 62)। वो ज़ोर दे के लोगों की बोली को ताक़तवर बनाने के हक़ में जिरह करते हैं, और तालीम और उससे जुड़े हुए जो फ़ायदे होंगे, उन्हें गिनाते हैं, जैसे कम जुर्म, लड़कियों की ज़्यादा तालीम। शब्दों के भंडार की तरफ़—यानी फ़ारसी—अरबी या संस्कृत धाराओं के शब्दों की ज़्यादती की तरफ़, उनका नज़रिया खुले दिल का, और नर्म है। वो राजा शिव प्रसाद के हवाले से कहते हैं कि नागरी लिपि का वाजिब दावा, एक 'अलग भाषा' के दावे से, जो 'बाहरी' लेन-देन से परे हो, बिगड़ गया है।

18 अप्रैल, 1900 को मैक्डॉनेल ने उस आतिशी हुक्म की शुरुआत की जिसके तहत एन.डब्ल्यू.पी. की कचहरियों में नागरी लिपि को भी (मगर अकेले उसको नहीं)—इस्तेमाल किए जाने की इजाज़त मिली। मालवीय और उनके साथियों के मैक्डॉनेल से इलाहाबाद में मिलने के पूरे दो बरस बाद, और 67 साल बाद जब बोर्ड ने पहले-पहल शासन में जनभाषा इस्तेमाल किए जाने का सिलसिला शुरू किया था—और फ़ोर्ट विलियम की स्थापना के पूरी एक सदी बाद, जहाँ शायद पहली बार दो अलग भाषाओं के ख़याल की शुरुआत हुई थी मैक्डॉनेल का फ़रमान जारी हुआ। वैसे उन्होंने इस बात की तरफ़ भी ध्यान खींचा कि सी.पी. और बिहार के बरअक्स, "इस सवाल का कोई आसान हल नहीं है।" उन्होंने ये भी साफ़-साफ़ कहा है कि वो "भाषा के सवाल को लिपि से जोड़कर उठाने के पक्ष में नहीं थे।" फिर भी बात तो चल निकली थी। मैक्डॉनेल के हुक्मनामे का नागरी/हिन्दी वालों ने ख़ूब जोशो-ख़रोश से स्वागत किया। "बहरहाल, कुछ भी कहिए, थी वो शानदार जीत।" ("उससे फ़ायदा क्या हुआ, ये तो नहीं मालूम...") लेकिन जीत ज़रूर शानदार थी। शायद।

श्रीधर पाठक ने इसका एक लँगड़ी क़विता के रूप में शुक्रिया अदा किया :

हानि असंख्यन होत है, नित उर्दू करतूत।
श्री म्यकडानेल जानि यह कियो बात अनुभूत।[61]

*भारत जीवन* के सम्पादक ने 13 अप्रैल, 1900 को, इस उम्मीद का इज़हार किया कि "सरकार ने तो अपना काम कर दिया, अब सब लोगों पर है कि वे भटकानेवाली फ़ारसी लिपि से क़तई परहेज़ करें।"[62]

जैसा लाज़िमी था, मैक्डॉनेल के फ़रमान की खुल के ख़ूब-ख़ूब बुराई भी हुई। ये कहा गया कि मैक्डॉनेल साहब कुछ ज़्यादा ही नागरी-हिन्दी के पक्षधर थे। वैसे शायद इस बात को कुछ बल इससे भी मिला हो कि फ़रमान जारी होने के पहले ही, 25 अक्टूबर, 1899 को, *देवनागरी गैज़ेट* ने अपने पाठकों को उसके आने की सूचना दे दी थी।[63] पाठकों को ये सूचना दी गई कि मैक्डॉनेल साहब

जल्द ही नागरी के पक्ष में फ़रमान जारी करनेवाले हैं, और वो जश्न मनाने के लिए तैयार रहें। मन्दिर-मस्जिद में दुआएँ माँगें सरकार बहादुर की ख़ैरख़्वाही में रातें चराग़ाँ करें, ज़िले-ज़िले में मैक्डॉनेल साहब का अभिवादन करें, और इलाहाबाद या बनारस में उनकी मूर्ति स्थापित करें।

हमने देखा है कि किस तरह सर सैयद ने उस मुहिम के, जिसकी शुरुआत उन्होंने बनारस में 1860 के दशक में देखी थी, ख़राब नतीजों से आगाह किया था।

4 जुलाई, 1900 के *दि पंजाब ऑब्ज़र्वर* ने भी मैक्डॉनेल के अहम फ़ैसले को ध्यान में रख के चेतावनी दी : "हम इसे एक गहरी सियासी भूल के अलावा और कुछ नहीं कह सकते, और एक सदी बाद जब इतिहास लिखा जाएगा तो हम 1900 में की गई इस ग़लती पर रोएँगे।"[64] *दि पंजाब ऑब्ज़र्वर* की फ़िक्र ये थी कि ये "विदेशी हितों के ख़िलाफ़ है क्योंकि इसके ख़िलाफ़ अवध के ताक़तवर तबक़े से बैर पैदा होगा।"

मगर वे पीढ़ियाँ जो देश की बँटी हुई विरासत की वारिस बनीं, और हम लोग जो क़रीब-क़रीब सौ साल बाद उस इतिहास का जायज़ा ले रहे हैं, हमें हक़ है कि इस बारे में अलग-अलग मत रखें, रोएँ ज़रूर मगर हम किन-किन बातों पर आँसू बहाएँ, इसका हिसाब भी रखें।

इस बीच, फ़ारसी/उर्दू वालों की तरफ़ से भी, ज़ाहिर है, उर्दू के बचाव के लिए अपने हिमायतियों को जुटाने के सिलसिले शुरू हुए। 22 अगस्त, 1900 के *दि पंजाब ऑब्ज़र्वर* ने लखनऊ में हुई 'उर्दू डिफ़ेंस मीटिंग' की ख़बर दी : "मौजूदा लोगों में लखनऊ की अदबी हस्तियाँ, जाने-माने मौलवी और शिया और सुन्नी स्कूलों के मज़हबी गुरु थे। ये वे लोग थे जिनको उनकी मादरी ज़बान के और उसकी लिपि के नेस्तो-नाबूद हो जाने के अन्देशों ने अपनी आरामगाहों से बाहर खींचा।"[65] 'अल-बशीर' ने अपने पाठकों को ये कहकर उकसाया कि इस मीटिंग में शिरकत करना "हज से ज़्यादा अहम है।"[66] अवध के ऊँचे तबक़े के लोग—बड़े ज़मींदार और रौब और असर रखनेवाले शख़्स एक साथ हो गए। बहरहाल इस शुरुआती जज़्बे की गर्मी तब काफ़ी कम हो गई जब ले. गवर्नर मैक्डॉनेल ने उन तत्त्वों की तरफ़ नज़र घुमाई जिनकी ख़ुशहाली बहरहाल बर्तानवी हुकूमत से अच्छे रिश्तों के बनाए रखने की शर्त पर टिकी थी। इस ख़ुशहाली की सबसे ज़्यादा नाटकीय मिसाल थी उनका अलीगढ़ की बड़ी शख़्सियत मोहसिन-उल-मुल्क से ये कहना कि वो या तो मुहम्डन ऐंग्लो—ओरिएंटल कॉलेज के सेक्रेटरी के ओहदे पर सरकारी मदद से बने रह सकते हैं या फिर मैक्डॉनेल के हुक्म की मुख़ालफ़त करनेवालों के अगुआ। रिकॉर्ड यही दिखाता है कि जनाब मोहसिन-उल-मुल्क साहब को सही फ़ैसले पर पहुँचने में देर नहीं लगी![67]

हालाँकि मैक्डॉनेल के हुक्म को लेकर काफ़ी नाटकीय तेवर देखने को मिले, मगर ज़मीन पर जो हाल थे उनमें कोई ख़ास तब्दीली नहीं आई। जब जश्न मनाने की गर्मी ख़त्म हुई तो नागरी/हिन्दी वालों ने पाया कि 'शरारती अमला तबक़ा' यानी क्लर्कों का तबक़ा जिनसे उन्हें नफ़रत थी, और जिनमें ज़्यादातर कायस्थ और मुसलमान थे, जो फ़ारसी-उर्दू से जुड़े थे—वे सब वहीं जमे हुए थे जहाँ पहले थे और हुकूमत का काम कमोबेश पहले जैसा ही चल रहा था। नागरी प्रचारिणी सभा ने कुछ नागरी इस्तेमाल करनेवाले मुन्सिफ़ों को अपने ख़र्चे पर रखा ताकि मुद्दई अपने दस्तावेज़ नागरी में पेश कर सकें, जिसकी अब इजाज़त मिल चुकी थी। मगर जिस तरह से चीज़ें, 'हमेशा' से चली आ रही थीं, उसको बदल पाना टेढ़ी खीर ही था। सतही प्रतीकी पॉलिटिक्स के साथ यही परेशानी है : हार तो काफ़ी दर्दनाक होती हैं—जैसा कि पहले की 'अर्ज़ियों और जमघटों' के साथ हुआ, मगर जीत खोखली और सिर्फ़ प्रतीकात्मक होती है।

फिर भी, इस क्षण पर—सदियों के मुहाने पर—नज़र डालें—उसी पर नज़र डालें, और वहाँ से आगे या पीछे नहीं, जैसा कि हम करते आए हैं, तो यह ज़रूर कह सकते हैं कि जो हुआ वो बहुत महत्त्वपूर्ण था। हालाँकि शरीक हिमायतियों को ऐसा लग सकता था कि अन्तत: कुछ नहीं बदला, लेकिन वाक़ई बदल गया था। मगर इस बदलाव का फैलाव क्या था और असर कितने गहरे थे, उनका पता आनेवाली सदी में ही मिलना था। किताब के आख़िरी तीन हिस्सों में, इसी मौज़ूँ के पहलुओं पर रोशनी डालने की कोशिश की गई है।

इसी बीच, गवर्नर जनरल-इन-कौंसिल में मैक्डॉनेल के हुक्म को रज़ामन्दी दिए जाने के दौरान, हुक्म में गहरी अदल-बदल हुई। जैसा कि हम पहले ही देख चुके हैं, मैक्डॉनेल ने लिपि के साथ-साथ भाषा के सवाल को जोड़ने से साफ़ इनकार कर दिया था। लेकिन अपने ऑर्डर की इबारत के तीसरे भाग में ये सिफ़ारिश की गई थी कि ख़ालिस अंग्रेज़ी दफ़्तरों के अलावा, किसी ऐसे शख़्स को अब से मिनिस्ट्री के ओहदों पर (यानी क्लर्क) नहीं रखा जाएगा जो नागरी और फ़ारसी दोनों लिपियाँ रवानी से नहीं पढ़ सके। "गवर्नर जनरल साहब, यानी सरकार-ए-हिन्दुस्तान को ये शर्त बहुत सख़्त लगी, और उसने सिफ़ारिश की कि फ़ारसी और नागरी की लिपि जानने के बजाय, हिन्दी और उर्दू भाषाओं में सलाहियत की शर्त रखी जाए। कहने को इस बदलाव की मुराद नौकरी की शर्तों को आसान बनाना था। मगर इसके चलते इस बात पर सरकारी मोहर लग गई कि हिन्दी और उर्दू दो अलग भाषाएँ हैं। एन.डब्ल्यू.पी. की सरकार ने इस

हुक्म को अमली जामा पहनाया। बदलते वक़्त ने इसी को भाषा की ज़मीनी सच्चाई बना दिया।"[68] जब 26 जून, 1900 को मैक्डॉनेल का सरकारी तौर पर आख़िरी हुक्म जारी हुआ तो उसमें पहले की तरह 'नागरी और फ़ारसी लिपि' नहीं बल्कि उसके बजाय 'हिन्दी और उर्दू भाषाएँ' लिखा गया था। इस वक़्त इस अदल-बदल को अख़बारों में एक अनजानी 'ग़लती' कहा गया, जिसके पीछे कोई 'मंशा नहीं' थी।[69]

लगता है कि एक वजह और भी थी जिसके चलते मैकडॉनेल ख़ुद इस 'ग़लती' की तरफ़ मेहरबान रहे हों। इस ऐतिहासिक हुक्म के जारी किए जाने के कुछ पहिले, कानपुर में प्लेग की महामारी फैल गई। बर्तानवी हुकूमत ने साफ़-सफ़ाई के जो क़दम उठाए उनकी जोशो-ख़रोश से मुख़ालफ़त की गई और ऐसा करने में अलग-अलग मज़हब के फ़िरक़े, हिन्दू-मुस्लिम सब, एक साथ उठ खड़े हुए। इस बात की काफ़ी चर्चा भी रही। 5 जून, 1900 को *टाइम्स ऑफ़ इंडिया* ने इस इल्ज़ाम के बारे में ख़बर दी कि कानपुर में प्लेग के दंगों में जिस तरह अलग-अलग फ़िरक़ों को एक साथ आता देखा गया, मैक्डॉनेल का बिना अदल-बदल किया हुआ हुक्म भी उस तरह के भाईचारे को ख़त्म कर देने की साज़िश था। 14 जून, 1900 के *पॉल मॉल गैज़ेट* ने कानपुर के दंगों पर 'ख़ुद मैक्डॉनेल के बयान' को छापा : ऐसा लगता है कि मैक्डॉनेल पर "ये साफ़ ज़ाहिर था कि प्लेग-विरोधी नियमों को नकारने के लिए एक पक्का प्लान था जिसके चलते उसके बनानेवाले हिन्दुओं और मुसलमानों के आपसी मतभेदों को भुला देने में कामयाब हो गए...।"[70] बहरहाल गवर्नर जनरल के उस छोटे से 'संशोधन' ने, जिसकी कोई 'मंशा नहीं थी'—आनेवाले ज़माने में इस तरह के अलग-अलग फ़िरक़ों द्वारा आपस में मिलकर कुछ भी कर पाना पूरी तरह असम्भव बना दिया।

4

# बदलाव की भूमिका

ऐसा सोचना लुभावना लग सकता है कि अगर मैक्डॉनेल अपने पूर्वग्रहों के चलते पक्षपात न करते और कर्ज़न लाट साहब अपनी छोटी-सी संशोधनी 'भूल' न करते...तो हिन्दी और उर्दू में जो खाई पैदा हुई वो कभी नहीं होती। बहरहाल, शायर अकबर इलाहाबादी को तो विदेशी हुक्मरान की बँटवारा करने की बदनीयती और निश्चित इरादे पर कोई शक नहीं था, और उन्होंने हमवतनों को आगाह किया—

योरप वाले जो चाहें दिल में भर दें
जिसके सर पर चाहें, जो तोहमत धर दें।
बचते रहो इनकी तेज़ियों से अकबर,
तुम क्या हो, ख़ुदा के तीन टुकड़े कर दें।[1]

फिर भी, ये कहना और समझना ज़रूरी लगता है—ख़ास तौर से इसलिए क्योंकि विलायती हुक्मरान पर तोहमत ये अक्सर और आसानी से मढ़ी जाती है—कि तथ्यों के आधार पर ऐसा नहीं लगता कि उनका भाषायी भेदभाव और विद्वेष पैदा करने का कोई स्पष्ट इरादा था। नागरी-हिन्दी का आन्दोलन दशकों चला, गरमागरम बहसें हुईं—लेकिन इस बात की भनक नहीं मिलती कि भाषाओं में कोई बुनियादी फ़र्क़ है या फिर ये कि बँटवारे के अलावा कोई रास्ता नहीं। बल्कि इस मसले में सरकारी समझ—जैसा कि विभिन्न कमेटियों की बातों से नज़र आता है—इस फ़र्क़ को स्थापित करने की कोशिशों के ठीक उलटी थी।

"सरकार के लिए बेहतर होगा कि वो होशियारी बरते और किसी भी ऐसे हुक्म जारी करने से गुरेज़ करे जिससे ये ज़ाहिर हो कि हिन्दी और उर्दू दो अलग-अलग भाषाएँ हैं।"[2]

इससे यही दिखता है कि सरकारी सोच साफ़ तौर पर एक ही जन-भाषा के पक्ष में थी—भले ही उस भाषा के साथ दो तरह के कठमुल्ले उसके साथ

बलात्कार करने पे उतारू थे। या यूँ भी कह सकते हैं कि उनका लक्ष्य था "भाषा ऐसी जो दो अलग सोतों से परिमार्जित की जा सकती है।"[3]

वाक़ई, एक बात साफ़ तौर पर कही जानी चाहिए कि बँटवारे की पहल हुई कहीं और से ही। आख़िरकार, नागरी/हिन्दी की मुहिम की जड़ में यही था कि किसी तरह भाषा में दरार पैदा कर दी जाए, सरकार से मनवा लिया जाए कि दरार है, एक ऐसी दरार जो न तो घटाई जा सकती है, न पाटी जा सकती है। बहरहाल यही बुनियादी भाषायी फ़र्क़ का आग्रह उस नए और उभरते प्रभुवर्ग के सरकारी कामकाज में दावेदारी और वाजिब अधिकार माँगने का प्रमुख हथियार था। ज़ाहिर है, इस वर्ग-स्वार्थ प्रेरित तथ्य को तरह-तरह से सजाया-सँवारा और ढका गया—और ये भी सच है कि इस भाषायी फ़र्क़ को मनवाने और फिर सत्यापित करने के नतीजे दूरगामी हुए—और शुरुआती दावेदारों के लोकल इरादों से काफ़ी आगे निकल गए—लेकिन ऐसा तो इतिहास में अक्सर होता है।

कैथी लिपि के मामले को देखें तो नागरी/हिन्दी के तरफ़दारों की दुराग्रही लेकिन परम आवश्यक कट्टरता बिलकुल साफ़ नज़र आती है। कैथी नागरी लिपि का ही एक रूप है लेकिन आज इसकी याद तक को मिटा दिया गया है। हिन्दी धुरन्धरों की बड़ी जमात में भी मुश्किल से कभी कोई मिलेगा जिसने कैथी की एक लाइन भी देखी या लिखी हो। हालाँकि बस एक सदी पहले तक ये लिपि नागरी से ज़्यादा जानी जाती थी और प्रचलित थी।

नागरी की तरफ़दारी में दलील दी जाती थी कि इसका इस्तेमाल फ़ारसी लिपि से ज़्यादा फैला हुआ था। मगर सच तो ये है कि कैथी रूप का इस्तेमाल देवनागरी से भी ज़्यादा फैला हुआ था। यानी जनतंत्र और तालीम के नज़रिए से ऐसे महान फ़ायदे जिनकी देवनागरी लिपि को लागू करने से उम्मीद की जा सकती थी, कैथी को लागू करने से और भी मुमकिन होते। मगर जिस तरीक़े से ज़्यादा इस्तेमाल की जानेवाली कैथी के दावे नज़रअन्दाज़ किए गए, उस पर ग़ौर किया जाना चाहिए। अपने व्याकरण के लिए मशहूर जे.सी. नेस्फ़ील्ड ने अवध में शिक्षा अफ़सर की हैसियत से कैथी की तरफ़दारी में तेज़ मुहिम चलाई। 1873 में कैम्पबैल ने जब बिहार से फ़ारसी लिपि को हटाने का हुक्म दिया तब अपेक्षा यही थी कि उसकी जगह नागरी या कैथी लिपि लेगी। 1883-84 में बंगाल प्रॉविंशियल कमेटी ने एजुकेशन कमीशन को रिपोर्ट करते हुए कैथी की तरफ़दारी ठीक इसी वजह से की कि वो बहुत व्यापक रूप से इस्तेमाल की जा रही थी। रिपोर्ट में यहाँ तक कहा गया कि बिहार के देशी स्कूल सिर्फ़ इसलिए अपना वजूद बचा पाए थे, क्योंकि उनमें से कैथी लिपि को बहिष्कृत नहीं किया गया था, जैसा कि एन.डब्ल्यू.पी. में किया गया।[4] एन.डब्ल्यू.पी. में देसी तालीम

और देसी बोलियों के स्कूलों की 1852 की एक रिपोर्ट के हवाले से वेदालंकार कहती हैं कि "कुछ को छोड़कर लगभग सभी ज़िलों में उन स्कूलों की तुलना में जो कैथी और महाजनी का इस्तेमाल कर रहे थे, देवनागरी का इस्तेमाल करनेवाले स्कूलों की तादाद बहुत कम थी। अपने ब्यौरे में उन्होंने पाठ्य पुस्तकों की लिपियों के सिलसिले में 1854 में ये आँकड़े दर्ज किए--देवनागरी : 25,151; कैथी 77,368; महाजनी : 24,302।"[5]

मगर नागरी/हिन्दी वालों को कैथी गवारा नहीं थी। लगता है उन्हें कैथी को लेकर कुछ ख़ास ऐतराज़ थे। कैथी का वास्ता संस्कृत से न होकर हिन्दुस्तानी से ज़्यादा लगता था। इसके अलावा इसकी जानकारी जैसी हिन्दुओं की थी वैसी ही मुसलमानों की थी। हिन्दू और मुसलमान दोनों ही इसका इस्तेमाल करते थे,[6] सो इससे उसकी 'शुद्धता' पर आँच आती थी। फिर नागरी तो देवनागरी थी, धर्म शास्त्रों की लिपि। मगर सबसे ख़ास परेशानी की तो बात ये थी कि कैथी को लेकर भिन्नता स्थापित करने की और अलगाव पैदा करने की रणनीति कारगर नहीं हो सकती थी। इसलिए तो आरा की नागरी प्रचारिणी सभा ने 1912 में सरकार से गुज़ारिश की थी कि स्कूली किताबों से कैथी को हटाकर उसकी जगह देवनागरी को लाना चाहिए।[7] महामना मालवीय जी ने भी अपने *अभ्युदय* में नागरी की तरफ़दारी की और कैथी की मुख़ालफ़त।[8]

एक लिपि के दो रूपों को लेकर टकराव पैदा होना अजीब-सी बात लगती है, मगर नज़दीक से देखा जाए तो वो जात-पात की पॉलिटिक्स का ही एक रूप है। कैथी 'कायस्थी' का तद्भव रूप है—कायस्थों और ब्राह्मणों की आपसी होड़ और दुश्मनी का हिन्दी प्रदेश को बनाने (और बिगाड़ने) में बड़ा हाथ है। आज भी ऐसे तमाम सार्वजनिक संस्थान हैं जिनकी उजड़ी दशा इसकी गवाही देती है। एक किसी महाबीर प्रसाद ने 1879 में *हिन्दी प्रदीप* में शिकवा किया :

> कायस्थ वर्ग हिन्दी का नाम सुन नाक-भौं सिकोड़ने लगते हैं...यही लोग औरों की अपेक्षा प्राय: पढ़े-लिखे और सभ्य होते हैं। पर मातृभाषा हिन्दी के परम शत्रु हैं...हिन्दी का नाम तक नहीं जानते न उर्दू का-सा मज़ा मिल सकता है। उर्दू हट जाए तो गौरमेन्ट को अन्धा बनाकर स्वदेशी भाइयों का गला रेतने का सुभीता कैसे मिलेगा?[9]

लेकिन बात कुछ ज़्यादा उलझी हुई है। मुंशी काली प्रसाद महान परोपकारी थे, और उन्होंने कायस्थ पाठशाला जैसी तमाम तालीमी संस्थाएँ क़ायम कीं, लेकिन अपने वसीयतनामे में ये दर्ज किया कि ट्रस्ट की सारी संस्थाओं में संस्कृत और

हिन्दी की तालीम लाज़िमी होनी चाहिए। मगर ये बात भी सच है कि वसीयतनामे की ये शर्त मैक्डॉनेल के हुक्म जारी होने के बाद ही अमल में लाई गई।[10] 1912 में हिन्दी साहित्य सम्मेलन में बोलते हुए बद्री नारायण उपाध्याय 'प्रेमघन' ने एक बहुत रोचक और महत्त्वपूर्ण जानकारी दी कि "देवनागरी के नाम से पहचानी जानेवाली लिपि का एक और नाम भी था—इसे बभनी यानी ब्राह्मणों की लिपि भी कहा जाता था।"[11]

इस सन्दर्भ में बंगाली भद्रलोक की भूमिका पर ख़ास ग़ौर किया जाना चाहिए। वक़्त की पुकार कुछ ऐसी थी कि बड़ी तादाद में पढ़े-लिखे बंगाली लोग रोज़ी-रोटी की तलाश में उत्तर भारत आए। नागरी हिन्दी के आन्दोलन के शुरुआती दौर में ख़ूब-ख़ूब पढ़े-लिखे बंगाली उस समय के दस्तावेज़ों में नज़र आते हैं। अवध के डायरेक्टर ऑफ़ पब्लिक इंस्ट्रक्शन ने 28 मार्च, 1876 के एक सरकारी नोट में साफ़-साफ़ कहा कि "बंगालियों की उर्दू भाषी सूबों में रोज़ी-रोटी के ज़्यादा मौक़े पाने की लालसा" ने नागरी/हिन्दी की मुहिम को तेज़ी प्रदान की। उसकी राय में ये बात आसानी से समझ में आती है। क्योंकि जहाँ एक तरफ़ बंगाल के स्कूल-कॉलेज हर साल 2000 पढ़े-लिखे बंगालियों को तैयार कर रहे हैं वहाँ उनकी खपत यूँ ही भरे[12] हुए बंगाल में तो हो ही नहीं सकती थी। राजेन्द्रलाल मित्रा के नागरी-लिपि की तरफ़दारी में आला ख़याल या गुजराती दयानन्द सरस्वती को केशव चन्द्र सेन की ये सलाह कि वो जन- सभाओं में संस्कृत के बजाय हिन्दी का इस्तेमाल करें, ये बातें जानी-पहचानी हैं। हिन्दी को राष्ट्रभाषा बनाए जाने की शुरुआती तजवीज़ें बंगाल के पढ़े-लिखे तबक़े—ख़ास तौर से बंकिम और भूदेव मुखर्जी—की तरफ़ से ही आईं। ऐसे भी कुछ सबूत मिलते हैं कि बंग-भंग के विरोध में जनमत बनाने के लिए भी हिन्दी का कुछ इस्तेमाल किया गया। महाराष्ट्र के वेद-विद्वान सदाशिव राव के कहने पर बंगाली सम्पादकों को हिन्दी की तरफ़दारी में लेख लिखने के लिए मनाया गया। राव ने ख़ुद अपने ख़र्चे पर बंगाली युवकों को हिन्दी सिखाने की कक्षाएँ लगाईं।[13]

गोया, जब बनारस इंस्टीट्यूट और इलाहाबाद इंस्टीट्यूट में बड़ी तादाद में बंगाली पाए जाते हैं—या हंटर कमीशन के सामने पेश करने के लिए जनमत-संग्रह होता है—तो ऐसा लग सकता है कि इस हिन्दी आन्दोलन में और बंगाल में हिन्दी प्रसार में सीधा सम्बन्ध है, लेकिन एक महत्त्वपूर्ण अन्तर है। अवध प्रान्त के प्रवासी बंगाली बुद्धिजीवी किसी अमूर्त राष्ट्रीय या सांस्कृतिक गौरव की समस्या से नहीं जूझ रहे थे। उनके सामने तो बिलकुल ही ठोस सत्ता की समस्या थी।

जबकि बंगाल में, पिछड़ेपन की वजह से, सरकारी नौकरियों में मुसलमानों की तादाद आबादी के बनिस्बत कम थी, एन.डब्ल्यू.पी. में बात उलटी थी—यहाँ मुसलमानों की शिरकत तादाद के एतबार से ज़्यादा थी।[14] जैसा कि निहायत यादगार रूप में टैगोर के उपन्यास *घरे-बाइरे* में अंकित है।

बंगाली भद्रलोक की राजनीतिक समझ में मुसलमान और किसान दोनों ही निचले, हेठ और विपक्षी तत्त्व हैं। अवध पहुँचनेवाले शिक्षित बंगाली ये देखकर भौचक्के रह गए होंगे कि इस देश में, सत्ता और समाज के शिखर पर, उर्दू जाननेवाले और वो भी अक्सर मुसलमान, पहले ही से जमे हुए हैं। बेली ये भी लिखते हैं कि ये सत्ताधारी तबक़ा इन नव-शिक्षित आग्रही बंगालियों को नीची नज़र से देखता था।[15] लाज़िमी लगता है कि बंगाली इन सत्ताधारियों को भी हिकारत से ही देखते होंगे। लेकिन उनकी बौखलाहट, कुछ और तो इस बात से बढ़ गई होगी कि यहाँ, उत्तर भारत में, हिन्दी सांस्कृतिक या सामाजिक आभिजात्य का प्रतीक नहीं थी—ये तो महज़ छोटे लोगों की बोली समझी जाती थी।

इस बात के कुछ सबूत पाए जाते हैं कि उन्नीसवीं सदी के आख़िर में पटसन के धन्धे के चलते मुसलमान किसानों की कामयाबी को लेकर बंगाल के उदीयमान मध्यवर्ग में बेचैनी थी।[16] ये बेचैनी तब और बढ़ गई होगी जब उन्होंने पाया कि यहाँ पश्चिम में जहाँ वे शोहरत और दौलत की तलाश में आए थे, वहाँ एक-दूसरे तरह का मुसलमान पहले ही आसन जमाए बैठा है। ज़ाहिर है, पूर्वी बंगाल के मुसलमान किसान और अवध के मुसलमान ज़मींदार में कोई ऐक्य नहीं था। लेकिन क्योंकि इन प्रवासी बंगालियों की अपनी एक पहचान थी (या बन रही थी) इसलिए उन्होंने अपने विरुद्ध खड़े भिन्न और विभिन्न समुदायों पर एक सामुदायिक पहचान थोप दी। नागरी/हिन्दी मुहिमों में बंगालियों का जुड़ना सिर्फ़ बाहरी या तादाद के लिहाज़ से ही मददगार नहीं था : बंगाली भागीदारी से एक तो एन.डब्ल्यू.पी. ऐंड ओ. में हिन्दी-उर्दू का टकराव हिन्दू-मुसलमान के बीच टकराव में तब्दील हो गया, और दूसरा टकराव एक बिलकुल ही भिन्न सांस्कृतिक सन्दर्भ के तनावों और पूर्वग्रहों से, जैसा कि लाज़िमी ही था, प्रभावित भी हो गया।

मुसलमानों का पढ़ा-लिखा तबक़ा सभी हिन्दी के पक्षधरों को—क्या भैया, क्या बंगाली—निचले दर्जे का समझता था—जैसा कि हंटर कमीशन को दिए बयानों से साफ़ ज़ाहिर होता है। ये ऐन मुमकिन है कि बंगाली भद्रलोक, जिन्होंने नागरी/हिन्दी की मुहिमों को अपनाया, निचले तबक़े के नुमाइन्दे समझे जाने से उतने ही नाख़ुश होंगे जितने कि उस इलाक़े के नए भद्रलोक या सौदागर और व्यापारी जिन्होंने 1857 के बाद बेहद पैसा कमाया था। इसी के चलते, आधुनिक

बांग्ला और आधुनिक 'हिन्दी' के संस्कृतमय हो जाने में रिश्ता तो साफ़ नज़र आता है और एक सिलसिले का दूसरे पर असर भी साफ़ दिखाई पड़ता है। लेकिन फ़र्क़ भी है। क्योंकि हिन्दी को संस्कृतमय बनाने की प्रक्रिया एक ऐसे भाषायी सन्दर्भ में हुई जहाँ एक अच्छी-ख़ासी विकसित भाषा फ़ारसी-प्रभावित हिन्दी, या हिन्दुस्तानी पहले ही से मौजूद थी। और मौजूद था अवध का सम्भ्रान्त तबक़ा, उस भाषा की रक्षा करने के लिए तैयार। ज़ाहिर है, इस प्रक्रिया में तल्ख़ियाँ और खींच-तान तो होनी ही थी और ख़ूब-ख़ूब हुई।

साफ़-साफ़ कहें, तो बात कुछ यूँ है : बंगाल में तो हिन्दी के पक्ष में जो तबक़ा मुखर था वो प्राय: सम्भ्रान्त ऊँचे दर्जे के लोगों का था। लेकिन एन.डब्ल्यू. पी.ओ. में स्थितियाँ पेचीदा बन गईं, क्योंकि यहाँ तो पहले ही से एक जमा-जमाया, खाता-पीता (और काफ़ी संख्या में मुसलमान-युक्त) तबक़ा मौजूद था। और उस प्रदेश के हिन्दी पक्षधर उस समय की सामाजिक दृष्टि से उनकी तुलना में कुछ नीचे ही पड़ते थे। यानी बंगाल के हिन्दी प्रचारक की बनिस्बत अवध में बंगाली हिन्दी समर्थक ने ये पाया कि वो जिस भाषा का हिमायती था वो तो पहले ही से ग़ैरों, और वो भी सम्भ्रान्त प्रभावशाली ग़ैरों की गिरफ़्त में थी। यानी कि हिन्दी से आधुनिक 'हिन्दी' बनाने की ऐतिहासिक प्रक्रिया में सामाजिक हीनता और नाइंसाफ़ी के ख़िलाफ़ ग़ुस्सा पहले ही से मिला हुआ था। मेरी राय में इस बात से आधुनिक हिन्दी के आविष्कार का युगान्तरकारी महत्त्व कम नहीं हो जाता—लेकिन ये भी सच है कि उस आविष्कृत हिन्दी में एक ख़ास तरह की सामाजिक बेचैनी अनिवार्य रूप से मिली हुई है। फ्रांचेस्का ओर्सीनी ने इस प्रसंग पर बड़ी गहराई से लिखा है—हिन्दी बुद्धिजीवी के जीवन का मौलिक विरोधाभास यूँ है : एक तरफ़ तो वो सवर्ण, ब्राह्मणवादी सांस्कृतिक एजेंडा के लिए काम कर रहा है, लेकिन साथ ही साथ सामाजिक ढर्रे के अन्याय के चलते, वो हीन, निचली स्थिति में क़ैद है।[17] ऐसा देखा गया है कि हिन्दीवाले अक्सर आसानी से रूठ जाते हैं, ठेसिया जाते हैं, आहत और तिरस्कृत महसूस करते हैं। इस मनोभावना की जड़ें सुदूर इतिहास में पाई जाती हैं।

नागरी-हिन्दी का आन्दोलन कैसे और किस तरीक़े से साम्प्रदायिक और ख़ास तौर पर मुसलमान-विरोधी बना, ये बात आज भले ही स्वाभाविक और अपेक्षित-सी लगे, अपने-आप में दरअसल एक पहेली है। आख़िरकार नागरी/हिन्दी के तरफ़दारों ने अवध के जिस ऊँचे तबक़े का सामना किया उसमें, ख़ास तौर से शुरुआत में, हिन्दू और मुसलमान दोनों ही शामिल थे। हिन्दी-हिन्दू की सारी

बहस में मुसलमान की ख़ास भूमिका ने हमेशा हमें हैरत में डाला है : अयोध्या की गलियों में और आज भी, आज की दुनिया की बहस-मुबाहिसे में। आख़िर बेचारे ग़रीब मार खाए मुसलमान के कमज़ोर काँधे वो सारी ऐतिहासिक ज़िम्मेदारी ढोने के नाक़ाबिल लगते हैं जो उन पर लादी जाती है। रणजीत गुहा ने बहुत पैनी नज़र से इस बारे में लिखा है : किस तरह से, शुरुआती राष्ट्रवादी लेखनों में, 'मुसलमान' को एक साधन के तौर पर पसन्दीदा खलनायक क़रार दिया जाता है—एक तरक़ीब या मिसाल के तौर पर, ताकि बर्तानवी हुकूमत के क़ायदों को बिना तोड़े मौजूदा हालात के ख़िलाफ़ झल्लाहट ज़ाहिर की जा सके। बंकिम को लेकर गुहा लिखते हैं कि विचारधारा के झकोरों ने कई-कई चीज़ों में फेर-बदल पैदा किए ताकि राष्ट्रवादी बाहुबल के निशाने पर मुसलमान दिखाया जा सके न कि अंग्रेज़—और उसकी ऐतिहासिक कर्मभूमि भी उपनिवेशवाद से पहले के काल में विस्थापित हो गई। यानी ऐसी ग़लत धारणा के चलते, बाहुबल की अवधारणा को साम्राज्यवाद-विरोधी आन्दोलन के लिए अनुपयोगी बना दिया...।[18] अंग्रेज़ी हुकूमत के चलते, वर्तमान की बदहाली का दोषी मुसलमान को बना दिया, क्योंकि वैसा कहना-कह सकना—सम्भव था—लेकिन सन्दर्भ से ये साफ़ हो जाता है कि नाम भले ही मुसलमान का लिया हो, इशारा सीधे अंग्रेज़ की ओर है।[19] लेकिन एन.डब्ल्यू.पी. की हिन्दी नागरी के रोज़-ब-रोज़ कड़ुवाते माहौल में, इस बयान की पेचीदा वक्रोक्ति ने एक अलग ही गति पा ली। जो बात लिपि और भाषा को लेकर शुरू हुई थी वो होते-हवाते और चलते-चलाते, बिलकुल निश्चित दृढ़ गति से दो मज़हबी सम्प्रदायों के बीच की जी-जान की लड़ाई बन गई।

इन हालात में कोई समझौता मुमकिन नहीं बचा, बहस-मुबाहिसे को रोकना तो दरकिनार, उसे और बढ़ावा दिया गया—क्योंकि सच तो ये है कि शुरुआती और सतही अमन के दौर की तह में भी जंग का ऐलान झलकता है। 1890 में प्रकाशित बाबू रत्नचन्द्र का 'हिन्दू-उर्दू का नाटक' जानी-पहचानी दलीलों का कचहरी की सेटिंग में एक सपाट बल्कि घिसा-पिटा नाटकीय रूप है। अंग्रेज़ी जज हिन्दी और उर्दू के आपसी झगड़ों की जिरह में समझौते की तजवीज़ रखता है। इसको प्रगाढ़ बुद्धिमत्ता वाले 'हिन्दी' के वकील, पंडित बुद्धि प्रकाश, स्वनामधन्य, पूरी तरह से ख़ारिज करते हैं।

"हमारी मुवक्किला उर्दू-बीबी से कदापि सुलह करके अपने कुल में दाग न लगावेगी।"

वो ऐलानिया कहते हैं कि अगर फ़ैसला उसके ख़िलाफ़ हुआ तो वो अपनी बदक़िस्मती पर रोने के लिए जंगल-बियाबान में वापस चली जाएगी।

गोया ये नामुराद खेल सिर्फ़ ज़हरीला ही हो सकता था—और वही हुआ भी। नागरी/हिन्दी पक्ष नैतिक दृष्टि से तो मज़बूत था ही, जनतांत्रिक दृष्टि से भी वो भारी पड़ता था। कोई ताज्जुब नहीं कि तत्काल उभरती भारतीय नैशनल कांग्रेस ने उसे अपना लिया। एक उर्दू अख़बार ने ये ख़बर छापी—3 दिसम्बर, 1899 को कांग्रेस के ख़िलाफ़ एक विशाल जनसभा हुई, "जिसमें 5,000 इज़्ज़तदार लोगों ने शिरकत की," जिसमें कांग्रेस को नागरी की हिमायत करने के लिए दुत्कारा गया।[20] इससे पहले दिसम्बर 1887 में ही, सर सैयद अहमद ने लखनऊ में मुहम्डन एजुकेशनल कांग्रेस में बयान दिया—उन्होंने कांग्रेस को 'कमज़ोर बंगालियों' के हिन्दुस्तान पर क़ब्ज़ा करने की कोशिश के रूप में देखा और दुत्कारा। उन्होंने कहा कि सिर्फ़ क़ाबिलियत की बिना पर लोकतंत्र और सरकारी नौकरियों में चुनाव उस वतन में नामुमकिन है जहाँ एक ही सियासी बिरादरी नहीं हो। इस तरह की तजवीज़ से निचले तबक़े के घटिया लोगों को फ़िलहाल सत्ता हथियाने का मौक़ा मिलेगा। सरकारी कौन्सिलों में, हिन्दुस्तानी नज़रिए के सही नुमाइन्दों का चुनाव 'पुश्तैनी सामाजिक ओहदों' की बिना पर होना चाहिए, क़ाबिलियत पर नहीं।" उन्होंने आगे कहा कि "क्या हमारे पुश्तैनी लोग ये पसन्द करेंगे कि एक निचली जाति और पैदाइश का आदमी—भले वो बी.ए. या एम.ए. हो और ज़रूरी क़ाबिलियत वाला भी हो—ऐसे पुश्तैनी लोगों से ज़्यादा ऊँचे ओहदे पर हो और उसे ऐसे क़ानून बनाने का अधिकार हो जिनसे उनकी ज़िन्दगी और जायदाद पर असर पड़े? न सिर्फ़ मुसलमानों बल्कि ऊँचे ओहदे वाले राजाओं और वीर राजपूत जो अपने पुरखों की तलवारों को भूले नहीं हैं—सब नस्लों के ऊपर एक ऐसा बंगाली राज करेगा जो मेज़ पर खाने की छुरी को देखकर अपनी कुर्सी के नीचे दुबक जाएगा?" (ज़ोरदार तालियाँ और क़हक़हा) "...अगर आप इस बात से राज़ी हों कि देश बंगाली राज के तले आहें भरे और उसके लोगों को बंगाली जूते खाने हों, तो ख़ुदा के वास्ते, लपक के रेलगाड़ी पकड़िए और उसमें बैठ जाइए और मद्रास जाइए, मद्रास जाइए।"[21] उस समय कांग्रेस का अधिवेशन मद्रास में हो रहा था!

इस कहानी के किसी मोड़ पर ये अहसास घर कर लेता है कि जैसे ऐसा तो होना ही था, जैसे लिपि और भाषा तो बहाने थे, बस—मैदान मात्र, जहाँ ग़रीब समाज में सत्ता पर हक़ जमाने (या छीनने) की लड़ाई लड़ी जा सके—महज़ छद्म रूप असल संघर्ष का, जिसकी जड़ में नौकरी और सत्ता का जटिल सवाल था। और इस युद्ध में अगर एक पक्ष जीतता तो दूसरे की हार अनिवार्य थी। सुलह-समझौते की कोई सम्भावना नहीं थी।

भिन्नता का आग्रह हो या इज़हार, या फिर तोहमत ही सही, सभी स्थितियों

में मूल बात तो सामाजिक-आर्थिक व्यवस्था में जनित पेच और नाइंसाफ़ी है, यानी अंग्रेज़ी राज की झूठ और लूट पर आधारित अर्थव्यवस्था। ज़रूरी है कि हम पहचानें कि कैसे, तब और अब, और हमेशा और हर जगह, समाज और माली निज़ाम ऐसे हालात पैदा करते हैं जो ग़रीब बिरादरियों को मजबूर कर देते हैं कि वो धोखाधड़ी करें और धोखाधड़ी करने के नए और ज़ालिम ज़रिए ईजाद करें। अगर ज़रूरत से कम सामाजिक पैदावार को बाँटना है तो लाज़िमी है कि कोई न कोई इस बाज़ी में हारे। और ये हारे हुए लोग इतिहास के आँगन में भूखे और लड़ाकू गुटों या इकाइयों के रूप में उतरते हैं।

नागरी/हिन्दी के आन्दोलन के शुरुआती दौर के नागरी पक्षधरों को हम भूखे-पीड़ित गुट समझ सकते हैं—लेकिन इस 'भूख' को समझने के लिए थोड़ी बारीकी चाहिए। यूँ कि इस वक़्त प्रान्त में नागरी/हिन्दी और फ़ारसी/उर्दू दोनों से अनभिज्ञ, निरे अनपढ़ों की जमात 97 प्रतिशत थी।[22] यानी कि लड़ाई बचे 3 प्रतिशत लोगों के बीच की थी—एक तरफ़ एक ऐसा प्रभुवर्ग—अवधी खाता-पीता वर्ग—जो कि सत्ता पर क़ाबिज़ बैठा था—और दूसरी तरफ़ एक ऐसा वर्ग—सम्भ्रान्त, सवर्ण हिन्दू—जो माली तौर पर तो सम्पन्न था, लेकिन सत्ता से वंचित था, और तीव्र बल्कि उग्र रूप से सत्ता-लोलुप। ज़ाहिर है, ये कहानी अन्य गुटों और वर्गों के साथ दुहराई जा सकती है। और शायद आज भी दुहराई जा रही हो। 25 अप्रैल, 1900 के देवनागरी गैज़ेट में ये उम्मीद साफ़ तौर पर झलकती है कि मैक्डॉनेल का लाया सुधार न सिर्फ़ प्राइमरी शिक्षा को बढ़ावा देगा (मालवीय का दो टूक तर्क) बल्कि हिन्दी जाननेवालों को नौकरियाँ पाने का मौक़ा देगा।[23]

अब एक तरफ़ 'भूख' है तो दूसरी तरफ़ ग़ुरूर। 'मुस्लिम क्रॉनिकल' ने उसी तारीख़ को देवनागरी गैज़ेट के 'सुधार' का इस तरह स्वागत किया :

> उर्दू बनाम नागरी की होड़ में एक तरफ़ तो अच्छी तमीज़ और कल्चर था और दूसरी तरफ़ तंग-नज़री और उजड्डपन। और अगर फ़रमान इसी शक्ल में जारी रहता है तो इतिहास यही बताएगा कि एक बर्तानवी अफ़सर ने, क़लम के एक वार से, तहज़ीब और नफ़ासत को मौत के घाट उतार दिया।[24]

एक और साहब ने कहा, "सिर्फ़ हिन्दी में तालीम पाया हुआ ऐसा शख़्स बड़ी मुश्किल से मिलेगा जिसके लिए किन्हीं भी मायनों में तालीमयाफ़्ता आदमी का उनवान इस्तेमाल करना वाजिब होगा।"[25]

साफ़ है कि नागरी/हिन्दी वालों ने ये सबक़ पहले सीखा कि किस तरह आधुनिक लोकतंत्र में लोगों को जुटाया जाता है।[26] लेकिन दूसरी तरफ़ वालों

को भी ये पैग़ाम जल्द ही मिल गया कि लोकतंत्र में तादाद ज़रूरी है। और ताली तो दोनों ही हाथों से बजती है। अपने आन्दोलन को आगे बढ़ाने के लिए, नागरी/हिन्दी वालों ने एक विशाल हिन्दू समुदाय का ईजाद किया, जो था तो अनपढ़ मगर कहा गया कि वो 'कचहरी में नागरी के चलन' में बदलाव से फ़ायदा उठा पाएँगे। उसी तरह, ऊँचे तबक़े के मुसलमानों ने भी जल्द ही जान लिया कि अपने आप को और अपने फ़ायदों को एक बड़ी बिरादरी के नाम से आगे बढ़ाना चाहिए। इधर बर्तानवी सरकार भी इस मौक़े में अपनी चाल चल पाने का फ़ायदा देखने में सुस्त नहीं थी। मसलन उन्होंने समुद्री इलाक़ों के पढ़े-लिखे हिन्दुओं को जो बहुत माँगें कर रहे थे, उनको हिन्दुस्तान के वफ़ादार मुसलमान—जैसे सर सैयद और अलीगढ़ के उस गुट को जो कांग्रेस से अलग हो गया था—भिड़ा दिया।[27] मिन्टो-मॉर्ले सुधारों के चलते अलग चुनावी इलाक़ों का सवाल उठा, तो बर्तानवी सरकार ने बड़े इत्मीनान से ऊँचे तबक़े के मुसलमानों को पूरे हिन्दुस्तान के मुसलमानों का नुमाइन्दा हो जाने दिया। 1908 में मुस्लिम लीग को सम्बोधित करते हुए मोहम्मद अली ने साफ़ तौर पर मुसलमानों की अलग-थलग चुनावी व्यवस्था (separate electorates) मान लेने की चाह और हिन्दी वालों ने जिस तरह से मैक्डॉनेल के फ़रमान के बाद क्या जलवा दिखाया, दोनों में सीधा सम्बन्ध जताया।[28]

ज़ाहिर है, अवध के रईस, ज़मींदार और उनके चमचों का मज़ाक़ उड़ाना आसान है, जो पहले तो कुछ गरजे-बमके, लेकिन फिर सरकारी नाख़ुशी का इशारा मिलते ही ठंडे पड़ गए। लेकिन उनकी जगह लेने को आए नवगठित मुस्लिम लीग के जबर जवान थे, जो इतनी जल्दी पिघलनेवाले नहीं थे।

जब *अल बशीर* ने अपने पाठकों से 30 अप्रैल, 1900 को, कुछ कर गुज़रने की गुहार की, तो उसमें तंज़ तो बहुत था लेकिन अवध के ऊँचे तबक़े की नज़ाक़त-लताफ़त उसे छू तक नहीं गई थी। इस तहरीर में कहा गया कि "एक वक़्त ऐसा आएगा जब यू.पी. के मुसलमान भीलों और गोंडों जैसी बदतर ज़िन्दगी जिएँगे। काश वे ऐसे दिन देखने से पहले प्लेग से मारे जाएँ ताकि उन कम्बख़्तों की वजह से पाक इस्लाम के नाम पर आँच न आए।"[29]

अवध के ऊँचे तबक़े को अपनी मिली-जुली, गंगा-जमुनी तहज़ीब पर बड़ा नाज़ था—

> वो तहज़ीब जो न पूरी तरह से मुस्लिम थी न हिन्दू, बल्कि जिसका जन्म उन दोनों के अच्छे खाते-पीते वर्गों के संगम से हुआ था। ये तहज़ीब बस कुछ ऊपर के लोगों तक ही सीमित थी, जो अलग-अलग

समुदाय-सम्प्रदाय से आते थे। ये समाज पर इस तरह तैर रहे थे जैसे पानी पर तेल की परत...और जिसे नए ज़माने में नीचे से उठते हुए आम लोगों के वलवलों में ग़र्क़ होना ही था।[30]

अवध के मशहूर मिले-जुले साझा कल्चर, तथाकथित गंगा-जमुनी सभ्यता को बारम्बार हिन्दी के हिमायतियों के ख़िलाफ़ इस्तेमाल किया गया था। उन्नीसवीं सदी के आख़िर में और बीसवीं सदी की शुरुआत में नागरी/हिन्दी के आन्दोलन करनेवालों को बार-बार आगाह किया गया था कि उनकी कोशिशें तबक़ों के बीच भाईचारे और सहयोग के लिए ख़तरा हैं। सर सैयद ने चेतावनी दी थी कि अगर नागरी/हिन्दी की माँगों को लेकर उर्दू पर बहुत ज़ोर डाला गया तो नतीजे बहुत ख़राब होंगे क्योंकि उर्दू का जन्म सभी तबक़ों और गुटों की साझी बातचीत के चलते हुआ है। तबक़ों में आपसी भाईचारे और अमन के लिए ख़तरे की बात बार-बार मौजूदा स्थिति को बरक़रार रखने के हिमायतियों ने उठाई।[31] कोई हैरत नहीं कि नागरी/हिन्दी की तरफ़ से चुनौती देनेवालों को उस ख़तरे में पड़ी सभ्यता की न तो समझ थी, न ही उसके साथ कोई हमदर्दी। साफ़ तौर पर कहा जाए तो उस चलन के वारिसों की जो मिली-जुली तहज़ीब थी वो उन्हीं के पलड़े भारी होने की रवायत का ही एक रूप था। इसलिए नागरी/हिन्दी के उभरते हुए तबक़े के लिए लाज़िम था कि वे उस स्थापित अवधी तबक़े और उसके 'भाईचारे' को चुनौती दे। ज़ाहिर है कि इतिहास के उस दौर में ये तो होना ही था कि ये उभरता हुआ तबक़ा, तादाद के लिहाज़ से ज़्यादा लोकप्रिय हो।

चूँकि इस मिले-जुले कल्चर की सुहानी यादों में खो जाना बहुत ही आसान है, इसलिए सही होगा कि एक इतिहासकार की बात सुनें जिसकी राय में, इस कल्चर की बुनियाद इससे ज़्यादा और कुछ नहीं थी : "ख़ानदानी बिरादरियों की एकता का इज़हार, उनकी मज़हबी रस्मों से बेरुख़ी, एक साझी लिपि फ़ारसी का जानना, एक ही क़िस्म का पहनावा और कभी-कभार एक-दूसरे के धार्मिक जलसों में शिरकत करना, यानी कि इस साझा हक़ और हित की बिरादरी में जो मज़बूत रिश्ते थे वे धार्मिक रेखाओं से परे थे।"[32] डी.ए.लो. ने इस ऊँचे कल्चर को 'चारे-भूसे का कल्चर' क़रार किया, जो क़तई सूखा हुआ और बिना किसी रस का था। "ये ख़ानदानी तबक़ा बिलकुल खोखला था और क्योंकि बिलकुल खोखला था, इसलिए उसमें कुछ भी ऐसा नहीं था जो परेशान, गम्भीर संजीदा लोगों को आकर्षित कर सके। जब एक बार इस खोखलेपन को चुनौती मिली, तो जल्द ही इसका बेजान होना जगज़ाहिर हो गया।"[33]

ये सच है कि हिन्दुस्तानी/उर्दू को इस 'मिले-जुले कल्चर' का आईना माना जाता

था। मगर जब समाज के उस ढाँचे पर आँच आई जिस पर ये कल्चर टिका था, तो ये भी उतना ही सही है कि उर्दू एक ख़ास फ़िरक़े की पहचान बन गई। ये परेशानी बार-बार पेश आती है : जैसा कि ऊपर ज़िक्र है, हालाँकि सर सैयद उर्दू के देश भर में आम इस्तेमाल से बहुत ख़ुश थे, 1869 में उन्होंने एक ज़ाती ख़त में ये जताया :

> फ़ारसी लिपि में लिखी उर्दू मुसलमानों की निशानी है।[34]

मुस्लिम लीग—जिसने शुरुआती दौर से ही उर्दू की तरफ़दारी में बहुत मसौदे पेश किए, उर्दू के 'राष्ट्रीय' होने के, और उसके एक 'मुस्लिम मसला' होने के, बीच झूलती नज़र आती है। हिन्दी के परम कट्टर प्रचारक/प्रवर्तक चन्द्रबली पांडे इसी परेशानी को इंगित करते हैं :

> उर्दू कहीं मेल-जोल की मिठाई बताई जाती है तो कहीं जिहाद करने के लिए नबी की ज़बान।[35]

आज के उर्दू के हिमायती भी इस दुविधा से बच नहीं पाए हैं :

> उर्दू हमारे लिए सिर्फ़ ज़बान नहीं बल्कि ये हमारी तहज़ीब का नाम है...उर्दू हमारे लिए हमारी तहज़ीब है, हमारा मज़हब है, हमारा माज़ी है और हमारी तारीख़ है... ।[36]

जिस हद तक हमारी जन-भाषा को लेकर फ़िक्र, उसे हिन्दी कहें या उर्दू या फिर हिन्दुस्तानी—और किसी हद तक हमारा सेक्युलरिज़्म भी—इस 'अवधी कल्चर' की हिमायत और हिफ़ाज़त से जुड़ा हुआ है, और उस हद तक, इस बुनियादी जुड़ाव के कारण और उसमें एक शर्मसारी का एहसास जुड़ा रहता है, और जुड़ा रहना चाहिए। यानी कि उसे अवध के ज़मींदारों और उनकी दुनिया से अलग कोई बुनियाद ढूँढ़ना लाज़िमी हो जाता है। बहरहाल, ज़मींदारी की दुनिया सिर्फ़ ज़ुल्मो-सितम की दुनिया नहीं थी जैसा कि उसके बारे में आम तौर पर समझा जाता है। इस दुनिया के साथ 'तहज़ीब और तकल्लुफ़' के कल्चर के लिहाज़ से, कई एक शानदार कामयाबियाँ भी जुड़ी हुई हैं। बल्कि ये भी सच है कि इस दुनिया में अवध के किसान शामिल तो थे ही, ये दुनिया बनी भी उन्हीं की मशक़्क़त से थी। यानी कि जहाँ हम एक तरफ़ ऊँचे तबक़े के सेक्युलरिज़्म की बात करते हैं, वहाँ हम उस अवधी किसान की दुनिया को आधार बनाकर, उनकी मिली-जुली ज़िन्दगियों को आधार बनाकर, एक मज़बूत जन-सेक्युलरिज़्म की बात भी कर सकते हैं।

मगर नागरी/हिन्दी के भद्रलोक की ताक़त के पनपने से जो काँटे का सवाल पैदा होता है वो ये है : "क्या उस ज़मींदारी के निज़ाम और उसकी विरासत में मिली सुखद यादों के संगम से, लोकप्रिय सेक्युलर मानसिकता को (और शायद उर्दू को) छुड़ाया जा सकता है?" राही मासूम रज़ा का उपन्यास, *आधा गाँव* उस कँटीले इलाक़े का क्लासिक सफ़र है, जहाँ समाज में भाईचारे की ख़ुशनुमा यादें, ऊँच-नीच, नाइंसाफ़ी और ज़ुल्म का तारीख़ी अहसास आपस में गुत्थम-गुत्था जुड़े हैं।

ये बात समझ में आती है कि नागरी/हिन्दी के नए भद्रलोक को इस मिले-जुले 'कल्चर' से कोई ख़ास लगाव न था। मगर जब धक्कम-धक्का और मुक्का-मुक्की का दौर आया तो ख़ुद अवध के ऊँचे तबक़े ने भी इससे पल्ला झाड़ लिया। मज़े की बात ये है कि सड़कछाप राजनीति के नुमाइन्दों को—"कट्टर मज़हबी लोगों और आवारा हुड़दंगियों को"—इस अवध के ऊँचे, सम्भ्रान्त तबक़े ने ख़ुद सियासी के मख़्सूस मैदान में आने की दावत दी।[37] ज़ाहिर है कि इन रंगरूटों को जज़्बाती या अमली तौर पर 'मिले-जुले कल्चर' और गंगा-जमुनी तहज़ीब से कुछ भी लेना-देना नहीं था।

बाबू रत्न चन्द्र की 1890 की एक नाटिका 'हिन्दी-उर्दू का नाटक' में उर्दू/मुसलमान चरित्रों के बीच एक ग़ौरतलब बातचीत है। उस जिरह के बीच में भी, जो 'नाटिका' का सार है, एक बूढ़े आदमी बुड्ढे ख़ान को ये याद रहता है कि वो दिन बसन्त का पहला दिन, बसन्त पंचमी का दिन है। वो इस बात को 'ज़माने की ख़ूबी' का हिस्सा समझता है कि उसे पुराने रस्मो-रिवाज की याद रहती है जबकि जवान लोगों के लिए उनकी कोई अहमियत नहीं है। वो समझाता है कि वो इन पुराने रिवाजों को निबाहने के हक़ में है जो उसके विजयी पुरखों ने क़ायम किए थे :

> हमारे बुज़ुर्गों ने इस मुल्क को फ़तह करने के बाद हमारे हिन्दू भाइयों को ख़ुश करने के लिए और आपस में मेल-जोल बढ़ाने के लिए जारी रखना ज़रूरी समझा था। इस बात से कौन इनकार कर सकता है कि जो मोहब्बत इन जलसों के बीच बैठने से बाहम पैदा हो जाती है वो बहुत गहरी होती है।

वो त्योहारों के रिवाज के ख़त्म हो जाने की, और उसकी वजह से मुसलमानों और हिन्दुओं के बीच बढ़ती दूरियों को भला-बुरा कहता है। मगर ग़ौर के क़ाबिल बात ये है कि उसके जवान हम-मज़हब उसके नज़रिए से पूरी तरह गुरेज़ करते हैं :

देखिए जनाब को...इस सत्तर बरस की उमर में बसन्त की तैयारी की कैसी याद रही। रोज़े-नमाज़ की याद तो हर रोज़ भूल जाती है। परन्तु इस बसन्त में उर्दू बीबी का गाना सुनने की याद कभी नहीं भूलती।

आज हम जब इतिहास पर नज़र डालते हैं तब हमें समझ में आता है कि इन कट्टर रंगरूटों को सियासत के मैदान में दावत किए जाने के नतीजे, उन भले आदमियों के क़ाबू ही नहीं बल्कि तसव्वुर से बाहर निकल गए, जिन्होंने इसकी पहल की थी। आयशा जलाल और अनिल सील ने इस बारे में ये कहा है :

> यू.पी. के हालात में, जब तक फ़िरक़ापरस्ती का पत्ता ऊँचे तबक़े के मुसलमानों और उनके गवर्नमेंट हाउस और कौन्सिल चेम्बर में आक़ाओं के बीच खेला जा रहा था, वो एक ऊँचा पत्ता था। मगर वही पत्ता क़ाबू से बाहर हो गया जब उसे ज़मीन की ख़तरनाक सच्चाइयों में खेला गया।[38]

इतिहास को आज की नज़र से देखने में एक ख़तरा रहता है। ऐसा करने में, किन्हीं कोशिशों और आन्दोलनों के तबाही मचानेवाले नतीजों का सारा 'इल्ज़ाम' उनके सरदारों पर डाल दिया जाता है। मसलन, हम मुस्लिम लीग के ऊँचे तबक़े के सरपरस्तों को इल्ज़ाम देते हैं कि नागरी/हिन्दी की मुख़ालफ़त में, वो एक सख़्त नज़रिए पर सवार लगते थे जिन्होंने उन्हें पाकिस्तान तक खदेड़ दिया। मुश्किल भले ही लगे, लेकिन शायद यही ठीक है कि हम उस शुरुआती दौर के लोगों को माफ़ करें, जो बेचारे इस इतिहास को समय के प्रवाह के साथ जी रहे थे, भविष्य की जानकारी के साथ नहीं। लेकिन यूँ ही हमें उन हिन्दी नागरी के अगुओं को भी माफ़ करना चाहिए जिनकी शुरुआती कोशिश भी मासूम ही थी—अंग्रेज़ी राज के शासन तंत्र में अपने लिए जगह बनाना। ज़ाहिर है, उनके भी नतीजे ऐसे निकले जो मेरी नज़र में निःसंकोच निन्दनीय हैं।

मैं तो और भी आगे ये कहना चाहता हूँ कि हिन्दी नागरी का पक्षधर आन्दोलनी तबक़ा—हिन्दी प्रदेश का हिन्दू सवर्ण मध्यवर्ग—ख़ुद इस आन्दोलन की ही उपज है। इनका ज़हरीला एजेंडा, जिसे ग़लतफ़हमी में हिन्दी-हिन्दू-हिन्दुस्तान के नारे से चिह्नित माना जाता है—ख़ुद इसी आन्दोलन और उसकी अन्दरूनी ज़रूरतों और मजबूरियों में रूप लेता है। इस ज़हरीले एजेंडा और उससे जुड़े-पनपे कल्चर की ऐतिहासिकता पर ज़ोर देने से मेरा उद्देश्य क़तई उस तबक़े को दोषी ठहराना या बरी करना नहीं है जिसने इस सारे इतिहास को गति दी। वैसे भी ऐसे मामलों में ये पता लगाने की दारोग़ाई कोशिश कि असल शुरुआत किसने की, बेकार ही रहती है।

असल तलाश तो ऐतिहासिक प्रक्रिया या ज़मीन की रहती है, जिसकी बिना पर हम हिन्दी के सवाल से उभरते-जुड़ते कल्चर के एजेंडा को—यानी हिन्दी राष्ट्रवाद और फिर हिन्दू राष्ट्रवाद को—समझ सकें।

अगर वो न करें तब तो सिर्फ़ एक विकल्प रह जाता है—मैकियावेली की तर्ज़ पर एक नितान्त घातक साज़िश की शिनाख़्त जिसका परम दोषी खलनायक तो एक ही हो सकता है—चुटियाधारी, शरारती ब्राह्मण!

5

# हीरो हैं ये

> ...हीरो इसलिए क्योंकि उन्होंने अपनी मुहिमों और इरादों को न सिर्फ़ मौजूदा निज़ाम की शान्त तरतीब के धारे में पाया है, मगर एक सोते से जिसकी थाह अनदेखी है और जिसका फ़िलहाल कोई वजूद नहीं है, जिसकी लहर अभी ज़मीन के नीचे है, बाहरी दुनिया में आने के लिए हिलोरें मारती हुई, फूटने को है...
>
> (हेगेल, *इंट्रोडक्शन टु द फ़िलॉसफ़ी ऑफ़ हिस्टरी*)

1840 के दशक में डॉ. जे.आर. बैलेंटाइन बनारस कॉलेज के प्रिंसिपल थे। 1846-47 की अपनी रिपोर्ट में शिक्षा विभाग ने डॉ. बैलेंटाइन की उन अनेक कोशिशों का ज़िक्र किया है जो उन्होंने अपने छात्रों की हिन्दी शैली में 'सुधार' के लिए कीं। ऐसा लगता है कि इन कोशिशों के नतीजे उनकी मर्ज़ी के मुताबिक़ न होने से झल्ला कर उन्होंने अपने छात्रों से इस सवाल पर निबन्ध लिखने को कहा कि "तुम अपनी रोज़मर्रा की भाषा के कल्चर से इतनी नफ़रत क्यों करते हो—यानी उस एक अकेली भाषा से जिसे तुम्हारी माँ-बहनें समझती हैं?" छात्र समझ नहीं पाए कि डॉ. बैलेंटाइन क्या कहना चाह रहे थे। अपने समूह की तरफ़ से एक छात्र ने जवाब दिया :

> हम समझ नहीं पा रहे हैं कि आप यूरोपवासियों का हिन्दी शब्द से क्या मतलब है। हमारी राय में सैकड़ों ऐसी बोलियाँ हैं जो हिन्दी के नाम से पुकारी जा सकती हैं, जिनमें संस्कृत भाषा जैसे तयशुदा मानक नहीं हैं। अगर हिन्दी को 'मुसलमान' शब्दों से अलग करना हिन्दी को 'शुद्ध' करना है तो हमें फ़ारसी और अरबी पढ़कर मालूम करना होगा कि हमारी रोज़मर्रा की बोलचाल में कौन-से शब्द अरबी या फ़ारसी के हैं और कौन से हिन्दी। फ़िलहाल हम अपनी जानकारी के मुताबिक़ सिर्फ़ यही बता सकते हैं कि कोई हिन्दी का शब्द संस्कृत का है या नहीं। लेकिन अगर संस्कृत का नहीं है तो वो अरबी या पुर्तगाली का

> है, हमें नहीं मालूम। गाँवों में भी अंग्रेज़ी शब्द अरबी और फ़ारसी की तरह ही अपना लिये गए हैं। और जिस भाषा को आप हिन्दी कहते हैं, आनेवाले समय में किसी नई करवट में उर्दू में मिल जाएगी...और हमारी नज़र में ये कोई अफ़सोस की वजह नहीं हैं।[1]

लेकिन डॉ. बैलेंटाइन के दिमाग़ में कुछ और ही बात थी। उन्होंने छात्र को झाड़ते हुए कहा :

> उनका और उनके साथी पंडितों का फ़र्ज़ है कि वे राष्ट्रीय भाषा की रचना का काम गाँव वालों पर न छोड़ें, बल्कि कोशिश करें कि उसे बोलियों के बहुरंगी ढंग से छुटकारा मिले—ऐसा आदर्श साहित्य पैदा करके जिसमें व्याकरण और लिखने के ढंग एकरूप हों; बनारस के पंडित अगर अपने शहर की गरिमा को महत्ता देते हैं तो उन्हें ऐसी किताबें लिखनी होंगी जो देशवासियों का ध्यान अपनी तरफ़ खींचें और उनकी पसन्द बनें।

(असलियत तो ये है कि न तो भोजपुरी और न ही उसका ख़ास बनारसी रूप कभी भी देश के मंच पर कल्चर की बड़ी भूमिका निबाहने के दावेदार बने जिसकी पैरवी बैलेंटाइन कर रहे थे, मगर इस नादानी ने उनके जोश को किसी तरह कम नहीं किया।) बैलेंटाइन का सुझाव वाक़ई युगान्तरकारी 'हेरोइक' आकांक्षा की अभिव्यक्ति था, जिसके तहत न सिर्फ़ बड़े पैमाने पर एक भाषा को बल्कि एक नई समझ और मानसिकता को पैदा करने की माँग की गई थी।

हालाँकि डॉ. बैलेंटाइन के छात्र उनकी यह चुनौती स्वीकार करने में झिझक रहे थे, मगर बनारस और इलाहाबाद में अगली ही पीढ़ी के कई अनूठे लोगों के एक तबक़े ने मानो एक अजन्मी चेतना और कल्चर को लोगों में, उन लोगों में जो आधुनिक हिन्दी की चेतना के वाहक और कर्णधार बने, पैदा करने का बीड़ा उठाया।

जैसा मैंने पहले भी कहा है, ये वर्ग—प्रणेता, वाहक, कर्णधार सब—ख़ुद एक ऐतिहासिक प्रक्रिया में, इतिहास बनाता भी है, और उसी इतिहास द्वारा बनाया भी जाता है। कचहरी लिपि आन्दोलन के मूल में तो एक प्रायः छोटा-सा वर्ग है जो अपने असन्तोष और अपनी महत्त्वाकांक्षा से प्रेरित है—लेकिन आन्दोलन की अपनी कठिनाई और खीझ और ज़रूरत ही वो बड़ा जनसमूह पहले गठित करने और फिर पेश करने के लिए मजबूर करती है। लेकिन इस जनसमूह—वाहक और कर्णधार—इस तबक़े को सही भाषा के साथ-साथ सही पहचान और स्व-चेतना की भी ज़रूरत थी, ताकि वो पूरे अर्थ में एक 'स्वचेतन वर्ग' बन सके।

बात पेचीदा है। आधुनिक हिन्दी से जुड़कर जो वर्ग और जो चेतना बनती है, उसकी जड़ में महज़ मैक्डॉनेल साहब के ऑर्डर का कर्ज़न द्वारा 'संशोधन'— भले ही वो शरारत या लापरवाही के कारण हुआ हो—काफ़ी नहीं है। और न ही उन्नीसवीं सदी के शिक्षा विभाग की ग़लतियाँ काफ़ी हैं। इस ऐतिहासिक प्रक्रिया और परिघटना की जड़ें बहुत गहरी हैं—उलझी हुई हैं। मसलन, आधुनिक हिन्दी के बनने-बनाने की कहानी आर्य समाज के बारे में बात किए बग़ैर कही ही नहीं जा सकती। आर्य समाज बुनियादी तौर पर एक हिन्दू समाज का सुधार आन्दोलन था : सभी क्षेत्रों में—भले ही हमें ये कोशिश सिरफिरी क्यों न लगे—'वैदिक श्रेष्ठता' वापिस लाने के लिए कटिबद्ध। आर्य समाज के संस्थापक दयानन्द सरस्वती गुजराती थे, लेकिन अधिकतर काम पंजाब में किया। बेशक इसीलिए आर्यसमाज का ज़्यादातर काम उर्दू में हुआ, इसके बावजूद कि दयानन्द ख़ुद संस्कृत के हिमायती ही नहीं, विद्वान भी थे। बहरहाल, दयानन्द सरस्वती को संस्कृत के बजाय हिन्दी अपनाने के लिए मनाया गया। ऐसे माहौल के बीच उपजी हिन्दी भाषा, धीरे-धीरे उर्दू से दूर होते हुए, संस्कृतमय 'हिन्दी' होती चली गई।

आर्य समाज की शिरकत का एक और अहम पहलू भी है। सनातनी धारा वालों ने आर्य समाज के समाज-सुधार में उठाए क़दमों की मुख़ालफ़त की और आख़िरकर बंगाली स्वामी ज्ञानानंद के जतनों से सनातन-धर्म महामंडल नामक एक चोटी की संस्था बनी। इस मज़हबी जद्दोजहद की तेज़ी के चलते बहुत-कुछ छापा गया और कहा गया। जिस हिन्दी में ऐसा हुआ वो दकियानूसीपन और दक्षिणपंथी आग्रह से अछूती नहीं रह सकती थी। हिन्दू समाज में भले ही उतना 'सुधार' न आया हो जितना कि आर्य समाज ने सोचा था, मगर हिन्दी भाषा में ज़रूर आया।[2] आर्य समाज ने अपने स्कूलों में हिन्दी को लाज़िमी विषय बना दिया; लड़कियों के लिए शिक्षा का माध्यम ही हिन्दी बना दिया,[3] 'हिन्दू रिवाइवलिज़्म ऐंड द मेकिंग ऑफ़ मॉर्डन हिन्दी' नाम के अपने निबन्ध में कृष्ण कुमार कहते हैं कि नागरी प्रचारिणी सभा के गठन में आर्य समाज की भूमिका अहम थी।[4]

जिन नाना कारणों और हठों ने आधुनिक 'हिन्दी' की ईजाद को बढ़ावा और रूप दिया, उन्होंने हिन्दी की ईजाद में ऐसे गुल भी खिलाए जिनके बारे में अगुओं ने सोचा भी नहीं था। हिन्दी की अनगढ़ चेतना को मूर्त रूप देना वास्तव में, कोई माने न माने, ऐतिहासिक, पूरे रूप से हेरोइक, काम था। ज़ाहिर है इस गढ़ने की प्रक्रिया में और भी बहुत कुछ, चाहा-अनचाहा, गढ़ता गया।

वैसे बीसवीं सदी के शुरू के हिन्दी-उर्दू विवाद में इतनी धाराएँ मिलती हैं—और इससे इतनी धाराएँ फूटती हैं—कि लगने लगता है कि जो कुछ हुआ वो तो होना ही था—जैसे उसे अंजाम देनेवाले कर्ता वास्तव में कर्ता थे ही नहीं, वो तो मात्र निमित्त थे, इतिहास की भट्टी में पके औज़ार मात्र। इसी तरह से ये भी लगता है कि आधुनिक हिन्दी की जो शक्ल बनी उस पर भी, जाने-अनजाने, उस लम्बी मुठभेड़ के साये हैं। यही बात 'पुरानी हिन्दी' के एक जाने-माने विद्वान ने कही, कि अगर यह भारी-भरकम विवाद न खड़ा हुआ होता, या खड़ा न किया जाता, तो निश्चित रूप से हिन्दी देश भाषा—वो राष्ट्रभाषा शब्द का प्रयोग नहीं करते—बन ही गई होती। झगड़ों ने सूरत बिगाड़ी न होती तो हिन्दी 'देश भाषा' बन ही जाती :

> यदि छापाख़ाना, प्रान्तीय अभियान, मुसलमानों का फ़ारसी लिपि का आग्रह और नया प्रान्तीय उद्‌बोधन न होता तो हिन्दी अनायास ही देश भाषा बने जा रही थी। अधिक छपने-छापने और झगड़ों ने भी इसकी गति को रोका...[5]

अक्सर हम इस बदलाव के सिलसिले का यूँ बखान करते हैं कि ऐसा तो होना ही था, अनिर्वायत:—क्या हिन्दी, क्या उर्दू, दोनों एक ही ऐतिहासिक पल और वैयाकरणिक ढाँचे में बनी और बँधी एक दूजे की अनचाही सही मगर पूरक भी हैं, एक-दूसरे की निरन्तर और भोंडी नक़ल उतारने के लिए मजबूर—और एक-दूसरे से चाहे जितनी दूर जाएँ या जाना चाहें, हमेशा एक-दूसरे से बँधी, एक-दूसरे की बन्दी रहेंगी। ये सच भी है लेकिन इस वृत्तान्त में फिर कुछ है जो नजरअन्दाज़ हो जाता है।

यानी कि हिन्दी की, और उर्दू की कहानी एक-दूसरे से नथी-गुँथी हुई होने के साथ-साथ कुछ अपनी आन्तरिक गति से भी चलती है। इसका एक मतलब ये निकलता है कि हम कितनी ही बारीकी और सहानुभूति से एक की कहानी कहें, दूसरी की कहानी फिर भी कुछ न कुछ अलग बनी रहती है।

हिन्दी और उर्दू दोनों ही धारों में अलग-अलग रवानी है। कच्चे धागों से बँधे हुए होने के बावजूद, एक की कहानी दूसरे से अलग भी है। फ्रासेस प्रिचेट ने आधुनिक उर्दू भाषा की तामीर के अहम वक़्त के बारे में लिखा है, ये वह वक़्त है जब मोहम्मद हुसैन आज़ाद की *आबे-हयात* और हाली के *मुसद्दस*

छपे। आधुनिक उर्दू अदब की ये दोनों असरदार किताबें पुराने उर्दू अदब पर पैनी नज़र भी डालती हैं और नए अदब के लिए रास्ता भी तय करती हैं—इनका मुक़ाम नई सुबह की तरह देखा गया है जो नए दौर की राह रौशन करती है। हिन्दी के भारतेन्दु की तरह ये आज की उर्दू के राहबर के रूप में मौजूद है। लेकिन फिर भी इनमें अहम फ़र्क़ है जो मैं फ्रांसिस प्रिचेट की उर्दू वाली किताब पढ़के समझा हूँ, सो उसी के हवाले से हिन्दी के बारे में अपनी बात रखूँगा।[6]

हालाँकि आज़ाद और हाली को इस बात का अहसास था कि वे ही नई उर्दू के रहनुमा हैं, उनका काम दो उलटी दिशाओं की तेज़ धाराओं की भँवर में फँसा है। वो हिन्दोस्तान था जिसने 1857 में परचम लहराया था और अंग्रेज़ उसी 'पुराने हिन्दोस्तान' को जड़ से उखाड़ फेंकने के लिए कमर कस चुके थे। ये सरासर नामुमकिन है कि अंग्रेज़ों की बदले की करतूतों की जड़ में कोई सांस्कृतिक या सभ्यता-सम्बन्धी प्रयोजन रहा हो—लेकिन ये भी सच है कि उनकी दरिन्दाना दहशत ने वास्तव में एक ऐसी खाई पैदा कर दी, सभ्यता के स्तर पर एक ऐसा अँधेरा, जो साल दर साल गहराता ही गया। इस हिंसा की तुलना उस हिंसा से की जा सकती है जो हिटलरी जर्मनी ने यहूदियों पे बरपा की जिसने यूरोप की यहूदी बिरादरी की पुरानी दुनिया के नामोनिशान छोड़े तो वे सिर्फ़ मुट्ठी भर बचे बुज़ुर्गों की यादों में। उन मुक़ामों के, इदारों के, और रिश्तों के ताने-बाने जिन पे वो टिके थे, चिथड़े-चिथड़े हो गए। ये सब हम यहूदियों पर बरपाए कहर से तो पहचानते हैं लेकिन इस सन्दर्भ में जब हम 1857 के बारे में सोचते हैं तो एक अहम फ़र्क़ नज़र आता है।

यूँ लगता है मानो नाज़ी जर्मनी ने जंग जीत ली हो। 1857 के बाद, न तो कोई न्युरेम्बर्ग था, न कोई पछतावा, न 'इंसाफ़' और न ही कोई इज़राइल। मज़लूम को ज़ालिमों के साथ, ज़ालिमों की हुकूमत में रहने की सज़ा भी मिली, और 1857 में जो कुछ भी हुआ, उसका 'इल्ज़ाम' भी मज़लूमों को ही झेलना पड़ा। विजयी अंग्रेज़ तो सारी भलाई, प्रगति और आधुनिकता के नुमाइन्दे-भर थे। और ये भी लाज़िमी था कि हारे हुए लोग अगले कई दशक तक विजेताओं को दाद देते रहें और लड़ाई ठानने के दुस्साहस के लिए पछतावे जताते रहें। इस पछतावे में पूरी आधी सदी लग गई, 1857 की सामूहिक स्मृति को दुर्घटना से कुछ मिले-जुले गर्व का निशान बनाने में। रामविलास शर्मा का 1857 को नए ज़माने का देसी और इंक़लाबी बदलाव कहना, यानी नवजागरण की प्रभावशाली अवधारणा, हाल की बात है।[7]

1857 के बाद के हालात को समझने के लिए अंग्रेज़ों के हैरतअंगेज़ दमन को समझना तो ज़रूरी है ही। लेकिन साथ-साथ ये भी समझना ज़रूरी है कि

उसके बाद लम्बे समय तक ग़दर ही नहीं बल्कि उस दमन की स्मृति तक को दबाए रखा गया।

मगर इस जबरन चुप्पी की संस्कृति और तहज़ीब को क्या क़ीमत चुकानी पड़ी? क्योंकि ज़ुल्म करनेवालों का नाम तक नहीं लिया जा सकता था, इसलिए ज़ुल्म के शिकार लोगों का अपने ऊपर ही की गई हिंसा को 'मंज़ूरी' दे देना, उसे कुछ हद तक सही और वाजिब मान लेना ही इकलौता रास्ता था। जिस पुरानी दुनिया को अंग्रेज़ों ने तहस-नहस कर दिया था, उसको ख़ुद भी धिक्कार देने के सिवा कोई दूसरा रास्ता ही नहीं था। क्योंकि अगर वो पुराना हिन्दुस्तान वास्तव में वैसा घटिया और खोखला नहीं था, जैसा अंग्रेज़ उसे कहते थे, तो उस हिन्दुस्तान के बेचारे, असहाय वारिसों की क्या गति बनती? यानी कि अंग्रेज़ों द्वारा की गई हिंसा को पचा पाने का एकमात्र तरीक़ा ये था कि उस हिंसा को किसी न किसी रूप में जारी रखा जाए। यही एक तरक़ीब थी जो अंग्रेज़ों को भी बरी कर सकती थी—वैसे उन पर तो उँगली उठाना भी वर्जित था—और साथ ही साथ अपने आप को भी नपुंसक, इतिहास की गति से पराजित लोग मानकर, कुछ न करने और कर सकने के दोष से बरी कर सकते थे।

आज़ाद और हाली में, बल्कि उर्दू की सोच में ही, इन हालात ने नाउम्मीदी और गहरी उदासी की शक्ल ली। लेकिन इस हार, और इस पेचीदा समझौते की भारी क़ीमत चुकानी पड़ी। इसके नतीजों के साये गहरे और लम्बे थे : गुज़रे ज़माने और पुरानी यादों की ऐसी ललक जिसे सियासती दुनिया में मुग़लिया शान और शौकत की हवस से जोड़कर देखा जा सकता था, लेकिन इसकी जड़ में था तो बस एक गहरा पराजय बोध—हारने, हराए जाने, सब कुछ खो देने का गहरा अवसाद। अगर इसी बात को दो-टूक शब्दों में कहा जाए, तो आज़ाद और हाली के लिए, तहज़ीब का ठिकाना तो 1857 से पहले की दुनिया में ही था, लेकिन यह बात खुलकर कही तो क्या, सोची भी नहीं जा सकती थी। ये बेचारे इसी विडम्बना के मारे हुए हैं। तहज़ीब की क़द्र की बुनियाद, और उसके कमज़ोर हो जाने और हार का सबब, इन्हें एक-दूसरे से जुदा करके देखा ही नहीं जा सकता था।

1857 के बाद की हिन्दी-हिन्दू की जो धारा निकलती है, और इसकी जो अलग कहानी बनती है, वो किन्हीं मायनों में तो इससे मिलती-जुलती है, लेकिन, कुछ अहम मामलों में बिलकुल अलग भी है। दोनों में सभ्यता के टूटने-बिखरने का अनुभव एक है—और तोड़ने-बिखेरनेवालों के सामने सर झुकाने की मजबूरी भी। फिर दोनों ही अपनी सभ्यता के प्रति अंग्रेज़ हुक्मरानों की राय भी स्वीकार करते हैं—उस राय के बोझ से अपनी अहमियत पे भरोसा खो देते हैं। (राममोहन

राय और डिरॉज़ियो जैसे भारतीय आधुनिकता के प्रतीकों की साहसी और उन्मुक्त चेतना की तुलना करें तो बात स्पष्ट हो जाएगी।) मज़ाक़ है कि इस सबका एक नतीजा ये है कि मोटे तौर पर हिन्दी का 1857 से पहले की दुनिया के प्रति नज़रिया उर्दू के तरक़्क़ीपसन्द कल्चर के अगुओं आज़ाद और हाली के नज़रिए से, मेल खाता है—तक़रीबन हर्फ़-ब-हर्फ़। फिर भी, हिन्दी और उर्दू के अगुओं के लिए नाटक अलग-अलग तरीक़े से खेला जाता है। आज़ाद और हाली तो इस मजबूरी में उलझे हैं कि वो सब जो वाजिब और मूल्यवान लगता है, और वो भी जो घटिया और पिटा-पिटाया है, दोनों एक ही जगह पाए जाते हैं—1857 के पहले की दुनिया में। इसके बरअक्स, नागरी-हिन्दी के चिन्तक और अगुआ दूसरा हल निकालते हैं, यानी कि इनके लिए, वर्तमान पराजय का दोष अंग्रेज़ और उनके विधान पर तो लगाया नहीं जा सकता है, लेकिन उन्हीं अंग्रेज़ों की नक़ल में, उन्हीं के साथ साँठ-गाँठ कर, सारा दोष 'मुस्लिम शासन के सदियों लम्बे दमन' पर थोप दिया जाता है। ये मुमकिन है कि ये कहानी, ये दन्तकथा, अवध के परिप्रेक्ष्य में प्रवासी बंगाली भद्रलोक लाए हों, लेकिन इस ज़मीन में जहाँ, यूँ भी ज़मींदारी—और वो भी ज़्यादातर मुस्लिम ज़मींदारों की ज़मींदारी—का बोलबाला था, वो कहानी ख़ूब-ख़ूब फली-फूली। यहाँ वो तथाकथित 'ज़ुल्मो-सितम' सिर्फ़ ख़याली नहीं थे।

इसने अंग्रेज़ हुक्मरानों के राज को इतिहास की नज़र में सही दिखाने का काम तो किया ही, और साथ ही साथ हिन्दी-हिन्दू बुद्धिजीवियों और चिन्तकों को एक सम्बल दिया जिसका इस्तेमाल वर्तमान दुर्गति को समझने-समझाने के लिए किया जा सकता था—और ख़ूब किया भी गया—वर्तमान दुर्गति भी और उसी के साथ 1857 की जनक्रान्ति और उसके ख़ौफ़नाक दमन की हड़बड़ी में विस्मृत यादें भी। फिर, कुछ इसी दौर में, विदेशी विद्वानों ने प्राचीन भारत और उसकी सांस्कृतिक उपलब्धियों की चर्चा शुरू की—सो इसका भी असर यही हुआ कि 1857 के बाद जो 'मुस्लिम निन्दा' की प्रवृत्ति बन रही थी, वो और मज़बूत बन गई। यानी कि हिन्दी-हिन्दू चिन्तकों ने इतिहास-जनित समस्या का जो सांस्कृतिक हल निकाला उसमें वो गहरा अन्तर्विरोध नहीं था, वो तनाव और ख़ुद को दोषी ठहराने का भाव जो मुसलमान चिन्तकों को खाए जा रहा था। हिन्दी-हिन्दू अगुओं के लिए सभ्यता की ख़ूबियाँ और उसकी हार की वजह की जगहें अलग-अलग हैं—एक-दूसरे से अलग और वहाँ से भी अलग जहाँ वो उर्दू-मुसलमान अगुओं के लिए पाई जाती हैं। कहीं डरे, कहीं ललचाए, और सभी जगह अपने से भारी ताक़त के सामने मजबूर, हिन्दू-मुसलमान दोनों ही अंग्रेज़ और उसकी तहज़ीब के आगे झुकते हैं। लेकिन इन दोनों के लिए इससे

बच पाने के साधन अलग-अलग जगह पाए जाते हैं। फिर भी, मुसलमानों की बनिस्बत हिन्दी-हिन्दू अंग्रेज़ों के साथ ज़्यादा आसानी से समझौता कर पाते हैं : वो अपने आप को हाल में हुई हार से तो अलग कर पाते हैं—लेकिन क़ीमत भारी है। मजबूरन, वो पिछली सदियों की सांस्कृतिक विरासत को एक हज़ार साल की सांस्कृतिक हार और ग़ुलामी में तब्दील कर देते हैं।

इस तब्दीली और 'सांस्कृतिक हार' की कहानी में यक़ीन करने के लिए सच्चाई के साथ काफी उठा-पटक करनी पड़ती है, ऐतिहासिक रिकॉर्ड बहलाना और झुठलाना पड़ता है। तब कहीं जाकर "हज़ार साल की मुस्लिम तानाशाही और ग़ुलामी की कहानी" थोड़ा टिक पाती है। इसी के आधार पर श्रीनारायण चतुर्वेदी बेफ़िक्र फ़रमाते हैं :

> मुस्लिम काल में हिन्दू भारत एक बन्द कोठरी की तरह था।[8]

फिर ठीक जैसा अपेक्षित है, वो 19वीं सदी के हिन्दी आन्दोलन को हिन्दू नवजागरण से जोड़ते हैं और दोनों का सम्बन्ध मुग़ल शासन के ढह जाने से जोड़ते हैं। बस थोड़ी-सी दिक़्क़त है—क्योंकि मुग़ल शासन के लोप और उन्नीसवीं सदी के उत्तरार्ध के बीच कई शताब्दियाँ बीत जाती हैं। और ये दिक़्क़त इस बात से और भी मुश्किल पैदा करती है कि 'मुसलमानों का अत्याचार का काल' ही हिन्दी की वांछित परम्परा की सबसे बड़ी उपलब्धियों का काल भी है—सूरदास, कबीर, तुलसी!

लाला सीताराम को मजबूरन एक अजीब इत्तेफ़ाक़, एक 'विचित्र संयोग' स्वीकार करना पड़ा, "ये एक विचित्र संयोग था जिसे दैव-संयोग कहना ही ठीक होगा कि हिन्दी पद्य-साहित्य का उत्थान उसी समय से हुआ जबसे मुसलमानों ने हिन्दोस्तान पर अपना आतंक जमाना आरम्भ किया। आगे मुसलमान बादशाहों की उन्नति के उच्चतम शिखर पर पहुँचने के समय...हिन्दी कविता भी उच्चतम शिखर पर पहुँच रही थी।"[9]

'विचित्र संयोग' जो हो सो हो, हम फिर उसी त्रिपक्षी इतिहास के दायरे में अपने आप को बँधा पाते हैं : सुनहरा प्राचीन काल; मध्यकालीन अँधेरा और फिर आधुनिक काल में, क्या कहने, ख़ुद हम! ज़ाहिर है, इस रूपरेखा की जड़ में यूरोपीय इतिहास की रूपरेखा है—हालाँकि वहाँ भी विद्वान उस पर फिर विचार कर रहे हैं। लेकिन हिन्दुस्तान में तो वो बहुत मायनों में कारगर है, उपयोगी है।

ये एक ही चाल में मुसलमान को शैतानी छवि दे देता है। फिर पूरे अन्धकारमय, अत्याचार से प्रताड़ित 'मध्यकाल' के बोझ से दबा हुआ वो बेचारा वर्तमान काल में अपने अधिकार पाने की नाकाम कोशिश करता है। और दूसरी तरफ़ हिन्दू

बुद्धिजीवी को इतिहास और यथार्थ दोनों ही के बोझ से मुक्त कर देता है ताकि वे निर्बाध अपनी सांस्कृतिक परम्परा के बारे में कहानियाँ गढ़ सकें। सच तो ये है कि इतिहास के यूँ तीन हिस्सों में बाँटे जाने की तरतीब ही बेबुनियाद है। मसलन, मध्यकाल 'अँधेरा-युग' नहीं था, बल्कि पिछड़ेपन और बेबसी के काल से बहुत दूर, ऐसा काल था जो संस्कृति और दानिशमन्दी की शानदार ऊँचाइयों से सजा हुआ था। मगर आज की बिगड़ी हुई नीयत और मानसिकता को इस तीन हिस्सों में बँटी तरतीब से जो ख़ुराक मिलती है वो इतिहास की कोरी सच्चाई कभी नहीं दे सकती।[10]

आधुनिक हिन्दी बनने/बनाने की प्रक्रिया पर कई चीज़ों के असर काम कर रहे थे, लेकिन बेशक सबसे अहम असर तो उर्दू के साथ उसकी कशमकश का ही था। शायद इसके नतीजों में सबसे ज़्यादा दूर तक साया डालनेवाला असर वो था, जिसे सामाजिक हैसियत, शजरे और ख़ानदान की फ़िक्र ही कहा जा सकता था। आख़िर अवध में तो उर्दू ख़ानदानी लोगों की ज़बान थी—और ऊपर से उर्दू के नुमाइन्दों ने शुरुआती दौर की बहस में ये भी जड़ दिया था कि हिन्दी भाषा तो है ही नहीं, वो तो निचले तबक़ों की बोली भर है।

वैसे सच तो ये भी है कि इस तरह की बेचैनी उर्दू से भी बुनियादी तौर पर वाबस्ता थी। उर्दू का अपने आप को ख़ालिस और ख़ास मानने की फ़ितरत में बहुत उलझाव है—मसलन ऊँची नाक बनाए रखने के लिए उर्दू को मामूली भाषा से अलग कर देखने की ही कोशिश नहीं, बल्कि फ़ारसी से भी अलग करके देखे जाने की मंशा भी शामिल है। फ़ारसी, हिन्दोस्तानी फ़ारसी (सबक़े-हिन्दी) और उर्दू के आपसी रिश्ते बहुत उलझे हुए हैं और बदलते रहे हैं। मुज़फ़्फ़र आलम एक क़िस्सा बताते हैं जो, मुख़्तसर में, शायद इसी उलझाव की तरफ़ इशारा करता है। उत्तर भारत से आए सरकारी मुलाज़िमों ने ये तजवीज़ रखी कि हैदराबाद में निज़ाम के दफ़्तर फ़ारसी की जगह उर्दू को अपनाएँ। वज़ीर सालारजंग ने इस तजवीज़ को ग़ुस्सा हो के ठुकरा दिया : "फ़ारसी ज़बान मुसलमानों की जीत की नुमाइन्दगी करती है...अपने मुल्क में इस निशान को तबाह करके, आप लोग अब यहाँ भी अँधेरा फैलाना चाहते हैं?"[11] गोया फ़ारसी गुज़िश्ता शान की निशान है, मगर ये बात भी उतनी ही अहम है कि इस नज़रिए से उर्दू उत्तर भारत वालों की 'गिरावट' और कल्चर में समझौते का छिपा हुआ निशान है। वैसे, वक़्त के गुज़रने के साथ उर्दू, ख़ुद फ़ारसीशुदा और अरबीशुदा हो जाती है, और मुसलमानों को अपने कल्चर पर ग़ुरूर की पहचान बन जाती है। हिन्दी

संस्कृतमय उर्दू के फ़ारसीशुदा होने की वजह से हुई या संस्कृतमय हिन्दी की वजह से उर्दू फ़ारसीशुदा हुई—ये उठापटक चलती ही चली जाती है। और इस उठापटक में दोनों भाषाओं के बँटवारे, और फिर स्वायत्त बनने की प्रक्रिया अदृश्य होने लगती है, और हिन्दी का संस्कृतीकरण और उर्दू में फ़ारसी का लादा जाना ये एक-दूसरे के अक्स भर बन के रह जाते हैं।

वली का 1700 में दिल्ली का सफ़र शायद उर्दू की अलहदगी के अहसास का एक यादगार वक़्त है। वली दक्खनी बीच की जन बोली हिन्दवी के जाने-माने शायर थे। कहा जाता है कि एक छोटे-मोटे शायर गुलशन ने उन्हें राय दी कि वो फ़ारसी जैसी पुख़्ता ज़बान का इस्तेमाल करके ऊँचा दर्जा हासिल करें। वली उसकी बात मानकर जब अपने शहर औरंगाबाद आते हैं तो अपनी देसी बोल को छोड़कर, फ़ारसीशुदा ज़बान में शायरी करते हैं, और जब उनका दीवान 1720 में आता है, वे दिल्ली की ऊँची अदबी मजलिस में हलचल मचा देते हैं। सबूतों पर जाएँ तो ये क़िस्सा ग़लत ही लगता है।[12] मगर सबूत हो न हो, इस ख़याली वाक़ये की अहमियत पर भी कोई असर नहीं पड़ता—उर्दू वाले इसे फ़ख़्र के साथ बयान करते हैं, और हिन्दी संस्कार को वो गाली के जैसा लगता है।

फिर भी अच्छा रहेगा कि वे बातें जिन पर कोई झगड़ा नहीं है एक बार कह ही दी जाएँ। 1772 में शाह आलम के दिल्ली के लाल क़िले में आने के बाद, उर्दू तक़रीबन सत्ता की ज़बान बन गई। वैसे शाह आलम ख़ुद के पास ज़्यादा ताक़त नहीं थी—उसको ग़ुलाम कादिर ने 1788 में अंधा करके गद्दी से उतार फेंका और, कुछ महीनों बाद, मराठों ने उसे "फिर गद्दी पर बैठा दिया।" यानी कि बात उर्दूवाले कहें या उर्दू-विरोधी, लेकिन उर्दू को सत्ता से जोड़कर देखना काफ़ी मुश्किल है। वैसे ये सही है कि अट्ठारहवीं सदी के आख़िर में, मुग़ल दरबार के साथ जुड़े तबक़े में, "सही भाषायी तमीज़ के लिए जुनूनी सनक थी।" इसके कई एक पहलू हैं : दिल्ली के बाहर वालों की उर्दू को लेकर दिल्ली के ऊँचे तबक़े की ऊँची नाक। इस पहलू का मुज़ाहिरा करता है एक मशहूर, और फिर शायद काल्पनिक, क़िस्सा : कहते हैं कि मीर साहब ने दिल्ली से लेकर लखनऊ तक के सफ़र में अपने हमराहियों से बात करने से क़तई इनकार कर दिया—उनको डर था कि वैसे तो उनके हमराही उनकी बात से ख़ुश होंगे, मगर उनकी अपनी ज़बान बिगड़ जाएगी। ऊँची नाक के नख़रों से ताल्लुक रखनेवाले इंशाअल्लाह ख़ाँ के 'दरिया-ए-लताफ़त' में दिल्ली के ऊँचे तबक़े की पहचान को और भी तंग बना दिया है—बस लाल क़िले के आसपास रहनेवाले : लाल क़िले के ऊँचे तबक़े वाले और उनके दरबारी और कुछ औरतें, जैसे उनकी बीवियाँ और तवायफ़ें।

जो लफ़्ज़ उनमें इस्तेमाल हुआ, उर्दू हो गया।[13]

फ़ारसी के साथ इस दुचित्ता रिश्ते के पर्दे में हिन्दोस्तानी भद्रलोक की ख़्वाहिश छिपी है, अपनी ज़बान—अपनी उर्दू—को फ़ारसी जैसा दर्जा दिलवाने की। हमारे मज़मून के नज़रिए से जो बात अहम है वो ये कि इसमें एक जानी-बूझी कोशिश शामिल है—'सही' उर्दू में से देसी बोलियों से अपनाए हुए लफ़्ज़ों को बेदख़ल करने की। शम्सुर्रहमान फ़ारूक़ी इस सिलसिले को मुख़्तसर में इस तरह देखते हैं : "इसमें कोई शक नहीं कि रेख़्ता/हिन्दी (उनका मतलब उर्दू से है) में, अट्ठारहवीं सदी के दूसरे हिस्से में 'तत्सम' शब्दों की तादाद कम हुई।... बदक़िस्मती से, अट्ठारहवीं सदी के आख़िर से, उर्दू अदब का कल्चर 'ख़ालिस' करने पर, 'ज़बान में सुधार' करने पर और 'ज़बान से अनचाहे इस्तेमालों को निकालने पर' अफ़सोसनाक ज़ोर डालता है, और, सबसे ख़राब बात ये कि उर्दू ज़बान में फ़ारसी और अरबी को ऊँचा दर्जा देता है।"[14] इससे ये तो साफ़ ज़ाहिर है कि हर क़िस्म और दर्जे के लोगों के बीच एक आम ज़िन्दा ज़बान मौजूद थी। मगर इसमें से एक तंग फ़ारसीशुदा हिस्सा निकालने की और उसे उर्दू के नाम की इज़्ज़त देने की कोशिश भी है। 'फ़रहंग-ए-आसफ़िया' के कोशकार, सैयद मौलवी अहमद देहलवी ने इस मिली-जुली आम-ज़बान के इस्तेमाल पर ऐतराज़ जताया है :

> हम ना उस आज़ादाना उर्दू को ही पसन्द करते हैं जो हिन्दोस्तान के ईसाइयों, नौ-मुस्लिम भाइयों, ताज़ा, विलायत साहब लोगों, ख़ानसामाओं, ख़िदमतगारों, पूरब के मनहियों ने अख़्तियार कर रखी है।[15]

डिक्शनरी बनानेवाले और उनके दोस्त, लोगों की ज़बान का मज़ाक़ उड़ाते हुए उसे 'पुर्दू' कहते हैं, जबकि 'उर्दू' का नाम वो सिर्फ़ इस बनावटी बोली और उसे बोलनेवाले छोटे से तबक़े तब ही महदूद रखना चाहते हैं।[16] और जब दिल्ली की अज़्मत घटी और लखनऊ ऊँचे मुस्लिम तबक़े का गढ़ बना, तो ज़बान को इस फ़ारसीशुदा बनाने की उलटी अक़्ल वाली मुहिम में लखनऊ वाले दिल्ली से भी आगे निकल गए। कोई हैरत नहीं कि अवध के हार जाने पर ये ज़बान भी अनाथ हो गई।

ये कि इस तरह का झुकाव रहा है, इससे इनकार नहीं किया जा सकता; ये झुकाव आज तक उर्दू की शक्ल बिगाड़कर उसे 'उर्दू' बनाने पर आमादा है। लेकिन फ़िलहाल मेरी फ़िक्र दूसरी है—उन्नीसवीं सदी के उत्तरार्ध में हिन्दी की शक्ल बिगाड़कर उसे 'हिन्दी' बनाने की मिलती-जुलती प्रक्रिया। ज़ाहिर है,

इस इतिहास का मसला उर्दू वालों के लिए भी तीव्र दिलचस्पी का विषय होना चाहिए। लेकिन इतना तो साफ़ है कि यह उन लोगों के लिए बहुत अहम बन गया जो इस दायरे से बाहर रखे गए थे। जिस हद तक उर्दू और हिन्दी एक ही भाषा के दायरे (या तरतीब, या 'तरक़ीब') के तहत आती हैं, इस 'झुकाव' का आधुनिक हिन्दी—'हिन्दी'—के पनपने पर ज़ोरदार असर लाज़िमी तौर पर पड़ना था, और ख़ूब पड़ा।

यह भी ज़ाहिर है कि तब और अब, इस 'उर्दू' और आधुनिक संस्कृतमय 'हिन्दी' को लेकर इस तरह की सारी कोशिशों में नाकामी बदी है। भाषाएँ इस्तेमाल के ज़रिए पनपती हैं—कभी-कभार ग़लतियाँ और कई तरह के भटकाव भी इस सिलसिले में शामिल रहते हैं। उर्दू द्वारा अपने को ख़ास और समाज को नीची निगाह से देखने के दुराग्रह के गहरे असर उर्दू अदब के दायरे से परे बहुत दूर तक फैले। यहाँ तक कि इस सनक ने आधुनिक हिन्दी के बनने-बनाने की प्रक्रिया को ख़ूब प्रभावित किया।

लेकिन जिस भी व्यक्ति को हिन्दी के तथाकथित नवजागरण या आविष्कार की जानकारी है, वो ख़ूब जानता है कि कैसे, बार-बार लेखों में, भाषण में, हिन्दी वाले उर्दू की मग़रूर सनक को, उर्दू की 'फ़िरौनियत' को याद करते हैं। उर्दू का अरबी-फ़ारसी से सम्बन्धों का रिश्ता पेचीदा, घुमावदार, उलझा हुआ है। लेकिन हिन्दी वाले के लिए वो सारा इतिहास सिर्फ़ एक स्वर में बोलता—ग़ुरूर, एक गहरा आभिजात्य-भाव है। और उसके जवाब में, रह-रह के, नीचा दिखाए जाने, नीच समझे जाने का भाव, आहत अभिमान—अपनी सदियों से ठुकराई, घायल सभ्यता की प्राचीन पहचान जमाने-जताने की तीव्र इच्छा, चाहे सिर्फ़ भाषायी अतिरेक और 'तत्सम-प्लावन' से ही क्यों न हो![17]

दिलचस्प है कि अगर उर्दू और हिन्दी वाक़ई दो अलग भाषाएँ होतीं, जैसा कि दोनों तरफ़ के अगुआ जिरह करते हैं, तो आधुनिक हिन्दी के बनानेवालों के लिए वो सब ज़ुल्म जो उर्दू के व्याकरण और डिक्शनरी बनानेवालों ने ढाए, क़तई बेमानी होते। मगर सच ये है कि ये दो नाम—उर्दू और हिन्दी—भाषा की एक साझी विरासत का पता देते हैं, जिसके सब मज़हबी फ़िरक़े और तबक़े हिस्सेदार हैं। और इसीलिए उर्दू अगुओं को अपने आप को ख़ास और हटकर जताने की ज़बरदस्ती की कोशिश को हिन्दी के अगुआ अपने को वाजिब ठहराने में इस्तेमाल कर सकते हैं। इस सिलसिले के बेतुकेपन से झल्लाकर, *हिन्दी, उर्दू, हिन्दुस्तानी* के ज़बरदस्त आलिम लेखक पद्मसिंह शर्मा ने उस पके हुए बाल वाले शख़्स का क़िस्सा बताया जिसकी दो बीवियाँ थीं : दोनों में से एक जिसकी उम्र ज़्यादा थी वो ख़सम के काले बालों को उखाड़ा करती

ताकि वो उसके जैसा ज़्यादा हो जाए, जबकि छोटी वाली सफ़ेद बालों को उखाड़ा करती!

इतिहास में ज़रूर कोई वजह है जिसके चलते हिन्दुस्तान की सभी भाषाएँ आधुनिक बनने की राह में संस्कृतकरण के दौर से ज़रूर गुज़रीं। मिथक को मानें तो संस्कृत का दर्जा है देवताओं की हमेशा सही और सटीक भाषा के रूप में। कुछ हद तक सच है कि उसका स्तब्ध, ठिठका व्याकरण, उसका संगमरमरी रूप, ये सब इतिहास से परे, एक जादुई कल्चर के साथ जुड़ा है, जो अटपटे गँदले समझौतों और इतिहास की मार से बचा हुआ है। ज़ाहिर है, इन अलग-अलग भाषाओं को संस्कृतमय बनाने की पॉलिटिक्स—भले ही वो दोनों के क़रीब लाने की हो या अलग करने की—यानी बंगाल की कहानी गुजरात से, और फिर तमिलनाडु की कहानी, सब अलग-अलग थीं।[18]

बहरहाल, आधुनिक 'हिन्दी' के मामले में यह यक़ीन से कहा जा सकता है कि उसका 'संस्कृतीकरण' करने की चाह में उसे ऊँचा दर्जा और ऊँचा वंश दिलाने की मंशा हावी थी। आख़िरकार, रंक को राजा की पहचान दिलवाने के लिए संस्कृत वंशज होने का धमाकेदार रहस्योद्‌घाटन ज़रूरी था।[19] लेकिन संस्कृत से झूठा नज़दीकी रिश्ता बनाना कोई आसान खेल नहीं था। शब्द-भंडार और व्याकरण के सारे सबूतों के बावजूद ये स्थापित करने की कोशिश की गई कि हिन्दी का सीधा सम्बन्ध संस्कृत से है। जैसा कि स्कूली बच्चों को आज भी सिखाया जाता है, हिन्दी संस्कृत की सबसे बड़ी बेटी है, ज्येष्ठ पुत्री! ज़ाहिर है, बड़ी बेटी का दर्जा, और बेटियों—बांग्ला और मराठी और गुजराती—की तुलना में ऊँचा होगा। वैसे भी, हिन्दुस्तानी परिवार काफ़ी फैले और उलझे हुए होते हैं। सो ये भी कहा जाता है कि फ़ारसी संस्कृत की—बहन, चचेरी-ममेरी बहन ही सही, है। और टंडन जी तो संस्कृत का हिन्दी से माँ का रिश्ता नहीं मानते थे : उनके विचार में संस्कृत हिन्दी की सम्भावित माँ की बहन थी, यानी महज़ मौसी![20] ये सब हास्यास्पद तो ज़रूर है, लेकिन इसमें छिपी पॉलिटिक्स को समझना ज़रूरी है। हो ये रहा है कि एक स्तर पर तो संस्कृत से और अन्य भाषाओं से पारिवारिक रिश्ता बनाया जा रहा है। और दूसरे स्तर पर उर्दू से जो असल रिश्ता है, उससे इनकार किया जा रहा है। मुख़्तसर ये कि आधुनिक 'हिन्दी' की परिभाषा करने के लिए, संस्कृत से साग्रह, मान-न-मान वाली नज़दीकियाँ मान ली जाती हैं, और उर्दू से दूरियाँ। सच ये है कि ये दोनों चालें इतिहास और भाषा के हिसाब से बेसिर-पैर की हैं। लेकिन उर्दू के मग़रूर हिमायतियों ने जिस तरह हिन्दी को निचले तबक़े की गँवारू भाषा बताकर नीचा दिखाने की कोशिश की, हिन्दीवादी भी उर्दू के प्रति ज़हर उगलने में उनसे पीछे

नहीं रहे। उर्दू को तवायफ़ों की ही भाषा नहीं बताया गया, उसका रिश्ता शहरी रईसज़ादों, पतनशील और ग़ैर-ज़िम्मेदाराना कल्चर से भी जोड़ा गया। इस तरह 'हिन्दी' तो सीधी-सादी और उसूलों को माननेवाली बनी, जबकि उर्दू धोखाधड़ी और हरजाईपन वाली। बार-बार उर्दू को तड़क-भड़क वाली दूसरी बीवी बताया जाता है—वो अपने लटकों-झटकों से अपनी तरफ़ खींच तो सकती है लेकिन वो पहली बीवी हिन्दी की तरह समर्पित और वफ़ादार नहीं है। शायद इसी रंग में, एक मौक़े पर हजारीप्रसाद द्विवेदी ने कहा कि भारतेन्दु और उनके ज़माने के कुछ लोगों की कोशिशों से 'हिन्दी' हैरतअंगेज़ ढंग से एक बार फिर जवान हो गई![21] और शायद कुछ इसी मुहावरे के चलते, उर्दू के बारे में ये धारणा बनती है कि उसकी बुनियाद ही शको-शुबहा में लिपटी है—क्या उसका शब्द-भंडार और क्या वो ख़ुद, सब कुछ पराया है। हिन्दी घरेलू सादगी का प्रतीक बन जाती है और अरबी और फ़ारसी की तड़क-भड़क के लिए ललकती उर्दू ग़ैर-वफ़ादार परायेपन की। ज़ाहिर है, उर्दूवाले इसी पारिवारिक कलह की कहानी को दूसरी तरह से बखानते है। परायी तड़क-भड़क नफ़ासत में तब्दील हो जाती है!

इस सबका एक असर तो ये हुआ कि अरबी और फ़ारसी से बड़े पैमाने पर लेन-देन का वो सिलसिला ख़त्म हुआ—जिसकी वजह से उर्दू बदशक्ल हो रही थी। लेकिन शक की गाज उन इस्तेमालों के चलन पर भी गिरी जो सदियों से चले आ रहे थे और साथ-साथ के रहन-सहन और रख-रखाव से, बहुत से अलग-अलग, अनजाने सोतों के संगम से उपजे थे। ये वही जाने-पहचाने 'तद्भव' हैं—सुन्दर, सुघड़ जो हिन्दी की शान हैं। शायर फ़िराक़ गोरखपुरी का तो यहाँ तक मानना है कि असरदार और रवाँ 'तद्भवों' को इस्तेमाल करने की सलाहियत सुलझी हुई तहज़ीब की निशानी है, और 'शुद्ध' तत्समों का इस्तेमाल इस घबराहट की निशानी कि कहीं देसी या गँवार क़रार न दे दिए जाएँ।[22] 1879 की अपनी महान डिक्शनरी में फ़ैलन ने 'भुच्च' या गँवार के मायने यों समझाए हैं—वो व्यक्ति जो तद्भवों से भरपूर हिन्दुस्तानी इस्तेमाल करना नहीं जानता हो। लेकिन भाषायी ब्राह्मणवादियों को इन 'तद्भवों' के इस्तेमाल पर ही उर्दूपन का शक हुआ—गोया वो दुश्मन के साथ क़रीबी रिश्ते की निशानी हैं। कुसंगत का कुप्रभाव! ऐसा नहीं है कि हिन्दी की दुनिया में भी तद्भव को हटाने और उनकी जगह 'तत्सम' के इस्तेमाल के ख़िलाफ़ आवाज़ें नहीं उठ रही थीं।[23] और ऐसा भी नहीं है कि ये कोशिश तब, या कभी भी, कामयाब हो सकती थी। लेकिन शुद्धतावादिता की सनक या ख़ालिस होने का जुनून ज़रूर किसी गहरी आम मानसिक बीमारी से उपजा होगा। बहरहाल, उससे जो बिगड़ाव आया उसने आधुनिक 'हिन्दी' को मौजूदा शक्ल में ढालने में अहम भूमिका अदा की।

ऐसा नहीं है कि हिन्दी को संस्कृतनिष्ठ बनाना—हिन्दी से 'हिन्दी' बनाना—ये काम बग़ैर किसी विरोध के पूरा हो गया हो। स्कूली किताबों के सिलसिले में इस ईजाद के ख़िलाफ़ उठी आवाज़ों के बारे में हम पहले ही जान चुके हैं। सीताराम चतुर्वेदी ने ख़ुद मालवीय के हवाले से संस्कृतीकरण के विरोध में आवाज़ उठाई :

> वे ठेठ संस्कृत के शब्दों के बहुत काम में लाने को अच्छा नहीं समझते थे...बड़ी सरल, सबकी समझ में आनेवाली हिन्दी लिखते और बोलते थे, ऐसी नहीं जिसे समझने के लिए कोश टटोलना पड़े...

*सरस्वती* में सम्पादक की हैसियत से किए गए जतनों के ज़रिए महावीर प्रसाद द्विवेदी आधुनिक 'हिन्दी' को उभारनेवालों में एक अहम शख़्स हैं। लेकिन द्विवेदी भी गाढ़ी संस्कृतमय हिन्दी लेखन में अनाड़ी ही थे। अक्सर ये हिन्दी इतनी टेढ़ी होती है कि पैरोडी-सी लगती है, जैसे पद्मसिंह शर्मा के नाम श्रीधर पाठक के इस ख़त में :

> प्रियवर श्री पद्मसिंह जी : नति निवेद्म। आपका सुश्लाभ्यशालीनता शोभित शुभ पत्र यथा समय समागत हुआ। अस्वस्थतावश उत्तर विलम्बित हो गया, एतदर्थ क्षमा प्रार्थित है।

यानी बीमारी गम्भीर है। इस क़िस्म की 'हिन्दी' के ख़िलाफ़ रामविलास शर्मा ने 1915 में *भारतमित्र* में छपे एक लेख का ज़िक्र किया है। इस लेख में—जिसे द्विवेदी जी ने *सरस्वती* में फिर से प्रकाशित किया था—ये दिलचस्प बहस छेड़ी गई थी, कि भाषायी उथल-पुथल—'हिन्दी का आविष्कार'—संस्कृतमया बांग्ला के हावी कल्चर से प्रभावित है, सीधे संस्कृत से नहीं।

> बांग्ला भाषा की पुस्तकों से हिन्दी को आश्रय अवश्य मिला, पर भाषा की आत्मा दब गई। जिसे मिश्रबन्धु हिन्दी पर संस्कृत का आक्रमण कहते हैं, वह वास्तव में संस्कृत का नहीं, बांग्ला का है।[26]

श्रीनारायण चतुर्वेदी और पद्मसिंह शर्मा समेत असली क्लासिकी संस्कृतज्ञों के मुताबिक़, हिन्दी का संस्कृतीकरण उन लोगों ने किया जो न संस्कृत जानते थे न हिन्दी, वे तो बस अंग्रेज़ी और 'उर्दू' के रोबीले रूप से डरे हुए थे।

ये कोई मामूली आवाज़ें नहीं हैं। ये आधुनिक हिन्दी को बनानेवालों में सबसे बलवान और ज़ोरदार लोगों की उठाई गई आवाज़ें हैं और ये सब लोग हिन्दी के संस्कृतीकरण के ख़िलाफ़ खुलकर लिख रहे थे। ग़ौरतलब है कि शुरुआती

हिन्दी के बेहतरीन लेखकों—बालमुकुन्द गुप्त और प्रताप नारायण मिश्र—ने भी ये बीहड़ 'हिन्दी' लिखने से इनकार कर दिया। लेकिन इस सबके बावजूद जो प्रवृत्ति चल निकली वो गहराती ही गई, निरन्तर दृढ़ होती गई—यानी आज की 'हिन्दी' उस भाषा से बिलकुल भिन्न हो गई जो हिन्दी आन्दोलन के अगुवा-प्रणेता लिखा करते थे। वैसे तो हिन्दी के रखवाले स्कूलमास्टरों को सरकारी नाँद में मुँह डाले रहने से फ़ुर्सत नहीं है, सरकारी मेहरबानियों की तलाश में उमर कटती है; लेकिन अगर कभी मुँह उठाकर देखते तो निश्चय ही उन्हें हिन्दी के अगुओं की निन्दा करनी पड़ती, हिन्दी के सबसे प्रभावी लेखकों का त्याग करना पड़ता।

रोज़मर्रा के आम इस्तेमाल किए जानेवाले शब्दों को छोड़ देने की बज़िद कोशिश का असर काफ़ी गहरा और संजीदा पड़ा, वैसे ही जैसे हिन्दी वालों की अपने पर गँवारपन के बेतुके 'इल्ज़ाम' से छुटकारा पाने की कोशिश का। ये सब केवल समाज की उन ताक़तों, ऊँचे तबक़ों और हिन्दी के हित की माँग करनेवालों के लिए ही बेमानी नहीं था, बल्कि सीधे-सीधे ख़ुद हिन्दी भाषा के लिए ज़्यादा बेतुका था। आख़िरकार, नागरीलिपि और कुछ हद तक भाषा भी—जिसने शुरू के आन्दोलनों को बल दिया, भाषा के मूल और इतिहास के हिसाब से, नागर, यानी शहर की थी—यानी शहरी और नफ़ासत वाली उर्दू की पुरखिन थी। बहरहाल, रोज़मर्रा की बोली के तजने और गँवारूपन के शक से बचने की कोशिश ने, और सायास एक शहरी चमक-दमक ओढ़ने की मुहिम ने, शब्दों को एक अजीब बेअसर और कमज़ोर रूप दे दिया। हालाँकि वे सियासी ख़यालों के नज़रिए से अलग किनारों पर हैं, विद्यानिवास मिश्र और नामवर सिंह जैसे विद्वानों ने हिन्दी के रवायती शब्द भंडार और महान बहुरंगी रूप के बारे में ख़ूब और खुलकर लिखा है।[27] राहुल सांकृत्यायन ने ख़ास तौर से इस तरफ़ ध्यान दिलाया है कि 'देसी बोली' वालों के इस्तेमाल से जो शब्द भंडार बना था, उसे 'हिन्दी खड़ी बोली' में 'देसीपन' की वजह से हीन माना गया और इसकी भरपाई संस्कृत के तत्सम शब्दों को इस्तेमाल करने की कोशिश से की गई। राहुल सांकृत्यायन की चिन्ता कल्चर की विरासत के खो जाने को लेकर थी जो ठुकराए हुए शब्द-भंडार में रमी हुई थी। लेकिन उनकी चिन्ता का ख़ास विषय उन क्रियाओं का लोप है, जिनका सीधा सम्बन्ध जन-भाषा के दैनन्दिन प्रयोगों से है। उन्होंने उन धन्धों और कलाओं की एक सूची तैयार की जिनके क्रियापद अपनाकर कृत्रिम खड़ी बोली 'हिन्दी' मज़बूत बन सकती है। सूची कुछ यूँ है : लोहार, नाई, बढ़ई, हरवाहा...स्पष्टत: ये सभी सवर्ण नहीं हैं, सवर्ण हिन्दू समाज के तिरस्कृत वर्ग हैं![28]

एक तरफ़ तो हिन्दी प्रवर्तकों के लिए ये लाज़िम हो जाता है कि उर्दू और

उर्दूपन से दूरी बनाई जाए और उनके रोज़मर्रा के इस्तेमाल को ख़त्म किया जाए और दूसरी तरफ़ ये कि संस्कृत से ख़ानदानी रिश्ता जोड़ा जाए। ज़ाहिर है कि ऐसा करने में परेशानियाँ पेश आती हैं; अटपटी बात यह है कि उर्दू से रिश्ता तो साफ़ और सीधा है, मगर संस्कृत से रिश्ता काफ़ी हद तक ख़याली है। हिन्दी और संस्कृत के व्याकरणों में दूरी है और उसके चलते रिश्ता बनाने का एक रास्ता है : बहुतायत से शब्दों का अपनाना और हिन्दी के लचीले व्याकरण को तोड़ना-मरोड़ना। नतीजा—शब्दों की एक ऐसी व्यंजन-बहुल भीड़ जो ज़्यादातर अपढ़ लोगों को संस्कृत का ही एक बौना और विकृत रूप लगती है।

बहरहाल, ये कहना भी ज़रूरी है कि हजारीप्रसाद द्विवेदी और निराला जैसे क़ाबिल और हुनरमन्द लेखकों के हाथों, ये कृत्रिम भाषा भी, संस्कृत के तकनीकी और फ़लसफ़ाना भंडार की मदद से बलवती हो जाती है। वाक़ई इस 'हिन्दी' को कल्चर की एक अहम ईजाद का दर्जा दिया जाना चाहिए। ये संस्कृति के स्तर पर एक बड़ी उपलब्धि है। लेकिन अफ़सोस, हिन्दी वाले प्राचीन काल से जुड़े होने के अपने झूठे ताने-बाने में उलझे हुए हैं—और इस ख़ुद-फ़रेबी की वजह से वे इस ईजाद को ईजाद के रूप में सराह नहीं सकते। लेकिन इसके साथ-साथ ये भी कहना ज़रूरी है कि इनसे कम गुणी लेखकों के हाथों कृत्रिम 'हिन्दी' के संस्कृतनुमा से, सटे-सटे व्यंजन सिर्फ़ मंत्रोच्चारण जैसे लगते हैं—उनका उद्देश्य समझना-समझाना नहीं, सम्प्रेषण नहीं, बस अपने हिमायतियों को आश्वस्त करना भर है। स्वाहा!

मुझे लगता है कि जब 'उर्दू' वाले गहरे गले से बोले जानेवाले अरबी अल्फ़ाज़ का बहुतायत से इस्तेमाल करते हैं तो उनका मक़सद भी कुछ ऐसा ही होता है। हमारे एक बुज़ुर्ग इस ध्वनि का यूँ वर्णन करते थे—लगता है जैसे ऊँट कीचड़ खा रहा है!

जोश मलीहाबादी याद करते हैं कि जब वो एक उभरते हुए शायर थे, उनके फ़ारसी के इस्तेमाल पर उनके वालिद ने कुछ इस तरह नाराज़गी दिखाई :

> कहते हैं उसे ज़बान-ए-उर्दू
> जिसमें न हो रंग फ़ारसी का।[29]

वक़्त के थपेड़ों के साथ, नए जनतंत्र की सियासत दोनों भाषाओं के सिलसिलों को अलग अपने-अपने जुनूनी और कल्चर के एतबार से जुदा-जुदा दायरों में समेट लेती है।

पिछले पेजों में मैंने 1857 के बाद के ज़माने में उर्दू के हिमायतियों की बातें, उर्दू की सामाजिक स्थिति और सत्ता से नज़दीकी, इन सबको हिन्दी के बनने-बनाने

की प्रक्रिया में शामिल जताया है। लेकिन ये भी ग़ौरतलब है कि हिन्दी और उर्दू दोनों के बनने/निखरने/बिगड़ने की प्रक्रिया में एक सीमित ही सही, स्वायत्तता भी है। हिन्दी-उर्दू की कहानी प्रतिस्पर्धा के रूप में बताने में ये बात अनदेखी हो जाती है। एक ही भाषायी बुनियाद पर संस्कृतनिष्ठ हिन्दी और फ़ारसीमय उर्दू बनाना हू-ब-हू एक प्रक्रिया नहीं है। ठीक जिस समय हिन्दी में संस्कृत घुसेड़ी जा रही थी, उर्दू को फ़ारसी से कम बोझिल करने की प्रवृत्ति भी नज़र आती है।

आधुनिक हिन्दी के बनने के इतिहास में एक तक़रीबन भुलाया हुआ वाक़या है, जिससे इस 'स्वायत्तता' को समझने में मदद मिलती है।

ब्रज और खड़ी बोली में कविता कर सकने को लेके बहस हिन्दी-उर्दू के मुक़ाबले की तुलना में छोटी बात है। हिन्दी-उर्दू के मामले में तो हम कई संघर्षों की परत, दशक-दर-दशक, देख सकते हैं (मसलन, एक परत या दौर लिपि संघर्ष का है, तो दूसरा दौर वो है जिसमें हिन्दी और उर्दू वाले दोनों प्रान्त में अपनी पहुँच और पकड़ बढ़ाने की कोशिश कर रहे हैं—और फिर ये प्रान्तीय संघर्ष रूप लेने लगता है जिसमें बात लिपि और भाषा के सवालों से बहुत आगे निकल जाती है।) ब्रजभाषा और खड़ी बोली की बात—अयोध्या प्रसाद खत्री की 1887 में प्रकाशित किताब 'खड़ी बोली का पद्य' से छिड़ी बहस, फिर भी सीमित पर रोचक है—कुछ-कुछ वैसे ही जैसे मानवशास्त्री खोइ-भुलाई उपजातियों का अध्ययन करते हैं, उनके ज़रिए पिछली, गुज़री मानसिकताओं को समझने के लिए इस्तेमाल करते हैं। फिर एक बात और भी है—एक सदी पहले पैदा हुए मनमुटाव के बावजूद, ब्रजभाषा और खड़ी बोली की खींचतान तो प्राय: एक पारिवारिक-सा झगड़ा बन गई है। शायद इसीलिए रहस्यों और बदगुमानियों की तह में जाने के लिए भी यही सही जगह है!

ब्रजभाषा के क़िस्से की शुरुआत को सही तारीख़ दी जा सकती है : 1887 में कचहरी के एक मुलाज़िम अयोध्या प्रसाद खत्री ने ख़ुद अपने ख़र्चे पर 'खड़ी बोली'—आधुनिक 'हिन्दी' की नींव—में कविता कर पाने की सलाहियत की पैरवी की। जिस समय यह दावा किया गया उस समय कविता की अहम भाषा—या बोली—ब्रज ही होती थी। इस मासूम-सी दलील ने जिरह का तूफ़ान खड़ा कर दिया। 'खड़ी बोली का पद्य' के प्रकाशन के तीन साल बाद तक अयोध्या प्रसाद खत्री खड़ी बोली ऐक्टिविस्ट बने रहे, हमेशा सबूतों और दलीलों के साथ तत्पर आधुनिक 'हिन्दी' मानस में अगर अयोध्या प्रसाद खत्री की थोड़ी-बहुत याद बची है तो महज़ साहित्यिक भाषा, और आम तौर से कविता की भाषा के हवाले से

उनकी यह सिद्ध करने की पुरज़ोर कोशिश कि खड़ी बोली में भी कविता लिखी जा सकती है। बहरहाल, चारों तरफ़ उपजे भयंकर मतभेद से ये तो साबित हो ही जाता है कि बहुत से और अहम मुद्दे भी दाँव पर लगे हुए थे। गुलेरी जी के मुताबिक़, वर्षों बाद, 1904 में, खड़ी बोली हिन्दी के हितैषी बनारस की नागरी प्रचारिणी सभा के 'गृहप्रवेशोत्सव' के मौक़े पर इकट्ठा थे—और नागरी प्रचारिणी सभा ही खड़ी बोली आन्दोलन का गढ़ सी थी। लेकिन जब खत्री जी वहाँ आए तो औरों की उनके प्रति दुर्भावना साफ़ थी, और साफ़ ज़ाहिर की गई। सभा के कर्ता-धर्ता 'बी.ए. पास बाबू श्यामसुन्दर दास' ने ली जा रही ग्रुप फ़ोटो में गुलेरी को शामिल होने के लिए तो मनाया, मगर खत्री को जानबूझकर पूछा तक नहीं। आख़िरकार किसी ने बुज़ुर्गवार को देखा, जो असल में खड़ी बोली आन्दोलन के साक्षात पितामह से थे।[30]

खड़ी बोली गद्य के लिए उपयुक्त है, ये बात तो मान ही ली गई थी, भारतेन्दु तक ने मान ली थी। इसलिए कविता या पद्य में भी उसके हक़ में किए जा रहे दावे मासूम या हल्के नहीं थे। वैसे इतिहास भी इस बात की पुष्टि ही करता है कि खड़ी बोली का वक़्त, या यूँ कहें, खड़ी बोली की घड़ी आ ही गई थी। 'खड़ी बोली का पद्य' की भूमिका में फ्रेडरिक पिन्कॉट ने ये स्पष्ट भी कर दिया कि खत्री जी के इरादे हल्के-फुल्के नहीं थे :

> उनकी मंशा थी कि देशवासियों को कविता में पुरानी ब्रजभाषा के इस्तेमाल को छोड़ देने के लिए मनाया जाए और उर्दू पसन्द करनेवालों को अरबी लिपि को छोड़कर नागरी अपनाने के लिए। गोया, उन्होंने एक समझौते की बात कही : एक तरफ़ के लोगों को अपनी पसन्दीदा बोली छोड़ने के लिए और दूसरी तरफ़ के लोगों को रवायती लिखने के ढंग को बदलने के लिए। इस तरह दोनों का संगम खड़ी बोली—यानी सही बोली—की धार में होगा—जो सबकी समझ में आएगी, जिएगी, पनपेगी, और आगे बढ़ती हुई सभ्यता की रोज़मर्रा की ज़रूरतें पूरी करने के लिए बदलती रहेगी।

ये कैसा दिलफ़रेब नज़रिया है—एक ऐसा नज़रिया जो जल्द ही उठनेवाली बहस से ही दूर नहीं है, बल्कि हिंसा की बढ़ती हुई इस आग से दूर है जिसने समझौते की किसी उम्मीद तक को झुलसा दिया।

अयोध्या प्रसाद खत्री ने खड़ी बोली हिन्दी की पाँच अलग-अलग क़िस्में बताई हैं। इनमें पहली है ठेठ या 'असली' हिन्दी, जिसका एक नमूना है इंशाअल्लाह ख़ाँ की 'रानी केतकी की कहानी'। दूसरी क़िस्म, यूरेशियन—जिसमें अंग्रेज़ी

शब्दों का मज़ाक़िया ढंग से पुट होता था—हालाँकि दी गई मिसाल में आज की झलक देखी जा सकती है :

डार्कनेस छाया हुआ है हिन्द में चारों तरफ़
नाम को भी कहीं बाक़ी न लाइट नाउएडेज़।

बहरहाल, तीन अहम शैलियाँ जिन पर खत्री की दलीलों का दारोमदार है, वे हैं :

1. पंडित शैली—जिसमें तत्सम संस्कृत शब्दों की भारी भरमार हो (खत्री ने जो मिसालें दीं, वे भरपूर 'पंडित शैली'—यानी आधुनिक 'हिन्दी'—की हल्की मिसालें हैं।
2. मौलवी शैली—उसी तरह से जिसमें अरबी और फ़ारसी का फूहड़पन से इस्तेमाल हो।
3. मुंशी शैली—इनके बीच की शैली जिसके खत्री ख़ुद तरफ़दार थे।

ग़ौरतलब है कि अयोध्या प्रसाद खत्री ख़ुद भी एक तरीक़े से, चेतना की उसी मुहिम का हिस्सा हैं जो मालवीय के कचहरी की लिपि के मसौदे में थी। खत्री भी आनेवाली आधुनिकता को ले के बेचैन नज़र आते हैं। वे मुंशी शैली में खड़ी बोली की तरफ़दारी करते हैं क्योंकि वो आमफ़हम है, अरबी रवायत के बोझ के तले दबी नहीं है, और इसलिए उसमें शैली की वजह से आए तोड़-मरोड़ के बग़ैर हक़ीक़त बयान करने की सलाहियत है। और फिर खड़ी बोली की तरफ़दारी में समाज के सुधार की दलील भी शामिल है। जिस तरह मालवीय की फ़िक्र सिर्फ़ कचहरी में नागरी के इस्तेमाल को सरकारी रूप देने से आगे है, उसी तरह खत्री ने भी मिसालों के ज़रिए उस ज़माने की—असल में सिर्फ़ उस ज़माने ही की नहीं—समाज की बुराइयों जैसे जात-पात को लेकर भेदभाव, ग़लत तरीक़े से तय की गई शादियाँ, विधवाओं के हालात जैसे मुद्दे उठाए।

खत्री की खड़ी बोली की तरफ़दारी में दी गई दलीलों से जो बवाल उठ खड़ा हुआ उस पर ताज्जुब होता है। ये इसलिए भी कि कुछ ही अरसे में, कई ऐसे ऐतिहासिक वाक़ये घटे जिनके चलते खड़ी बोली को राष्ट्रीय और सरकारी स्तर पर भी अप्रत्याशित मान्यता मिल गई। लेकिन 1880 के दस साल बाद तक, अयोध्या प्रसाद खत्री के कुछ ख़ास दोस्तों को छोड़कर—और बिहार के बाहर तो श्रीधर पाठक के अलावा—कोई हमदर्द नहीं मिला। खत्री ख़ुद अपने समय के इतने आगे थे कि उन्होंने अपने ख़र्चे पे बहस के दोनों पहलू के लेखों का चयन करके छपवा दिया। लेकिन 1890 तक वे काफ़ी टूट चुके थे। न सिर्फ़

उन्हें माली नुक़सान उठाना पड़ा, बल्कि जो बीड़ा उन्होंने उठाया था वो ही टूटता नज़र आ रहा था। कहा जा सकता है कि हंटर और मैक्डॉनेल के बीच तो सारी बात ही ठंडी पड़ गई थी।

अगले दस सालों तक खत्री ने अपने आप को सभी अदबी सरगर्मियों से दूर रखा। सन् 1901 में खत्री फिर एक बार हरकत में आए, लेकिन तब तक तो, बग़ैर किसी शोर-शराबे के, लड़ाई जीती जा चुकी थी। 1905 में खत्री चल बसे। लेकिन इस अजीबोग़रीब इनसान की ज़िन्दगी की सबसे अनोखी बात तो ये नहीं कि उनकी ख़्वाहिशों की हार नहीं हुई—वो तो सभी की कहानी है। अनोखी बात तो है उनकी ख़्वाहिशों का, बिलकुल अकल्पित और अकल्पनीय ढंग से पूरा हो जाना। आख़िर तक़रीबन 1900 के बाद एक क़िस्म की खड़ी बोली ही तो तरक़्क़ी, और फिर और-और तरक़्क़ी, करती ही चली गई।

जब इस बारे में सोचता हूँ कि खत्री की इतनी मुख़ालफ़त क्यों हुई तो दो, घातक चालें नज़र आती हैं। पहली तो थी खत्री की ये दलील कि ब्रज और खड़ी बोली दो अलग ज़बानें थीं—कवि-परम्परा के स्तर पर, और व्याकरण के स्तर पर भी। दूसरी घातक चाल थी उनकी यह दलील कि उर्दू खड़ी बोली की महज़ एक शैली थी। यानी, उसी ज़माने के एक अदीब ने समझाया, खड़ी बोली और ब्रज तो पूरी तरह मुख़्तलिफ़ थीं, लेकिन खड़ी बोली और उर्दू के बीच साम्य ही क्या, गहरा रिश्ता था।

> यह कौन कहता है कि उर्दू कोई दूसरी ज़बान है? सच पूछो तो उर्दू हिन्दी का एक रूपान्तर है...जब हम हिन्दुओं ने इसका अनादर कर इसे त्याग दिया तब मुसलमानों ने इसकी दीनता पर दया करके इसे अपने मुल्क का लिबास और ज़ेवरों से आभूषित कर इसका दूसरा नाम उर्दू रखा। तात्पर्य यह कि इस नारी का कुल और गोत्र सदा एक ही रहा, समय-समय पर इसका रंग-रूप और भेष अलबत्ता पलटता गया।[31]

हिन्दी के शुरुआती वैयाकरण कामता प्रसाद गुरु ने भी खड़ी बोली को उर्दू का काफ़ी क़रीबी बताया है; उन्होंने उसे 'ठाड़' बोली या तुर्की कहा।[32] ('ठाड़' यानी 'खड़ी हुई'। ज़ाहिर है कि हिन्दी की चोटी की संस्था 'राष्ट्रभाषा परिषद' के कन्नडिगा अध्यक्ष उस घोर लोकल पॉलिटिक्स से अनभिज्ञ थे, जिससे आधुनिक 'हिन्दी' उभरी थी। तभी तो 1950 के सालाना जलसे में उन्होंने जानकारों की सभा से कहा कि देश के जिस हिस्से से वे आए हैं वहाँ 20वीं सदी के शुरू में हिन्दी और राष्ट्रभाषा जैसे शब्द कोई नहीं जानता था लेकिन इन शब्दों से जिस भाषा का ज़िक्र किया जाता था, उसे कभी-कभी 'मुसलमानी' कहा जाता था।[33]

खत्री ख़ुद को एक भाषाविद् मानते थे। इसलिए जब उन्होंने पाया कि ब्रजभाषा की तरफ़दारी करने में, और खड़ी बोली को 'नाकाफ़ी' क़रार देने में, हमेशा भारतेन्दु का नाम लिया जाता है, तो उन्हें ये कहने पर मजबूर होना पड़ा कि 'भारतेन्दु कोई भगवान नहीं थे, और वे भाषा-विज्ञान के बारे में कुछ नहीं जानते थे।" हक़ीक़त तो यह है कि भारतेन्दु भाषा के सही इस्तेमाल के सुलझे हुए और समझदार पारखी थे। जैसा कि उन्होंने हंटर कमीशन से कहा—वे तीन ज़ुबानों में कवि भी थे। और जब उन्होंने कहा कि खड़ी बोली हिन्दी सख़्त और, कविता करने के हिसाब से, बहुत सपाट भाषा है तो वे समझ-बूझ कर ही बोल रहे थे। खड़ी बोली और कविता का आपस में कुछ तालमेल सम्भव है, ये साबित करने के लिए निराला, अज्ञेय, रघुवीर सहाय जैसे लोगों की कई ज़हीन पीढ़ियों की ज़रूरत पड़ी। बहरहाल जो भी रहा हो, ये तय है कि ख़ुद खत्री पॉलिटिक्स के बारे में कुछ नहीं जानते थे। क्योंकि खड़ी बोली के बारे में उनकी दलील और उसकी उर्दू से बुनियादी नज़दीकी, 'कचहरी की लिपि' की लड़ाई के सिलसिले में पेश की गई थी। और वो सिलसिला तो उलटे लिपि से बढ़कर भाषा, और भाषा से भी आगे बढ़कर हिन्दू-मुस्लिम मसले में बदल रहा था। फिर ऐसी नज़दीकियाँ किस काम की?

जैसा कि हमने देखा, इन भाषायी और फिर साम्प्रदायिक खाइयों के गहराने की कई ज़ोरदार वजहें भी थीं : बदतर माली हालात, नौकरियों की कमी और नए तालीमयाफ़्ता लोगों का ग़ैर-बराबरी की उस दीवार से टकराव, जो सूबे के हिन्दू दानिशमन्दों की राय में, सिर्फ़ आभिजात्य वर्ग और मुस्लिम ज़मींदारों की हिफ़ाज़त करती थी। और इसीलिए, हालाँकि अयोध्या प्रसाद खत्री की ज़ोरदार पैरवी अच्छे इरादे से पैदा हुई थी और भाषायी रूप से मज़बूत भी थी, लेकिन इस तेज़ धारे को रोक पाने के लिए काफ़ी नहीं थी—या दूसरे तरीक़े से कहें तो 1947 और बँटवारे को रोक पाने के लिए नाकाफ़ी थीं। या, जिस मामले का ज़िक्र हो रहा है, उस सिलसिले में ये कहें कि उन्हीं की चहेती खड़ी बोली के एक संस्कृतनिष्ठ रूप का 'हिन्दी" बनने की प्रक्रिया को रोक पाना सम्भव न था।

जद्दोजहद के पहले दौर में ब्रजभाषा के मज़बूती से बचाव किए जाने की एक वजह थी उर्दू से उसकी स्पष्ट दूरी। ये समझा जाता था कि ब्रजभाषा का घेरा उर्दू भाषा और उसकी शायरी की रवायत से प्रदूषित होने से भी बचाया जा सकेगा और फिर जल्द ही बात शायरी और उसकी रवायत से आगे बढ़कर, इस्लाम और

उसके ख़तरे/आकर्षण को भी घेरे में ले आई। ब्रजभाषा में कविता की परम्परा कृष्ण की भक्ति और साँवरिया से जुड़े कामुक क़िस्सों से भरपूर थी, इसलिए ये माना गया कि इस्लाम के मुक़ाबले में ये काफ़ी और कारगर तुर्रा साबित होगा। गोया ब्रजभाषा साफ़ तौर पर एक फ़िरक़े की पहचान बनने का ज़रिया बन गई। खत्री की खड़ी बोली उर्दू की हमजोली थी और जानबूझकर ब्रजभाषा से अलग की गई थी, इसीलिए वो इस नई पहचान का वाहन नहीं बन सकती थी।

लेकिन शायद अयोध्या प्रसाद खत्री के दावे से पैदा हुए बवाल के ठीक बाद खड़ी बोली की जीत पर ज़्यादा ताज्जुब नहीं करना चाहिए, क्योंकि पीछे-पीछे और तक़रीबन चुपके-चुपके, इस बीच ऐन खड़ी बोली में ही बुनियादी तब्दीली ला दी गई थी। यानी इन सालों में खड़ी बोली की बाहरी स्थिति तो बदली है ही—मैक्डॉनेल पल घटा, हालात बदले। लेकिन इस दौरान भाषा की अपनी प्रकृति में बुनियादी परिवर्तन आया। भाषा और नई साम्प्रदायिक पहचान के संगम के असर दूरगामी थे। जो भोली-भाली और रक्षात्मक भावनाएँ ब्रज की रक्षा के लिए जागी थीं, उन्होंने खड़ी बोली के ही बदले हुए रूप में एक प्रखर और आक्रामक आवाज़ पाई—वही खड़ी बोली जो, चन्द साल पहले, बतौर दुश्मन देखी गई थी। ये खड़ी बोली आक्रामक हो चली थी।

इस पहेली का हल मिलता है बदली हुई खड़ी बोली 'हिन्दी' के चलन में। खत्री पर इल्ज़ाम था कि वो इस बात से बिलकुल परेशान नहीं थे कि अगर हिन्दीवाले वाक़ई 'आम लोगों की हिन्दी' को इस्तेमाल करेंगे तो उसकी उर्दू से अलग पहचान नहीं बन पाएगी। और अगर ऐसा हो गया तो क्या काशी के, जहाँ नागरी प्रचारिणी सभा बसती है, कल्चर के गर्व को ठेस नहीं लगेगी?[34] ब्रज के एक हिमायती ने खत्री की खड़ी बोली के ख़िलाफ़ 15 जनवरी, 1888 को *हिन्दुस्तान* को ख़त में लिखा :

> यदि खड़ी बोली की कविता की चेष्टा की जाए तो फिर खड़ी बोली के स्थान में ख़ाली उर्दू का प्रचार हो जाए।[35]

श्रीधर पाठक कुछ अयोध्या प्रसाद खत्री के संस्कृत प्रेमी जमूरे-से लगते हैं, सो उन्होंने ज़ोर देकर कहा कि खड़ी बोली हिन्दी को बिगाड़ने की इजाज़त उर्दू को नहीं दी जाएगी। इसके लिए उन्होंने लगातार निगरानी बनाए रखने के लिए गुहार लगाई :

> जब हम हिन्दी की प्रतिष्ठा के परिरक्षण में सदा सचेत रहेंगे तो उर्दू का ताब क्या जो चौखट के भीतर पाँव रख दे।[36]

इतनी ज़बर्दस्त चौकीदारी से साथ ज़ाहिर है एक सर्वव्यापी डर जुड़ा हुआ है, जिसका ज़िक्र हम फिर करेंगे।

ग़ौरतलब है कि 1911 में नागरी प्रचारिणी सभा में खड़ी बोली की तारीफ़ उन्हीं लोगों ने की जो अयोध्या प्रसाद खत्री के वक़्त ब्रज के तरफ़दार थे। एक गुमनाम शायर ने खड़ी बोली की लाज़िम जीत को भाँपकर, आधुनिक रेलवे का दिलचस्प मंज़र इस्तेमाल करते हुए कहा :

> देख रेल का सिग्नल तुम किस कारण झुक जाते हो
> संसारी जीवों को इससे क्या तुम कुछ सिखलाते हो?[37]

इससे पहले के बवाल में ब्रज की तरफ़दारी करनेवाले प्रताप नारायण मिश्र को समझ में आ गया था कि आनेवाला वक़्त खड़ी बोली का ही है। और इसी के तहत खड़ी बोली की तरफ़दारी में वो बिगुल बजाते हैं—हथियार उठाने के लिए न सही, मगर नारेबाज़ी के लिए तो ज़रूर ही :

> चहँहुँ जुसाँचो निज कल्यान,
> तो सब मिलि भारत सन्तान।
> जपो निरन्तर एक जबान
> हिन्दी, हिन्दू, हिन्दुस्तान॥

लेकिन इस बात से हम चुहल तो कर ही सकते हैं कि यहाँ, साम्प्रदायिक नारेबाज़ी में भी कविता की शरारती आत्मा खेल कर जाती है—भक्तजन का आह्वान जपने के लिए तो ज़रूर है, लेकिन वो अरबी-फ़ारसी ज़बान है, संस्कृत भाषा नहीं!

खड़ी बोली और ब्रजभाषा की आपसी तक़रार का आधुनिक हिन्दी की स्वगठित परम्परा के सवाल पर बहुत दिलचस्प असर पड़ा है। जैसा कि आमफ़हम है, उर्दूवालों ने ख़ास तौर से खड़ी बोली हिन्दी पर ये तोहमत लगाई थी कि वो तो महज़ दुकानदारों, बनिया-बक्काल की बोली भर है, उसकी कोई साहित्यिक परम्परा तक नहीं है। लेकिन जिस वक़्त खड़ी बोली अपना स्वतंत्र अस्तित्व बना रही थी, उस वक़्त तो वो ब्रज की शताब्दियों पुरानी परम्परा नहीं अपना सकती थी। मसलन 1912 में बाबू श्यामसुन्दर दास ने वाक़ई शिक्षा विभाग को लिखा कि ब्रज को हिन्दी के कोर्स की किताबों से हटाया जाना चाहिए।

इलाहाबाद में हिन्दी साहित्य सम्मेलन की मीटिंग में ब्रजभाषा और ब्रजभाषा की परम्परा की खुलकर कड़े शब्दों में बुराई की गई। मैथिलीशरण गुप्त ने घोषणा की कि जो लोग अब भी ब्रजभाषा की कविताओं के पीछे दीवाने हैं, वे "सचमुच... हमारी राष्ट्रभाषा के पक्के दुश्मन हैं।"[38] ये तो जब खड़ी बोली हिन्दी के पैर कुछ जमने लगे, तब ही वो ब्रजभाषा और दूसरी बोलियों के सम्पन्न साहित्य को अपनी ही 'परम्परा' मानने का दावा कर सकी। 4 अप्रैल, 1952 को ब्रज साहित्य मंडल, हाथरस में अपने अध्यक्ष पद से सेठ गोविन्ददास ने दरियादिली दिखाई और कहा : "ब्रज साहित्य राष्ट्रभाषा हिन्दी का प्राण है...ब्रजभाषा के गहन अध्ययन के बिना हिन्दी का पूर्ण ज्ञान होना असम्भव है, अत: ब्रजभाषा अब भी भूत की वस्तु नहीं वरन् भारत के सक्रिय और आशापूर्ण भविष्य की अनिवार्य वस्तु है।"[39]

इसके भी कुछ बरस बाद, रामविलास शर्मा के लिए ब्रजभाषा उस तद्भवता का प्रतीक बन गई है—अगर संस्कृत के पक्ष को मज़बूत करने के इरादे से हिन्दी वालों ने उसे त्याग दिया तो भाषा की जीवन्तता जाती रहेगी। शर्माजी की नज़र में ब्रज अब पतनशील सामन्ती समाज और उसकी उस स्त्रैण प्रकृति का चिह्न नहीं है जिसे द्विवेदी इत्यादि छोड़ने के लिए उतावले थे।[40] और न ही ब्रज अब वो 'गँवारूपन' दर्शाती थी, जिसका उस पर 1888 में एक सम्पादकीय में इल्ज़ाम लगा था—यानी उन दिनों जब खत्री विवाद पूरे ज़ोरों पर था :

> ब्रजभाषा अधिकतर अनपढ़-गँवार ही बोलने में लाते हैं, पर खड़ी हिन्दी सुशिक्षितों के बोलने और लिखने दोनों में आती है।[41]

ये ठीक वही इल्ज़ाम हैं जो उर्दू-वाले हिन्दी के ख़िलाफ़ लगा रहे थे। मगर अब शर्मा और बाक़ी लोगों के लिए, ब्रजभाषा नुमाइन्दा है गाँवों की जीवन्तता की, जड़ों की—वो भविष्य का प्रतीक है, न कि भूत का। ज़ाहिर है, इस तरह की दलील का दिया जाना ही इस बात का स्पष्ट संकेत है कि ज़माना बदल गया है, हम बहस के पुराने दौर से निकलकर एक नए दौर में आ गए हैं। तब, पुराने ज़माने में, हिन्दी उत्सुक थी कि उसे गँवारू न समझा जाए, उसका शहराती, नागर रूप पहचाना जाए।

जद्दोजहद के शुरुआती दौर के हवाले से ये कहा गया है कि जैसे-जैसे हिन्दी गौरवशाली भूत की तरफ़ जाती, उसका दायरा फैलता जाता—लेकिन जैसे-जैसे वो वर्तमान के बहस-मुबाहिसों के क़रीब आती, उसका दायरा सकुचा जाता।[42] लेकिन जैसा कि हमने देखा, परम्परा की सियासत थोड़ी और उलझी हुई है—मसलन, ब्रज पहले तिरस्कृत हुई, फिर अपनाई गई। और मज़े की बात ये है कि तिरस्कृत होने और फिर अपनाए जाने का एक ही कारण था—ब्रज की

रीति-काव्य की रिवायत। इसी सिलसिले का अगला वाजिब क़दम यही होगा कि हिन्दी अब उस साहित्य पर अपना दावा पेश करे जो उसकी परम्परा का शायद सबसे हरा-भरा, सबसे सम्पन्न साहित्य है—यानी उर्दू अदब पर। मगर ऐसा हो पाना आज की सियासी सम्भावनाओं की सीमा से परे है। मगर 1955 में ख़ुद सम्पूर्णानन्द ने उर्दू अदब को 'अपने वाङ्मय' का अनमोल हिस्सा बनाने की पैरवी की। मगर साथ ही नज़ाकत से ये भी कह दिया कि हिन्दी उर्दू की पुरानी मुठभेड़ की गूँज अब भी तारी है—उस मुठभेड़ की जिसमें ख़ुद उन्होंने भी अहम भूमिका अदा की थी।[43]

6

# हिन्दी राष्ट्रवाद उर्फ़ हिन्दीत्व

आधुनिक 'हिन्दी' के बनने की प्रक्रिया और 'हिन्दू सम्प्रदाय' का उभरना—ये दोनों एक-दूसरे से नत्थम-गुत्था हैं। इससे मेरी मुराद ये नहीं है कि इस काल में पूरे हिन्दुस्तान में 'हिन्दुत्व' का जो रूप उभर के आया है उसके मूल में 'हिन्दी' के बनने-बनाने की परिघटना है। लेकिन यह प्रक्रिया हिन्दुत्व पर भी रोशनी तो डालती है—यानी 'हिन्दुत्व' और 'हिन्दीत्व' में रिश्ता ज़रूर है। और क्योंकि ये दोनों प्रक्रियाएँ इतनी गड्डमड्ड हैं, इसलिए निरी भाषायी प्रक्रिया को अलग से देखना आसान नहीं है। इस मुद्दे का ज़िक्र आते ही माहौल उत्तेजना और पक्षपात से गरमा उठता है। यही कारण है कि मैंने इसे प्राय: भुला दिये गए एक प्रकरण के ज़रिए समझना मुनासिब समझा। ये प्रकरण खड़ी बोली और ब्रजभाषा के बीच विवाद का है।

अपनी पहचान ब्रजभाषा से अलग बनाने में, खड़ी बोली हिन्दी के नाम के 'खड़ी' शब्द में जो अनूठे बदलाव आए, वो उन पेचीदा ताक़तों की तरफ़ इशारा करते हैं जिनमें आपसी टकराव था। ब्रजभाषा अपनी मधुरता और अपने नर्म प्रवाह के लिए जानी जाती थी, तो माना जाता था कि उसके बरअक्स खड़ी बोली का खड़ापन देहाती खुरदुरेपन का द्योतक था। (बदले में खड़ी बोली वाले अक्सर ब्रजभाषा को 'पड़ी बोली' भी कहते थे।) एक और आदिपुरुष जो अपनी अलग खिचड़ी पका रहे थे, उनके लिए 'खड़ी' का मतलब था 'खरी' या "बग़ैर किसी मिलावट के, जैसे देसी घी"—यानी उन आम बोलियों से भिन्न जो अनियंत्रित और प्राय: संकर सामाजिक संसर्ग से उत्पन्न हुई थीं।

जिन नज़रियों से 'खड़ी' बोली की पहचान बनी, उनमें मर्दाना और ज़नानापन का पुट भी शामिल था। मसलन, ब्रजभाषा पर एक इल्ज़ाम ये था कि वो कमज़ोर, सुस्त और मर्दानगी-विहीन बोली है—और फिर ये भी कुछ उलटा इल्ज़ाम कि वो ऐसी बुढ़िया समान है, जिसे सजने-सँवरने का भौंडा शौक़ है—बुड्ढी घोड़ी, लाल लगाम। इन बातों में कई विरोधी युग्म (binary) काम कर रहे हैं। मर्दाना-ज़नाना के साथ-साथ बूढ़ा-जवान और अच्छा-बुरा तो है ही। और बूढ़े

का जवान से वही सम्बन्ध है जो कि ज़नाना का मर्दाना से है—यानी कि बूढ़ा ज़नाना, जवान मर्दाना। लेकिन जब इन 'विरोधी जोड़ों' को बीवियों के सन्दर्भ में लाया जाता है—जैसे दूसरी बीवी/पहली बीवी, या नई बीवी/पुरानी बीवी-जैसा कि हिन्दी/उर्दू के सन्दर्भ में होता है, तो कुछ मज़ेदार परेशानियाँ नज़र आती हैं। मसलन, हिन्दी को संस्कृत की निष्ठावान ज्येष्ठ पुत्री तो कहा ही जाता है, साथ ही उसके लिए पहली और सती-साध्वी लेकिन लावण्य-विहीन बीवी की उपमा भी दी जाती थी। और उसकी तुलना में उर्दू हुई हरजाई, रँगी-चुँगी बेशरम-बेहया दूसरी बीवी! मज़े की बात ये है कि इन बीवियों की उठापटक में कोई पति दूर-दूर तक नज़र नहीं आता! सोहन प्रसाद की 1886 में छपी नाटिका 'हिन्दी उर्दू की लड़ाई' से यह नमूने देखें :

> पतिव्रता गुन यह नहीं सुन तू वेश्या वाम
> छन छन करे सिंगार जो सो हरजाई नार
> पतिव्रता गुन यह नहीं देखहु हृदय विचार।

फिर हिन्दी ख़ुद अपने शान्त रूप के बारे में कहती है :

> कभी न बदलौं रूप रंग सादी सीधी चाल...
> अभी काल की छोकरी करो बराबरी मोर।
> हमसे मत बड़ि बात कर तोर मोर बड़ बीच।
> गाल फारि मुँह मारि के लैहों जिह्वा खींच।

भारतेन्दु ख़ुद 'रसा' उपनाम से उर्दू में शायरी करने का दम भरते थे, लेकिन फिर भी उन्होंने उर्दू को 'तवायफ़ों और वेश्याओं की भाषा' क़रार दिया।[1] लेकिन उपमा-अलंकारों की फिसलन-भरी दुनिया में, यही उर्दू मर्दाना विलासिता की भाषा भी बनी, जहाँ हिन्दी बनी सती सदाचारी। और फिर, रफ़्ता-रफ़्ता, उर्दू जो बेक़ाबू और बेतहाशा मर्दानगी की मिसाल थी, अपनी विलासिता के चलते, चुकी-झड़ी और मुरझाई होकर रह गई, निस्तेज और निर्वीर्य।

हिन्दी की अपनी लैंगिक पहचान भी इसी प्रसंग में बनी, उर्दू और ब्रजभाषा से खींचतान की पृष्ठभूमि में। याद रहे कि उन्नीसवीं-बीसवीं सदी के कगार पर उर्दू ही पूरी तौर से आम (और मर्दाना) इस्तेमाल की भाषा थी, और हिन्दी थी हिन्दू महिलाओं की।[2]

भारतेन्दु ने काफ़ी नाराज़ होकर हंटर कमीशन को बताया था कि 'हालाँकि लाल साहब (यानी कायस्थ) सैयद साहब बहादुर से तो उर्दू में ख़तोकिताबत करेंगे लेकिन जब वो अपनी बीवी को लिखेंगे तो नागरी में ही लिखेंगे।'[3]

श्याम सुन्दर दास की 1894 में कायस्थ कॉन्फ्रेंस को लेके शिकायत थी कि कायस्थों ने नागरी/हिन्दी को पहचान तो दी लेकिन 'सिर्फ़ कायस्थ और कश्मीरी महिलाओं' ने इसका गर्मजोशी से स्वागत किया।[4] ज़नानापन से जुड़े होने की विरासत के चलते ही खड़ी बोली हिन्दी ने अपनी नई लैंगिक पहचान गढ़ी—मर्दाना, जबर और खड़ा भले नहीं, लेकिन निर्विवाद रूप से खड़ी ज़रूर![5]

रामविलास शर्मा ने अपनी जानी-पहचानी विचारधारा के तहत ये बात रखी कि महावीर प्रसाद द्विवेदी का *सम्पत्तिशास्त्र* (निजी सम्पत्ति पर आलेख) 'हिन्दी' के आमूल परिवर्तनधर्मी स्वभाव को समझने के लिए बीज आलेख है।[6] शर्मा के इस कथन में सच्चाई है। जिस किसी ने भी मालवीय, प्रताप नारायण मिश्र या द्विवेदी—जिन्हें कालान्तर में दकियानूसी और दक्षिणपंथी भी माना गया—को पढ़ा है, स्पष्ट देख सकता है कि इन लोगों में वर्तमान परिस्थिति से व्यापक असन्तोष, सुधारवादी इच्छा, और आधुनिक बनने की तीव्र आकांक्षा है।

हिन्दी में 'हिन्दी' बनने से पहले जो आमूल परिवर्तनकारी सामाजिक चेतना मौजूद थी, उसका सबसे अच्छा प्रतीक शायद भारतेन्दु हरिश्चन्द्र ख़ुद हैं। मौक़ा यादगार है : दादरी के सालाना मेले में बोलने के लिए भारतेन्दु को नवम्बर 1884 में आमंत्रित किया गया। अन्य लोकल हस्तियों के साथ वहाँ अंग्रेज़ कलेक्टर डी.टी. रॉबर्ट्स भी मौजूद थे। रॉबर्ट्स साहब ने भारतेन्दु के भाषण के बारे में क्या सोचा, ये तो मालूम नहीं, लेकिन इस भाषण की हिन्दी के आधुनिक इतिहास में एक ख़ास जगह है।

चौंतीस साला जवान, मगर अपनी अकाल मृत्यु से महज़ एक बरस दूर, हरिश्चन्द्र ने उपस्थित और वर्तमान भद्रलोक की बजाय एक भविष्य के मध्यवर्ग को सम्बोधित करते हुए सवाल उठाया—भारतवर्ष की उन्नति कैसे हो सकती है? असल श्रोताओं की पहचान हरिश्चन्द्र ने अकड़ के साथ की—यानी "हम ग़रीब गंदे काले आदमी," कलक्टर रॉबर्ट्स साहब नहीं।

हरिश्चन्द्र के जीवन के सारे अहम विषय इस एक भाषण में मौजूद हैं : एक ऐसे युग की दहलीज़ पर खड़ा होने का अहसास जिसकी दरकार थी एक ऐसा तबक़ा जो उसकी तैयारी कर सके; एक ऐसे कल्चर पर जो बिना होड़, बिना तनाव ख़ुद्दारी रखता हो; सिर्फ़ एक ऐसे भविष्य पर विश्वास, जिसमें सभी की भागीदारी हो—इस ऐलान का लक्ष्य इस समय में हिन्दू और मुसलमान दोनों ही थे—वो नया उभरता हिन्दू समुदाय जो "विदेशियों" को निष्कासित करना चाहता था, और वो सम्भ्रान्त मुसलमान तबक़ा भी, वो खाते-पीते ज़मींदार जो अपनी

प्रजा को, क्या हिन्दू क्या मुसलमान, पूरे इंसान भी नहीं समझते थे। शिक्षा की बात उठाई और फिर एकाएक और बग़ैर किसी भूमिका के, जनभाषा के विकास और विस्तार की बात उठाई। लेकिन मज़े की बात ये है कि भारतेन्दु ने अपने भाषण में इस भाषा को कहीं हिन्दी का नाम नहीं दिया। इस आम भाषा को अपनाने और उसको फैलाने की दलील को आत्मनिर्भर होने के मत से जोड़ा और अपने भाषण के दायरे में ब्रितानी हुकूमत की अर्थ-नीति—'धन के निकासी'—और रोज़गार की विकट समस्या को भी शामिल किया। वे समाज की कुरीतियों के सुधार के बारे में भी बोले—मसलन विधवाओं की शादी पर रोक और महिलाओं के साथ आम भेदभाव, जात-पात के चलते बेइंसाफ़ी, और वे सब कुरीतियाँ जो आम जनता को आपसी शको-शुबहे की खाइयों में बँटे हुए सम्प्रदाय बनाती हैं।

भाषण इतने आत्मविश्वास से भरा था कि उनके ज़माने में उनके बारे में जो कहा जाता था वो सत्य लगता है—ये कि उन्हें अगर बाक़ायदा तालीम मिली होती तो वो सिर्फ़ एक 'अधपढ़े डिप्टी मजिस्ट्रेट या निठल्ले वकील' ही बनकर रह जाते, गोया उन सरकारी बाबुओं की तरह जो बक़ौल लिटन, 'सिवाय अपने सामाजिक बेतुकेपन के, और किसी चीज़ की नुमाइन्दगी नहीं करते हैं।'

[डालमिया (1997) में उद्धृत, पृ. 31]

ज़ाहिर है, उन्नीसवीं सदी के अन्त में की जा रही आदर्श समाज की इस कल्पना पर अपने देशकाल की छाप साफ़ नज़र आती है—और ये बिलकुल सम्भव है कि भारतेन्दु हरिश्चन्द्र का पाठ कुछ यूँ काट-छाँट के किया जाए कि वो दकियानूसी प्रतिक्रियावादी हिन्दू नज़र आएँ। लेकिन गहराई से पढ़ा जाए तो पता चलता है कि उनके लेखन में जनतंत्र की गूँज थी, समाज की बुराइयों—जैसे ग़रीबी, पिछड़ेपन और सामुदायिक अलगाववाद के ख़िलाफ़ सरगर्म गुहार थी। और उसके साथ झलकती थी ये ख़्वाहिश कि लोगों में जोश पैदा हो, एक देसी आधुनिकता को साकार करने का ठोस इरादा पैदा हो। बात सिर्फ़ इतनी नहीं है कि भारतेन्दु हरिश्चन्द्र के लेखन में भी वैसी कई बातें मिलती हैं जो उस समय के और लोगों में पाई जाती हैं, जो भविष्य में एक बेहतर समाज की कल्पना कर रहे थे—मसलन देश की सम्पदा का उपनिवेशी दोहन, या महिलाओं की दयनीय सामाजिक परिस्थिति। ग़ौरतलब है तो यह बात कि वांछित सामाजिक परिवर्तन का ज़रिया जनतांत्रिक होगा, न कि माई-बाप सरकारी फ़ितरत वाला—जो बात उस समय की कांग्रेस की कल्पना के परे थी। सिर्फ़ मुद्दों और दलीलों के आधार पर इस बात को साबित करना थोड़ा कठिन है, क्योंकि इससे मिलती-जुलती बातें तो उस काल में सभी उन्नत ख़याल वाले कर रहे थे। भारतेन्दु की असल और स्थायी विरासत तो एक ख़ास अक्खड़ स्वर है, एक खरा अन्दाज़-ए-बयाँ।

अमीर ख़ुसरो के तर्ज़ में गढ़ी भारतेन्दु की मुकरी सामान्य जनभाषा की क्रान्तिकारी विप्लवकारी क्षमता का अच्छा नमूना है—

भीतर भीतर सब रस चूसे, हँसि-हँसि के तन मन धन मूसे
जाहिर बातन में अति तेज, क्यों सखि साजन, नहिं अंग्रेज़[7]

भारतेन्दु का आम आदमी की क़ाबिलियत पर बहुत विश्वास था, बशर्ते वह ख़ुद को ज़ुल्मो-सितम की बेड़ियों से आज़ाद कर सके। ज़ाहिर है, हरिश्चन्द्र के उस व्यवस्था काल के विचार में 'उपनिवेशी संत्रास'—यानी कि इस काल में उपनिवेशवाद का विरोध ही अकल्पनीय था।[8] लेकिन भारतेन्दु को इस बात की भरपूर समझ थी कि उपनिवेशवाद किन मानसिक, बौद्धिक प्रपंचों से अपनी सत्ता जमाता है—और ये साहस भी कि उसके ख़िलाफ़ आवाज़ उठाएँ और उसे हराएँ।

मगर, ठीक जैसे शुरुआती दौर की क्रान्तिकारी भावना सच है, वैसे ही इस भावना का उस जड़ प्रतिक्रियावादिता में फँसकर दम तोड़ना जो आज 'हिन्दी' की ख़ास पहचान बन गई है। भले ही हिन्दी-नागरी की माँग पहले वहाँ से न उठी हो, लेकिन विभिन्न कारणों से जल्द ही ये 1857 के बाद के दशकों के नव-धनाढ्य वर्गों के साथ जुड़ गई। ये वे लोग थे जिन्होंने सभाओं और सम्मेलनों में शिरकत भी की, और उनमें पैसे भी लगाए। एक नोट करनेवाली बात ये है कि कलकत्ता, जहाँ से हिन्दी की शुरुआती पत्रिकाएँ निकलीं—और कलकत्ता के मारवाड़ी उद्योगपति आधुनिक 'हिन्दी' के बनानेवालों में अहम हैं। जैसी कि उम्मीद की जा सकती थी, इस मदद की फ़ितरत कुछ ऐसी थी कि धीरे-धीरे उसने 'हिन्दी' के आन्दोलन की ही 'सीमाओं और नियामक विषयों' पर असर डालना शुरू कर दिया।[9] 'हिन्दी-उर्दू की लड़ाई' (1886 के आसपास) के लेखक गौरी दत्त के लिए आम लोगों के नाम से नागरी/हिन्दी के लिए आन्दोलन करना और ये भी विश्वास करना कि हिन्दू रजवाड़े जनतांत्रिक एजेंडा आगे बढ़ाएँगे—इन दो बातों में कोई विरोधाभास नहीं था।

मोहि पूर्ण विश्वास है जो दस-बीस नरेस
एकमत होई उबारहिं हिन्दी गाय वो देस

महाजनी वर्गों की रूढ़िवादिता और साथ ही साथ वर्चस्व की नई भाषा का ईजाद—और इसके साथ नवसाक्षर सवर्ण लोगों की समझ और आवश्यकताएँ—इन सबके मेल से उस सांस्कृतिक समझ का स्वरूप बना जिसे हम आधुनिक

हिन्दी के नाम से जानते हैं—और यहाँ 'हिन्दी' से चिह्नित करते हैं। जैसा कि बेली ने इशारा किया है कि "धनवानों को लेकर अपनी बदगुमानियों के बावजूद मालवीय ने शुरुआत की इलाहाबाद के टंडनों के साथ, मगर आख़िरकार पहुँचे बिरलाओं के द्वार।"[10]

सुधारवादी, क्रान्तिकारी जोश तो जल्द ही ठंडा पड़ गया और उसकी जगह उभरी एक आग्रही नैतिकता, जिसकी जड़ में बहुत-कुछ शामिल होगा—महाजनी पाखंड के साथ-साथ हिन्दी को उर्दू और मुस्लिम दुनिया की तथाकथित नवाबी विलासिता से भिन्न दिखाना—और शुद्ध साहित्यिक स्तर पर उस शृंगारी रीति काव्य से भी अलग पहचान बनाना जो ब्रजभाषा की ख़ास उपलब्धि थी। श्याम सुन्दर दास ने खड़ी बोली हिन्दी की महान मुहिम का बखान ऐसे किया है :

> उसका काम है पथ भ्रष्ट को मार्ग बताना, आलसी में उत्साह भरना,
> पद-दलित को पूर्व सुनाना और मुर्दे को ज़िन्दा बनाना![11]

सुमित्रानन्दन पंत के 1926 के कविता-संकलन *पल्लव* की भूमिका इस सिलसिले में एक महत्त्वपूर्ण दस्तावेज़ है। इसमें एक तरफ़ ब्रजभाषा के आकर्षण और उसकी उपलब्धियों और सफलताओं का स्वीकारा जाना है तो दूसरी तरफ़ साफ़ तौर पर उसमें बदलाव लाए जाने की ज़रूरत है, इसका भी आग्रह है। ब्रजभाषा, जिसे कहीं एक बूढ़ी औरत की मानिंद बताया गया था, यहाँ एक कोमल माँ बन जाती है जो जन्म देती है एक 'ओजस्विनी' बेटी खड़ी बोली हिन्दी को। (भाषा विज्ञान के हिसाब से ये हास्यास्पद है, मगर खेल तो कुछ और ही है!) भूमिका में ब्रजभाषा की अनबुझ कामुक प्यास के रिवायत पर, नारी के शरीर के प्रति अथक खिंचाव पर, ताना कसा गया है : जब कभी किसी और रस—जैसे वीर रस या रौद्र रस—में कुछ कहना होता है तो, बक़ौल पंत जी, ब्रजभाषा के कवि मारे डर के हकलाने लगते हैं। वो सिर्फ़ कृष्ण की बाँसुरी की तान पर मिमिया सकते हैं, मगर समय की पुकार है पांचजन्य यानी युद्ध के शंख को उठाने की, क्योंकि देश जाग चुका है और लड़ाई के लिए बेक़रार है। (राष्ट्रीय स्वयंसेवक संघ के मुखपत्र का नाम भी *पांचजन्य* है।) इस तरह से पंत जी की 'हिन्दी' की एक पहचान ब्रज से पूरम्पूर भिन्न होना भी है। जहाँ ब्रजभाषा का तरीक़ा भोगी-विलासी है, 'हिन्दी' की पहचान में एक मुखर नैतिक आग्रह है, राष्ट्रवादी और आतुर, जहाँ ब्रजभाषा की प्रकृति शान्तिप्रिय और तटस्थ है।

नए युग के नएपन का तक़ाज़ा है कि हिन्दी भाषा ब्रजभाषा की क़ैद से निकले—अपने कोमल स्वर और महीन लिबास त्याग दे, भले ही इस पहनावे

के अलावा जो मुहैया है वो खादी जैसा है, 'देसी और खुरदुरा'। अपनी बात पर बल देने के लिए पंत जी अंग्रेज़ी का प्रयोग भी कर लेते हैं, जब वे कहते हैं, "ये बिलकुल 'आउट ऑफ़ डेट' हो गई है!"

ज़ाहिर है कि आधुनिक 'हिन्दी' के मामले में भाषा के अलावा और भी बहुत कुछ दाँव पर लगा है। हर क़दम पर अवधी सम्भ्रान्त वर्ग का घमंड सहने के बाद, 'हिन्दी' के अगुओं को मजबूरन एक नई शैली, नए कल्चर, चेतना के नए रूप की ईजाद करनी पड़ी। इस किताब में ये मुमकिन नहीं है कि कल्चर के इस नए रचाव के सभी पहलुओं पर तफ़सील से बात की जाए। अगर हिन्दी की वर्तमान और बिगड़ी दशा के नज़रिए से देखें—आज जबकि 'हिन्दी' एक वर्ग की स्वार्थ-सिद्धि का साधन मात्र बन गई है, तो उस गुज़रे ज़माने पे यक़ीन ही नहीं होता। उस शुरुआती दौर का ज़ोरदार लेखन, महत्त्वपूर्ण, युगान्तरकारी पत्रकारिता देखकर हम हिन्दी के उत्तराधिकारी शर्मसार हो जाते हैं।[12] मैक्डॉनेल के हुक्म के जारी किए जाने के वक़्त जन्मी *सरस्वती* जैसी पत्रिका के पन्ने पलटें तो पता चलता है कि उस वक़्त की हिन्दी कुछ और ही चीज़ थी, घोर महत्त्वाकांक्षी, सर्वग्राही, पूरी दुनिया को समेटने की बौद्धिक ज़िद से आतुर—आज की हिन्दी नहीं; गोबर पट्टी में सिमटी हुई, सरकारी टुकड़ों पर पलती बेचारी...

सत्ता की महफ़िलों से दूर होने की वजह से, 'हिन्दी' वालों को जबरन कल्चर का एक नया रूप ईजाद करना पड़ा : नई शैली, नई समझ। भाषा के लिहाज़ से इस सच को कभी-कभी, और वह भी घुमाकर, स्वीकारा गया है। *सरस्वती* के सबसे मशहूर सम्पादक महावीर प्रसाद द्विवेदी, जिनका नाम 'द्विवेदी युग' के रूप में आधुनिक 'हिन्दी' के बचपन से जुड़ा हुआ है, गर्व से कहते थे कि उन्होंने अच्छे-अच्छों को हिन्दी लिखना सिखाया है : '...देखने से पता चलेगा कि आज के हिन्दी के अनेक धुरंधर लेखक किस तरह राह पर लाए गए थे।'[13]

शुरुआती दौर की खड़ी बोली कविता का ध्वनि-संसार, उसकी लय और गति, अपने आप में एक सांस्कृतिक आविष्कार है। इस आविष्कार की जड़ें ढूँढ़ने जाएँ तो वो खड़ी बोली की रिवायतों में नहीं मिलेंगी—वो तो संस्कृत के गढ़े हुए भारी-भरकम व्यंजनों की गजगामिनी चाल अपनाए लगते हैं। इस भाषा के माहिर इसकी पूरी सम्भावनाओं के साथ खेल सकते हैं, धीर-गम्भीर और तत्सम संस्कृत से लेकर देशज और तद्भव तक, आम भाषा के सरल लालित्य तक।

ज़ाहिर है इस प्रक्रिया में कई परम्पराओं और पद्धतियों से मुँह मोड़ना भी शामिल था—शायद इसलिए कि वो तौर-तरीक़े उर्दू ने ले लिए थे—या शायद यूँ कहें कि उर्दू बन गए थे। लेकिन इसमें जहाँ एक तरफ़ क्षति है, वहाँ दूसरी तरफ़ उपलब्धि भी है। यही कारण है कि अपने सबसे उन्नत रूप में, हिन्दी में एक

नई सामाजिक और ऐतिहासिक चेतना को अभिव्यक्ति देने की शक्ति नज़र आती है—जो ज़्यादा जमी-जमाई परम्पराओं में आसानी से घुस नहीं पाती। (आधुनिक उर्दू साहित्य की भी एक प्रमुख कशमकश यही है—नए कथ्य और कहने के पुराने तरीक़ों के बीच।)

शुरुआती हिन्दी कविता अक्सर काफ़ी ठस और नीरस लगती है—जैसे श्रीधर पाठक और शायद मैथिलीशरण गुप्त में भी। फिर भी, उस साहस और परिश्रम की इज़्ज़त तो लामुहाला करनी पड़ती है, जिससे शुरू के लोग खड़ी बोली पद्य में रस पैदा करने की अथक लेकिन अन्ततोगत्वा असफल कोशिश करते रहे, करते रहे...और फिर एकाएक निराला और महादेवी जैसे कवि सम्भव हुए। *पल्लव* की भूमिका फिर देखें—उसमें कल्पना के स्तर पर जगह की तलाश है—सिर्फ़ सरकारी दफ़्तर में नहीं—ऐसी जगह जहाँ नया कथ्य और नया यथार्थ वाणी पा सके। वे लिखते हैं कि ब्रजभाषा बहुत तंग है—आधुनिकता का वाहन इन अंधी गलियों में नहीं चल सकता। लेकिन इसके बरअक्स खड़ी बोली हिन्दी बिलकुल अलग है :

> उसमें वर्तमान के पद-चिह्न, भूत की चेतावनी, भविष्य की आशा, अथच नवीन युग की नवीन दृष्टि का समावेश है। उसमें नए कटाक्ष, नए रोमांच, नए स्वप्न, नया हास, नया रुदन, हृत्कंपन, नवीन वसन्त, नवीन कोकिलाओं का गान है।

एक झटका सा लगता है जब पंत कहते हैं—

> हमें भाषा नहीं, राष्ट्रभाषा की आवश्यकता है, पुस्तकों की नहीं मनुष्यों की भाषा...

(बाद में, जब उनसे 'पूछा' गया तो पंत ने माना कि उनसे कहा गया था कि ब्रजभाषा को नीचा दिखाना है। किसने कहा था, इसका कोई ज़िक्र नहीं मिलता।)[14] सच तो ये है कि इस तरह का नितान्त नयापन सम्भव नहीं होता—और इस सांस्कृतिक आविष्कार की प्रक्रिया से जो चीज़ें उत्पन्न होती हैं—इस नएपन की लालसा पे छाप हमेशा अपने काल की ही होती है, उस ऐतिहासिक दौर की चिन्ताओं की—और फिर काल की गति में नई चिन्ताएँ भी जुड़ती चलती हैं।

लाज़िम है कि ऐसी परिस्थिति में सीमाओं की रक्षा की चिन्ता सताती है। जब श्रीधर पाठक ने यह बयान दिया कि संदिग्ध स्रोत (उर्दू) से आए किसी शब्द को देहरी पार नहीं आने दिया जाएगा, तो किसी ने उनसे यही पूछा था कि इन घुसपैठियों को रोकने के लिए कोई क़ानून बनाया जाएगा क्या?[15]

*प्रताप* नामक पत्र के साहसी सम्पादक, गणेश शंकर विद्यार्थी, जिनकी कानपुर के दंगों में हत्या हुई, देश की भौतिक और भाषायी सीमाओं की तुलना किया करते थे। उनकी राय में भाषायी सीमाओं की रक्षा करना, ज़्यादा महत्त्वपूर्ण था।[16] खड़ी बोली हिन्दी के चमन की सीमाओं को सुरक्षित रखने के लिए श्रीधर पाठक ने बाग़बानी की कल्पना कुछ यूँ की थी :

> जब तक किसी उद्यान का प्रत्येक वीरुध, प्रत्येक पौधा, प्रत्येक गुल्म, प्रत्येक लता, प्रत्येक रौस, प्रत्येक क्यारी, प्रत्येक फल, प्रत्येक फूल सुचतुर माली के निरन्तर निरीक्षण में रहता है, तब तक उसकी स्थिति रमणीय रहती है; निरीक्षण में शिथिलता आते ही दशा बिगड़ जाती है।[17]

अगर हिफ़ाज़त के तरीक़े इतने आक्रामक हों तो हैरत की बात होगी कि उस चमन में कुछ भी बच पाए, कुछ भी पनपे!

हिन्दी से 'हिन्दी' बनाए जाने के बारे में मेरा बयान दरअसल नितान्त अन्तरंग स्तर पर कुछ टूट जाने और बेदख़ल किए जाने का बयान है। सबसे सामान्य स्तर पर तो इसकी जड़ में भाषा की प्रकृति मात्र है—क्योंकि व्यक्ति की भाषा उसकी निहायत ज़ाती धरोहर भी होती है, भाषा उसकी अपनी होती है, और जिस हद तक वो उसकी अपनी आत्मीय धरोहर होती है, वो ख़ुद भी उस भाषा में क़ैद, उससे परिभाषित होता है। भाषा का सरोकार व्यक्तित्व की गहराइयों से होता है, उसकी स्मृतियों और भावनाओं से, उस दुनिया की सूक्ष्म बनावट से जिसमें वो जीता है। यानी कि अगर भाषा के स्तर पर ही आदमी असुरक्षित महसूस करने लगे—कि ध्यान हटा तो घुसपैठिए आए! —तो नई सांस्कृतिक और भाषायी पहचान के लिए सौदा ख़ासा महँगा पड़ता है।

आदमी का अपनी भाषा से सम्बन्ध इतना गहरा और निजी होता है कि भाषा पहचान या अस्मिता की राजनीति के लिए आदर्श वाहन है—यूँ पहचान बनाने और बिगाड़ने के लिए। जैसा कि सत्ताधारी राजतंत्रों को बार-बार जबरन स्वीकार करना पड़ा है, भाषायी संघर्ष एक ऐसे निजी स्तर पर चलाया जा सकता है, जहाँ तक किसी भी राजतंत्र की पहुँच नहीं हो सकती। लेकिन यह नितान्त निजी चीज़, प्रकृत्या, सार्वजनिक भी होती है।

चोरी-छिपे हो चाहे खुलेआम, अपनत्व सिरजने, सम्बन्ध बनाने या सामुदायिक गाँठ लगाने की डोरी के रूप में ये हमेशा उपलब्ध रहती है। इसलिए कोई हैरत नहीं होती कि भाषाओं ने हमेशा पहचान की सियासत में अहम भूमिका निभाई है।

हम देख चुके हैं कि कैसे परम्परा की धनी ब्रजभाषा काल की गति में मुलायम, नाज़ुक, लचीली बनती गई—और इसीलिए नवोदित हिन्दू-सवर्ण मध्यम वर्ग की अस्मिता की राजनीति के लिए अनुपयुक्त ठहराई गई। लेकिन खड़ी बोली 'हिन्दी' में वर्ग और वाहन को एक-दूसरे के पूरक मिले। इसलिए यह जानकर कोई हैरत नहीं होती जबकि महात्मा गांधी के हत्यारे नाथूराम गोडसे ने गांधी पर यह भी एक इल्ज़ाम लगाया था कि गांधी संस्कृत-प्रधान 'हिन्दी' के ख़िलाफ़ थे![18]

जब भाषाओं के साझे आँगन पहचान की सियासत के मैदान बनाए जाते हैं तो दिलचस्प चीज़ें होती हैं। हाल के युद्ध और विघटन के सन्दर्भ में, सर्बो-क्रोएशिन ज़बान की जो भूमिका थी, और जो गत बनी, इसकी एक मिसाल है। जैसा कि हमने देखा, आम हिन्दी वाक़ई एक बीच की भाषा है—उत्तर भारत की सहज बोली, जिसका जन्म सदियों से अलग-अलग इलाक़ों के लोगों, बिरादरियों और समाजों के आपस में बातचीत करने की ज़रूरत के चलते हुआ। सब ज़िन्दा भाषाओं की तरह, ये भी कई रजिस्टरों और बोलियों का उलझा ताना-बाना है। यह भाषा अंग्रेज़ी शब्द 'सेक्युलर' के दोनों ही अर्थों में, सही मानी में सेक्युलर है—इस अर्थ में कि इसके मूल और उद्देश्यों, दोनों ही में एक रोज़मर्रा की इहलौकिकता गुँथी हुई है—और इस अर्थ में भी कि ये किसी एक वर्ग या समुदाय की भाषा नहीं है, और न ही किसी एक भाषायी स्रोत से उत्पन्न है। जब ऐसी भाषा साम्प्रदायिक विद्वेष और अस्मिता की राजनीति का क्षेत्र बन जाती है तो अनोखे, हैरतअंगेज़ क़िस्म की हिंसा सम्भव होने लगती है—भाषायी स्तर पर भी।

भाषायी स्तर पर झगड़ते गुट—क्या उर्दू, क्या हिन्दी—दोनों ही आम भाषा पर अपना दावा करते हैं, क्योंकि इसी से उन्हें जनतांत्रिक बल मिलता है। साथ ही दोनों ही एक-दूसरे के दावे को ख़ारिज करते हैं—यानी कि साझा और आम भाषा से एक-दूसरे को भिन्न और दूर बताते हैं। फिर एक परत और! आम भाषा के झगड़ालू दावेदारों के लिए ये भी ज़रूरी था कि अपने आप को दूसरे से पहले तो भिन्न जताएँ—और फिर निरन्तर 'भिन्नतर' बनाते रहें! इसीलिए नागरी हिन्दी के समर्थकों के लिए ये ज़रूरी था कि वो अवध के सम्भ्रांत लोगों की भाषा—उर्दू या हिन्दुस्तानी—को अरबी-फ़ारसी-बहुल बीहड़ भाषा के सदृश बताएँ—और इसके उलट उर्दूवालों का यही प्रयास था कि हिन्दी को सिर्फ़ उस विकृत और विचित्र भाषा तक सीमित करें जो संस्कृत-पंथियों की शान थी।

बहरहाल, लोकतंत्र या तादाद के हिसाब से अपने आपको सही ठहराने के लिए, और जनतांत्रिक दावे को मज़बूत करने के लिए, एक तरफ़ तो उस फ़िलहाल काल्पनिक समूह की ओर संकेत करना था जो आगे चलकर उसका जनपद होगा—लेकिन तत्काल ये भी ज़रूरी था कि वर्तमान में संघर्ष चलाने के

लिए कुछ साथी-समर्थक जुटाए जाएँ। इसलिए दोनों ही पक्ष, जो साझा भाषा के लिए दावेदार भी थे, इस बात पे मजबूर थे कि उस साझा भाषायी ज़मीन से अलग हटकर, वो काल्पनिक प्रतीक और कथाएँ गढ़ी जाएँ जिनके आधार पर परस्पर विरोधी समुदाय खड़े किए जा सकें। फलत: हिन्दुओं ने 'मुसलमानों' के बारे में तमाम मिथक गढ़े, और मुसलमानों ने हिन्दुओं के बारे में। और इस व्यापक विद्वेष को पूरी तरह से भाषा के स्तर पर भी उतारा गया। ग़ौरतलब बात ये है कि दोनों पक्ष उस बात से मुकरते हैं जो दोनों जानते हैं, और एक स्तर पर जानने के लिए मजबूर भी हैं, कि सच ये है कि आम लोगों ने सदियों में, मिल-जुल के एक साझी और शानदार और बहुरूपी भाषा को सींचा-सँजोया है। अगर लड़ाई के पीछे एक ही साझा भाषा नहीं होती तो कोई समस्या ही नहीं होती, खींचतान करके फ़र्क़ स्थापित करने की ज़रूरत ही नहीं पड़ती।

'हिन्दी' को इस साझी विरासत को जबरन नकारना था, और उसके लिए एक ऐसी भाषा को ईजाद करना था जो लोकल रंग और ख़ुशबू के बग़ैर हो, जज़्बात की गर्मी और गूँज से महरूम हो। ('उर्दू' का भी यही क़िस्सा है, हालाँकि फ़िलहाल वो मेरा विषय नहीं है।) अगर ये झगड़ा सिर्फ़ लिपि तक ही सीमित रहता—ऐसा हो पाना भी मुमकिन नहीं था—तो बात सिर्फ़ सरकारी स्वीकृति तक सीमित रहती—स्वीकृति इसकी कि लिपि के स्तर पर वास्तव में फ़र्क़ है, और वो फ़र्क़ भले ही ऐसा हो कि उसे मिटाना असम्भव है, लेकिन फिर भी, है तो सिर्फ़ एक बाहरी फ़र्क़। लेकिन बात जब लिपि के स्तर से हटकर भाषा के स्तर पर उतर जाती है, तब कुछ दूसरी ही प्रक्रिया काम करने लगती है। ये बात निर्विवाद है कि हिन्दी और उर्दू के बीच की सीमा झीनी छननी-सी है—उसके आर-पार आना-जाना लगा ही रहता है, सिर्फ़ सार्वजनिक क्षेत्र में ही नहीं, निजी भाषा की गहराइयों में भी, और हमेशा। अगर इस खुली-सी सीमा को घाव मान लिया जाए तो ये एक ऐसा घाव है जो हमेशा हरा रहता है, और 'घाव' माननेवाला व्यक्ति मजबूर है उसे ज़ख़्मी और दुखद बनाए रखने के लिए—ये ऐसा घाव है जिसे जब चाहे कुरेदा जा सकता है, ऐसी चोट जिसे हरा रखा जा सकता है—क्योंकि मन की गहराइयों में रोक-टोक कहाँ। यही कारण है कि भाषा—ख़ास तौर से हिन्दी-उर्दू जैसी साझा भाषा—अस्मिता की गन्दी राजनीति के लिए आदर्श साधन है। क्योंकि इसमें अस्मिता का शत्रु कोई बाहरी और दूसरा नहीं, शत्रु तो ख़ुद अपने मानस में ही मौजूद है। मगर इस सोची-समझी चाल को चलनेवाले ख़ुद उसके शिकार भी हों।[19]

हो न हो, उनका अपनी भाषा से रिश्ता घुसपैठ के डर, अपाहिज कर देनेवाले डर, के बोझ से दबा होगा, हमेशा उल्लंघन की चिन्ता से ग्रस्त कि निगरानी हटी

और दुर्घटना घटी! लेकिन इस डर से एक क़ाबिलियत भी हासिल होती है—किसी को ठेस पहुँचाने की, सिर्फ़ मुँह खोलकर ऐसा कुछ कह देने की जिसके बारे में जो पता है कि दूसरे को, उसकी मान्यताओं को, ठेस पहुँचाएगा। मगर इस 'क़ाबिलियत' की क़ीमत भी कम नहीं—क्योंकि दूसरा भी ठीक उसी तरह हमें भी चोट पहुँचा सकता है।

इस गहरी 'चिन्ता' के नतीजे हमारे आसपास देखे जा सकते हैं—दूर नहीं, 'स्कूली हिन्दी' जो चतुर्दिक ख़ौफ़ पैदा करती है, वही देखें। हिन्दी क्षेत्र के जो छात्र हिन्दी की परीक्षा में भारी तादाद में फ़ेल होते हैं, इस बात का सबूत हैं कि आविष्कृत 'हिन्दी' ने उनसे मातृभाषा हिन्दी ही छीन ली है। अपनी भाषा में सर्जनात्मक प्रयोग करने का अधिकार छीन, उन्हें 'अन्य भाषी' और पराया बना दिया गया है।[20] एक और स्तर पर सरकारी 'हिन्दी' ख़ुद सत्तावान हो गई है, ग़रीब और ग़ैरों के लिए एक तरह की 'English' ही समझिए—यानी समाज में आगे बढ़ने और ऊपर चढ़ने की वांछित—लेकिन अनुपलब्ध—भाषा।[21] मुख्यधारा से दूर, अन्य बोलियों वालों पर ये दबाव बना रहता है कि सरकारी 'हिन्दी' सीखें—इसके बावजूद कि जागरूक शिक्षक-शिक्षाकर्मी यह जानते हैं कि ऐसा करना कई स्तर पर हानिकारक होता है। लेकिन सुदूर बस्तर में आदिवासी ख़ुद ये माँग करता है कि उसे सरकारी हिन्दी सिखाई जाए, क्योंकि हिन्दी का सीधा सम्बन्ध सत्ता से है, और सरकारी तंत्र में अपने आपको बचाए रखने के लिए, ज़िन्दा रहने के लिए, हिन्दी के बग़ैर गुज़र नहीं।[22] ज़ाहिर है, ये सब हिन्दी के पुरोधाओं के जनतांत्रिक आग्रह से—बलिया के भारतेन्दु से—बहुत दूर आ गया है। लेकिन शायद इस सरकारी-स्कूली हिन्दी का सबसे दुखदायी नतीजा तो है वो व्यापक कायरपन, बौद्धिक और वाचिक अनुर्वरता, लँगड़ाती सरकारी हिन्दी का साम्राज्य!

7

# ये कहाँ आ गए हम

आज़ादी की लड़ाई के दौरान इस बात को लेकर आम स्वीकृति थी कि देश की एक राष्ट्रभाषा होनी चाहिए—शायद आज भी है।[1] वैसे भी राष्ट्रीय भाषा और आधुनिक राष्ट्रवाद एक-दूसरे से गुँथे हुए हैं—और अगर राष्ट्रीय साहित्य और राष्ट्रीय पक्षी हो सकता है, तो राष्ट्रीय भाषा तो हो ही सकती है। वैसे राष्ट्र तो ऐसे भी हैं जिनकी एक से अधिक भाषाएँ हैं, और ऐसे भी जिनकी राष्ट्रभाषा उधार ली गई है—लेकिन इस बात से इनकार नहीं किया जा सकता कि आधुनिक राष्ट्रीयता का एक ही राष्ट्रभाषा होने के विचार से गहरा सम्बन्ध है। जर्मन विचारक हर्डर के नाम से जो राष्ट्रीयता की अवधारणा जुड़ी हुई है, उसमें एक ही भाषा का विचार अहम है। ये सियासी और भौगोलिक राष्ट्रीयता के चले आ रहे विचार से अलग है। जब 1926 में गौरीशंकर हीराचन्द्र ओझा ने ये ऐलान किया तो आम राय ही व्यक्त कर रहे थे : "इसमें तो किसी को सन्देह हो ही नहीं सकता कि हमारा एक राष्ट्र हो, हमारी एक राष्ट्रभाषा हो, और हमारी एक राष्ट्रलिपि हो।"[2]

और अगर एक राष्ट्रीय भाषा होनी ही थी, तो वो अंग्रेज़ी तो होने से रही। ये कुछ हद तक उस इज़्ज़त का सवाल भी था, जिसे अंग्रेज़ी साम्राज्यवाद से मुठभेड़ में बहुत ठेस पहुँची थी। मगर इसमें समझदारी भी शामिल थी। जैसाकि गांधी ने बार-बार कहा, "अगर स्वराज्य सिर्फ़ अंग्रेज़ीदाँ लोगों के लिए ही नहीं बल्कि लाखों भूखे और अनपढ़ लोगों और महिलाओं और पिछड़े हुए छुआछूत के मारे लोगों के लिए भी सार्थक होना है, तो सिर्फ़ हिन्दी ही राष्ट्रीय भाषा हो सकती है।"[3] बात सिर्फ़ जज़्बाती नहीं है, बल्कि आधुनिक राष्ट्रीयता के लोकतंत्र से जुड़ी हुई है। नागरिकों की भागीदारी से ही इस लोकतंत्र को नैतिक ज़मीन मिलती है। अगर एक भाषा थी जो ये मुमकिन कर सकती थी तो वो सिर्फ़ हिन्दी थी। ये उम्मीद की जाती थी कि अनेकता वाले राष्ट्र को एक बंधन में हिन्दी और हिन्दी ही जोड़ पाएगी :

> आज एक बलवान केन्द्रीय शासन के सिवा हमें एकता में बाँधनेवाली क्या चीज़ है? धर्म में शक्ति नहीं, वह चीज़ राष्ट्रभाषा ही हो सकती है।[4]

हिन्दी ही वो भाषा थी जिसमें भविष्य के राष्ट्र के नागरिक ख़ुद्दारी से एक-दूसरे से बातचीत कर सकते थे और, यही नहीं, वो भाषा थी जिसमें हुकूमत उनसे बातचीत कर सकती थी। हिन्दी ही अलग-अलग इलाक़ों के बीच बातचीत की भाषा हो सकती थी। छोटी-सी एक अड़चन आन पड़ी—इस बहस को लेकर कि आख़िर ये हिन्दी है क्या...

आइटम : कर्नाटक में अपने शुरू के दिनों को याद करते हुए बी.वी. कारन्थ लिखते हैं :

> मैंने हारमोनियम बजाना ड्रामा कम्पनी में सीखा और वहीं हिन्दी सीखना भी शुरू किया, लेकिन तीन साल बाद मेरी आवाज़ फट गई। इस बीच मैंने गांधी जी के 'हरिजन' को पढ़ना शुरू किया जिसमें देश की सेवा करने के लिए अलग-अलग ख़ास तरीक़ों का ज़िक्र था। उन तरीक़ों में जेल जाना, राष्ट्रभाषा सीखना और कुछ और तरीक़े जो मुझे याद नहीं है, शामिल थे। मेरी जेल जाने की कोई मंशा नहीं थी, सो मैंने हिन्दी सीखना शुरू कर दिया।[5]

आइटम : कई सालों तक हिन्दी को 'स्वराज्य भाषा' कहा जाता था और हिन्दी साहित्य सम्मेलन जिन इम्तिहानों को एक अलग राष्ट्रवादी तालीम की धारा के तहत चलाता था, उन्हें गौरव से 'स्वराज्य-परीक्षाएँ' कहा जाता था। लेकिन इसके बावजूद जब 1938 में हजारीप्रसाद द्विवेदी को, जो उन दिनों शान्तिनिकेतन में पढ़ा रहे थे, हिन्दी साहित्य सम्मेलन से जुड़ने का निमंत्रण दिया गया तो उन्होंने यह कहकर उसे अस्वीकार कर दिया...

> मेरा सब काम चौपट हो जाएगा। लोग समझेंगे ये भी हिन्दी प्रचारक है...हिन्दी प्रचार का कार्य स्वार्थमूलक समझा जाता है...[6]

आइटम : मई-जून 1938 में फ़ैज़ाबाद सूबे के साहित्य सम्मेलन में बहुत से लोग शरीक हुए जिनमें निराला और पुरुषोत्तमदास टंडन, नरेन्द्र देव और सम्पूर्णानन्द शामिल थे। रामचन्द्र शुक्ल भी मौजूद थे, मगर सियासतदानों ने उन्हें दरकिनार कर रखा था। निराला तब भी हिन्दी साहित्य के एक बड़े नाम थे...सुनते हैं कि निराला ये देखकर हैरान थे कि संगठन पर ऐसे लोग हावी हो गए थे जिनका असल एजेंडा सियासी और फ़िरक़ापरस्त था और उन्होंने उसके ख़िलाफ़ आवाज़ उठाने की कोशिश की। 'स्कूल मास्टरों' और उनके गुंडेनुमा चमचों ने निराला के साथ धक्कमधुक्की की और उन्हें ख़ामोश कर दिया। इस घटना का ज़िक्र

करते हुए, निराला ने इस नई उभरती हुई असहनशीलता और ग़ुलामी की 'हिन्दी' संस्कृति पर अफ़सोस जताया :

> हिन्दी वालों की एक अदृश्य दुम लगी होती है।[7]

रोचक बात ये है कि *सरस्वती* ने इस जलसे की अपनी रिपोर्ट में निराला द्वारा उठाए हुए ऐतराज़ों का ज़िक्र तक नहीं किया।

मैं यहाँ हिन्दी की छवि और अपील में जो बदलाव आया उसकी पड़ताल करने की कोशिश कर रहा हूँ। वो आमफ़हम हिन्दी की बोली थी जिसने पहले-पहल बंकिम और गांधी का समर्थन पाया था, और धीरे-धीरे उसकी जगह संस्कृत से अँटी हुई 'हिन्दी' ने हथिया ली। ये एक महत्त्वपूर्ण, दूरगामी परिवर्तन है, जिसकी गम्भीरता—और अक्सर तो अस्तित्व को भी—अनदेखा किया जाता है। कारण शायद ये कि भाषा का नाम, बदलते और फिर बदले हुए रूप में भी, हिन्दी ही बना रहता है। सन् 1918 में टंडन जी ने गांधी जी के सुझाव पर कि वो हिन्दी प्रचार का काम दक्षिण भारत में बढ़ाएँ, ताकि हिन्दी का राष्ट्रीय दावा पुख़्ता बन सके, हिचकिचाहट व्यक्त की थी, तो गांधी जी ने टंडन जी से हिन्दी साहित्य सम्मेलन का सचिव पद छोड़ने को कहा था।[8] लेकिन 1945 में हिन्दी प्रवर्तकों ने गांधी को यूँ हाशिए पर डाल दिया था कि जब हिन्दी के स्वरूप को लेकर मतभेद हुआ, तो गांधी जी को ही मजबूरन सम्मेलन छोड़ना पड़ा।[9] टंडन की 'हिन्दी' वो हिन्दी नहीं थी जिसे गांधी ने आज़ाद देश की तरतीब का बुनियादी हिस्सा बनाया था।

एक ही नाम के चले आने के सिलसिले के अलावा एक और कारण है, जिसके चलते हिन्दी क्षेत्र के सत्ता-अपहरण पर परदा पड़ा रहा है। जैसा कि हम अवध क्षेत्र के भाषा आन्दोलन के सन्दर्भ में देख चुके हैं, जनभाषा हिन्दी को संस्कृतनिष्ठ बताना, और फिर बनाना, ये एक आन्दोलनी क्षेत्रीय राजनीति की चाल थी। लेकिन जब क्षेत्रीय राजनीति सफल हो गई, और वर्ग विशेष ने सत्ता पर अपनी पकड़ बना ली, तब उसकी संस्कृतनिष्ठ भाषायी क्षेत्रीय राजनीति देशव्यापी राष्ट्रीय राजनीति बन गई। जनभाषा हिन्दी की विशेषता थी उसकी सर्वग्राही शक्ति, जिसके चलते वो विभिन्न भाषाओं और बोलियों से शब्द और प्रभाव अर्जित करके दूर-दूर तक फैली और अपनाई गई। संस्कृतनिष्ठ राष्ट्रभाषा हिन्दी में इस विभिन्नता, इन छोटे-छोटे क्षेत्रीय तरीक़ों के लिए जगह नहीं थी—संस्कृतनिष्ठ राष्ट्रभाषा हिन्दी से क्षेत्रीय प्रभावों की सुगन्ध निकालकर भाषा को एकरस बनाया गया। 1949 में

हिन्दी साहित्य सम्मेलन के अध्यक्ष के.सी. चट्टोपाध्याय ने घोषणा की : "शुद्ध संस्कृत शब्दों का उसी रूप में हर जगह इस्तेमाल होता है। इसलिए पूरे देश में सिर्फ़ वही भाषा मान्य हो सकती है जिसमें शुद्ध संस्कृत के शब्द हों।"[10] गोया नाम तो वही है मगर उसके पर्दे के पीछे एक अलग क़िस्म की भाषा की मुहिम है—और उसकी अगली तह में अलग क़िस्म के राष्ट्र की मुहिम भी छिपी है।

अवध सूबे की सियासत से जन्मी संस्कृत-प्रधान हिन्दी जो अब देसी, तद्भव और लोकल रंगों से मुक्त बनी, सूबे के ऊँचे तबक़े के लोगों—सम्भ्रान्त सवर्ण वर्ग-विशेष—के राष्ट्रीय मंसूबों का वाहन बनी। वो हिन्दी जो सिर्फ़ लोकल थी, जो अलग-अलग लोगों के अलग क़िस्म के रंग लिए हुए थी, अब इस्तेमाल के क़ाबिल नहीं थी—ख़ास इसलिए क्योंकि वो महज़ एक क़िस्म के लोगों की बोली थी, वो सब या लगभग सब लोगों की भाषा बनने का दावा नहीं कर सकती थी। इसके बरअक्स, संस्कृतप्रधान 'हिन्दी' प्राचीन भारतीय संस्कृति की असली (मगर कुछ काल्पनिक भी) ख़ूबियों का दावा कर सकती थी, और इसके चलते 'राष्ट्रीय' होने का भी। दुर्भाग्यवश ये 'हिन्दी', जो सर्वमान्य और राष्ट्रीय होने का दावा कर रही थी, असल में तो एक सम्भ्रान्त वर्ग-विशेष की सामाजिक विद्वेषपूर्ण, अभिजातग्रस्त, सवर्ण और अन्ततोगत्वा, अजनतांत्रिक राजनीति में जन्मी थी। या यूँ कहें कि ये हिन्दी राष्ट्रभाषा तो हो सकती थी, लेकिन सिर्फ़ ऐसे राष्ट्र की जो उसी की प्रतिच्छवि हो या, थोड़े भिन्न मुहावरे में कहें, तो एक ऐसे राष्ट्र की जिसे मौजूदा विभिन्नता-प्लावित देश से काट-छाँटकर बनाया जाए।

सच तो ये है कि हिन्दी के 'राष्ट्रीय' होने का दावा हमेशा से समस्याग्रस्त रहा है। मसलन क्या हिन्दी राष्ट्रीय इसलिए है क्योंकि वो जैसी है या जैसी वो बन सकती है, या फिर हिन्दी का राष्ट्रीय होने का दावा इस बिना पर है कि 'राष्ट्र' क्या है, या क्या बन सकता है, या बनना चाहिए या अथक जतनों से बनाया जाना चाहिए? ('हिन्दू' शब्द भी इसी तरह के गुमानों में लिपटा हुआ है। एक ही साथ वो भौगोलिक, धार्मिक और राष्ट्रीय है, एक ही साथ वो असली भी है और काल्पनिक भी)[11] 'हिन्दी' किसी मौजूदा राष्ट्र की राष्ट्रभाषा नहीं हो सकती थी; राष्ट्रभाषा 'हिन्दी' की ईजाद भाषायी और सियासी चाल भी थी—लोगों की चेतना में चोरी-चोरी एक नए 'राष्ट्र' की भावना जगाने की कोशिश। मध्य प्रदेश के मँजे हुए लेखक और पत्रकार माखनलाल चतुर्वेदी ने 1943 में दो टूक शब्दों में हिन्दी राष्ट्रवाद के ख़तरों से आगाह किया था :

> जब हम कठिन संस्कृत शब्द ठूँस कर उसकी गतिशीलता नष्ट करते हैं, तब हम भाषा के सन्तवाणी की तरह सरल होने के पथ में रोड़े अटकाते हैं और पाकिस्तान की माँग का सिद्धान्ततः समर्थन करते हैं।[12]

आख़िरकार हुआ भी ये कि पाकिस्तान और बँटवारे के गहरे साये संविधान सभा में राष्ट्रभाषा हिन्दी पर अहम बहस-मुबाहिसों पर पड़े। शुरुआत में तो हिन्दी के साथ सद्भावना का एक बड़ा ख़ज़ाना था। ग्रेनविल ऑस्टिन के शब्दों में : "पहले-पहल, एक भारतीय राष्ट्रभाषा के लिए जज़्बे में सबने उससे जुड़ी हुई समस्याओं को अनदेखा करवा दिया। लेकिन जैसे-जैसे सदस्यों ने भाषा के प्रावधान बनाने शुरू किए, उन्हें परेशानियों और आपसी मतभेद का अहसास हुआ। फिर धीरे-धीरे, मगर लगातार, मतभेद बढ़ने शुरू हुए। हिन्दी वाले अपनी माँग पर जमे रहे। उदार पक्ष वाले राष्ट्रीय एकता और सभा में शान्ति रखने के लिए, पीछे हट गए।"[13] भाषा के सवाल को, कॉन्स्टिटुएंट एसेम्बली को बँट जाने से बचाने के लिए, बार-बार मुल्तवी किया गया क्योंकि सभा समझदारी से एकजुट होकर साझेदारी और समझौतों से हल निकालना चाहती थी, न कि ज़्यादा वोट के सहारे। दूसरी तरफ़, हिन्दी वालों ने घोषणा कर रखी थी कि वो पूरे देश में हिन्दी लागू करेंगे, चाहे उन्हें सिर्फ़ एक वोट की बढ़त मिले। मगर इस गर्म दल को राजेन्द्र प्रसाद, सरदार पटेल और गोविन्द वल्लभ पंत जैसे समझदार नेताओं ने क़ाबू में रखा। हालाँकि उनका अपना झुकाव हिन्दी की तरफ़ था, मगर वे संविधान बनाने के सिलसिले को 'हिन्दी' अड़ियलपन की चट्टानों पर टूटने से बचाना चाहते थे।

कॉन्स्टिटुएंट एसेम्बली की भाषा की कमेटी ने सिफ़ारिश की थी कि "देवनागरी या फ़ारसी लिपि में लिखी हिन्दुस्तानी राष्ट्रभाषा और राज्य की पहली भाषा हो।" अंग्रेज़ी को राज्य की दूसरी भाषा होना है "उस अवधि के लिए जो राज्य क़ानून के तहत तय करें।" लेकिन 14 जुलाई, 1947 की मीटिंग में, जो आनेवाले बँटवारे के साये में हुई, उसमें हिन्दी वालों ने इस सिफ़ारिश के शब्दों पर भयानक वार किया : उन्होंने माँग की कि हिन्दी चाहिए, हिन्दुस्तानी नहीं। लिपि नागरी और सिर्फ़ नागरी! हिन्दी वाले तात्कालिक लड़ाई तो जीत गए, मगर जंग जीतना और बात थी।

इन बहसों पर अगर आज नज़र डालें तो इस नतीजे पर पहुँच न पाना मुश्किल लगता है कि हिन्दी वालों की 'असहनशीलता और अतिवादिता' ने हिन्दी को एक ठोस संवैधानिक विकल्प बनने के अवसर की हत्या कर दी, वह प्रतीकात्मक विकल्प बनकर रह गई। आख़िरकार जब कॉन्स्टिटुएंट एसेम्बली में विचार के लिए ये मुद्दा आया—1 अगस्त और 14 सितम्बर, 1949 के बीच—तो मोर्चे बन चुके थे। एक तरफ़ हिन्दीभाषी इलाक़ों के नुमाइन्दे थे—टंडन उसके अगुआ थे; और दूसरी तरफ़ बाक़ी सब जो 'भाषा के साम्राज्यवाद', ख़ास तौर से 'हिन्दी के साम्राज्यवाद' से ख़बरदार और चौकन्ने हो गए थे।[14] रवि शंकर शुक्ल ने इन

शब्दों से उन्हें आश्वस्त करना चाहा : 'जहाँ तक मेरे दक्षिण के दोस्तों का सवाल है, मैं कह सकता हूँ कि ये उनके हित में होगा कि वे जल्दी से जल्दी हिन्दी सीखें। अगर उन्होंने हिन्दी जल्द ही न सीखी तो वे पीछे रह जाएँगे।"[15] श्यामा प्रसाद मुखर्जी—जो कभी हिन्दू महासभा के अध्यक्ष रहे थे—ने बड़ी नज़ाकत से पूछा कि ऐसा क्यों है कि "ऐसे सूबों के लोग जहाँ हिन्दी नहीं बोली जाती, हिन्दी को लेकर घबराए हुए हैं।"[16]

इसका कारण शायद हिन्दी वालों की लोकतंत्र की कुछ अधूरी-सी समझ है। वैसे बात तो वो जनतांत्रिक बहुमत और उससे उपजे नैतिक बल की स्थिति से कर रहे थे—जनता के नाम पे। सामान्य जन, भारतेन्दु के 'गन्दे काले आदमी'—के प्रतिनिधि और पक्षधर होने के नाते। आर.वी. धुलेकर ने उन लोगों पर तंज़ किया जो हिन्दी अतिवादियों के ख़िलाफ़ थे : "क्या वे जनतंत्र से डरे हुए हैं? क्या वे संसद से डरे हुए हैं? क्या वे ख़ुद अपने बच्चों और नाती-पोतों से डरे हुए हैं जो भविष्य में संसद के सदस्य होंगे?"[17] सेठ गोविन्द दास ने समझाया कि जनतंत्र के मतलब क्या हैं : "...जनतंत्र सिर्फ़ तभी कारगर हो सकता है जब बहुसंख्यकों की राय का मान रखा जाए। अगर हमारी किसी बात पर रज़ामन्दी नहीं है तो उसे सिर्फ़ वोट से ही सुलझाया जा सकता है। ज़्यादा तादाद वाले जो भी फ़ैसला करें, उसे कम तादाद वालों को इज़्ज़त से और बिना किसी कड़वाहट के मान लेना चाहिए।"[18] हिन्दी वालों को जनतंत्र और अधिक तादाद के होने में फ़र्क़ न तब नज़र आता था, न शायद आज आता है—और इसी भ्रम के चलते, अहिन्दी-भाषियों के अन्देशे, उनका डर ठीक ही लगता है। फिर भी, विडम्बना ये है कि हिन्दी के बहुसंख्यक-अतिवादियों को अन्तत: रोका गया तो वह भी जनतंत्र के आधार पर ही।

समझौते का जो नुस्ख़ा मान्य हुआ वो मुंशी-आयंगर फ़ॉर्मूला कहलाता है, हालाँकि प्रस्तावकों में आंबेडकर का भी नाम है। हिन्दी को सरकारी भाषा माना गया मगर इस अहम शर्त के साथ कि अंग्रेज़ी सरकारी कामकाज के लिए पन्द्रह बरस तक जारी रहेगी। हिन्दी वाले तादाद में ज़्यादा थे, ज़ोरदार थे और अब भी एकता के राष्ट्रीय जज़्बे से फ़ायदा उठा रहे थे और इसीलिए उनकी बात ही चली प्राय:, क़रीब-क़रीब। जब पन्द्रह साल ख़त्म हुए, तब तक ज़मीन की सच्चाइयाँ बदल गई थीं।

संविधान के 17वें भाग के आठवें प्रावधान—जो भाषा से ताल्लुक़ रखता है—में एक छोटी-सी बात है जो हमें अन्दाज़ा देती है कि बहस-मुबाहिसों के दौरान माहौल कितना गर्म था। ऑस्टिन को पक्का पता नहीं है कि ये प्रावधान—जिसमें भाषाओं की सूची है और जिससे हिन्दी बल पाती है—कहाँ से आया

(पेज 298)। बहरहाल, ड्राफ़्टिंग कमेटी के एक सदस्य, एम. सत्यनारायण, के हवाले से मिले एक सायक्लोस्टाइल्ड दस्तावेज़ में इस सिलसिले की एक झलक मिलती है। नेहरू ने उनसे भाषाओं की एक सूची बनाने को कहा। उन्होंने जो सूची तैयार की उसमें हिन्दुस्तान की 12 अहम भाषाएँ शामिल थीं। नेहरू ने उस सूची को कमेटी के सामने रखने से पहले, एक नाम और जोड़ दिया—उर्दू का। जब एक 'हिन्दी मित्र' ने पूछा कि ये उर्दू आख़िर किसकी भाषा है, तो उस पर नेहरू ने तन्ना के कहा—"ये मेरी और मेरे बाप-दादाओं की भाषा है।" इस पर उस 'हिन्दी मित्र' ने अपना निशाना साधा : "ब्राह्मण होते हुए उर्दू को अपनी भाषा कहते हो, शर्म नहीं आती?"

नेहरू ने जवाब नहीं दिया। आठवाँ सूचीपत्र आख़िरकार कॉन्स्टिटुएंट एसेम्बली ने सूची में उर्दू के अलावा एक और भाषा जोड़के पारित कर दिया—संस्कृत।[19]

बस एक सवाल शेष रहता है कि हिन्दुस्तानी का क्या हुआ? मन्द आवाज़ें भी मौजूद थीं—ख़ास तौर से नेहरू की, जिन्होंने हिन्दुस्तानी की पैरवी की जो एक भाषा से ज़्यादा एक दरियादिल सलीक़े का नाम था, जिसके तहत सब भाषाओं को उनकी मुनासिब जगह देना शामिल था। मसलन आज़ाद ने हिन्दी अतिवादियों को आगाह किया कि चाहे वे कॉन्स्टिटुएंट एसेम्बली से कट्टर हठधर्मी का फ़ॉर्मूला मनवाने में कामयाब हो गए हों, मगर देश के लोगों के पास अब भी मौक़ा था कि "वे हिन्दी के रूप को बिगड़ने न दें।"[20]

मगर सच्चाई यही है कि तब तक एक साझा भाषा, हिन्दुस्तानी, के मुहिम को आगे बढ़ा सकनेवालों, चाहनेवालों और माँगनेवालों की तादाद कम हो गई थी। बेशक बँटवारे और पाकिस्तान के फ़ौरी माहौल का इससे ताल्लुक़ है : बँटवारे ने हिन्दुस्तानी को मार डाला।[21] एक तेज-तर्रार हिन्दीवादी आर.बी. धुलेकर ने मौलाना हिफ़ज़ुर्रहमान को 'सलाह' दी : "अगर आज आप हिन्दुस्तानी के पक्ष में बोलते हैं तो उसकी सुनवाई नहीं होगी। आपको ग़लत तरीक़े से पेश किया जाएगा, ग़लत समझा जाएगा...दो-तीन बरस इन्तज़ार कीजिए उन्हें (रहमान को) उनकी उर्दू ज़बान मिल जाएगी, फ़ारसी लिपि मिल जाएगी...मगर आज उन्हें विरोध करने की कोशिश नहीं करनी चाहिए क्योंकि हमारा देश—वो देश जिसने इतनी परेशानियाँ, इतने संकट झेले हैं—आज उन्हें सुनने के मूड में नहीं है।"[22] लेकिन इस बहस, इस खींचातानी में एक और बात असर डाल रही थी, भले ही अदृश्य गहराइयों से। हिन्दी और हिन्दुस्तानी की कशमकश की शुरुआत एक क्षेत्रीय आन्दोलन में हुई थी—अवध में, जहाँ एक तरफ़ नव-शिक्षित और प्राय:

कमज़ोर सामाजिक स्थिति वाले हिन्दू सवर्ण थे, और दूसरी तरफ़ अवध के सामाजिक शिखर पर आसीन, ऊँचे पदों पर आसीन लोग थे, जो कि हिन्दुस्तानी के पक्षधर थे। नतीजतन, और व्यापक स्तर पर भी, हिन्दुस्तानी का पक्ष लेना स्थापित अभिजात का पक्ष लेना दिखने लगा।

एक तरह से देखें तो हिन्दी वालों ने संविधान सभा में भी वही चाल चलनी चाही जो अवध की क्षेत्रीय राजनीति में अवध के सम्भ्रान्त वर्ग ने पाकिस्तान माँग कर चली, यानी अपने वर्ग-स्वार्थ को सामान्य, आम हित-सा जता कर। एक को तो उनका पाकिस्तान मिल गया—और पंजाबियों के वर्चस्व वाले पाकिस्तान में मुहाजिरों को अपनी करतूतों का फल भी मिल गया। हिन्दी वालों का 'हिन्दीस्तान' बनना अभी बाक़ी है।

आज भी 'हिन्दी राष्ट्रवादी' अपने अवधी अभिजात के ख़िलाफ़ आन्दोलन करने के इतिहास का नाजायज़ फ़ायदा उठा सकते हैं, आज के बदले हुए इतिहास में भी अपने आप को जन साधारण की ऊर्जा के अधिकारी बता सकते हैं। अवधी अभिजात तबक़ा तो कब का इतिहास की गर्त में समा गया—लेकिन उसकी जगह अब अंग्रेज़ी भाषी और सेक्युलर अभिजात वर्ग ने ले ली है—सो ये बेचारे तो समझ ही नहीं पाते कि इन दक्षिणपंथी हिन्दी वालों की शक्ति का स्रोत क्या है, कौन-सा ऐतिहासिक धोखा है। कवि धूमिल के शब्दों में—कौन-सी तिकड़म है?

हिन्दुस्तानी—'ज़बान' और उससे जुड़ी 'क़ौम'—से वाबस्ता साझा कल्चर और साझा भाषा की जनतांत्रिक मूल्यवत्ता के लिए ज़रूरी था, और है, कि उसका अभिजात तबक़ों के स्वार्थ-प्रेरित आन्दोलन से रिश्ता तोड़ा जाए। जब हिन्दी के सवर्ण मठाधीश ये ऐलान करते हैं कि वो प्रतिनिधि हैं उन छोटे लोगों के जो ग़रीब हैं—लेकिन देश की आज़ादी को समर्पित, आज़ादी सिर्फ़ राजनीतिक ग़ुलामी से ही नहीं, बल्कि विदेशी भाषा से भी[23]—तो उनके ढोंग का पर्दाफ़ाश करना ज़रूरी लगता है। लेकिन पर्दाफ़ाश करेगा कौन? अवध की उजड़ी ज़मींदारी संस्कृति के प्रतिनिधि कर नहीं सकते, और न ही अंग्रेज़ी गिटपिटानेवाला शहरी तबक़ा। हिन्दुस्तानी का पक्ष मुखर हो सकता था, लेकिन सिर्फ़ एक आमूल सामाजिक परिवर्तन के साथ जुड़कर, न कि गुज़रे ज़माने की सुखद यादों से दिल बहलाने के लिए। कहानी लम्बी है, लेकिन ऐसी परिवर्तन की राजनीति तो कोई थी नहीं, हिन्दुस्तानी बेचारी इस सियासी शून्य का शिकार बन गई।

1950 की अधूरी जीत और 1965 के उस 'क्लाइमैक्स' के बीच के साल—जब मुंशी-आयंगर फ़ॉर्मूले के तहत अंग्रेज़ी के साथ ज़बर्दस्ती का सहवास ख़त्म होना

था, सतही रूप में शान्त नज़र आते हैं। मगर हिन्दी की दुनिया में, हिन्दी के मठाधीश और शिक्षा से जुड़े मास्टर लोग हिन्दी को उसके ऊँचे 'राष्ट्रीय' रूप के लिए 'सँवारने' में जुटे हुए थे। ये काल हिन्दी के कारोबार की स्थापना का काल था। डॉ. रघुवीर और उनके जैसे तमाम अनुयायी न सिर्फ़ बुद्धिजीवी और अकादमिक दायरों में नए शब्द विन्यासों की ईजाद करने में अथक रूप से जुटे हुए थे, बल्कि रोज़मर्रा की आमफ़हम बोली में भी, जिसमें ये ईजाद बेमानी-सी थी। उनकी कुछेक ईजादों का तो आम तौर पर ख़ूब मज़ाक़ उड़ा और रोज़मर्रा के इस्तेमाल किए जानेवालों शब्दों के संस्कृत रूप मख़ौल के क़िस्से बन गए। जैसे 'ट्रेन' के लिए 'लौह-पथ गामिनी'। चाहे ये क़िस्से सच हों या बढ़ा-चढ़ाकर कहे गए हों, इनसे ये बात तो ज़ाहिर हो जाती है कि सरकारी ख़ज़ाने से पोषित हिन्दी वालों की करतूतों के बारे में आम राय कैसी थी। लेकिन मख़ौल ने कब किसी का क्या बिगाड़ा है—खेती तो ख़ूब चमकी, तिजोरियाँ भरीं—और अभी भर ही रही थीं, 1965 के इन्तज़ार में। लेकिन इस बीच देश के दूसरे हिस्सों में सियासी आन्दोलन जारी थे जिनके नतीजे में 1956 में सूबों का भाषा के आधार पर दोबारा संगठन हुआ। इन आन्दोलनों का एक पहलू भाषाओं के समुदायों के अलग-अलग कल्चर का उभरना तो था ही, मगर उतना ही अहम पहलू था हिन्दी के उस मान का ख़त्म हो जाना जो आज़ादी की लड़ाई की विरासत था। हिन्दी कल्चर के हावी हो जाने से पैदा हुई आशंकाओं (और झुँझलाहट) के ख़िलाफ़ आवाज़ उठाने में तमिलनाडु में डीएमके ने अगुवाई की। जैसा कि हम संविधान सभा में हुए बहस-मुबाहिसों के सिलसिले में देख चुके हैं, हिन्दी के नेताओं ने अपने मग़रूर और विस्तारवादी इरादों में शक की कोई गुंजाइश नहीं छोड़ी थी। मुझे याद है ख़ुद राजर्षि टंडन के सुपुत्र सन्त कुमार टंडन के एक भाषण, जो उन्होंने 1958 के आसपास मद्रास में दक्षिण भारत हिन्दी प्रचार सभा में दिया, यानी ऐसे लोगों को जिन्हें हिन्दी से परहेज़ नहीं था उसमें कहा गया : "...अच्छा होगा कि वे अहिन्दी-भाषी लोग जल्द से जल्द हिन्दी सीख लें नहीं तो...याद रहे 1965 बस कुछ ही साल दूर है।"

देश की भाषायी विविधता और संविधान में दिए वायदों को देखते हुए शिक्षा की केन्द्रीय शिखर संस्था, CABE ने 1956 में लम्बी सोच-विचार की प्रक्रिया चलायी। इसी प्रक्रिया का नतीजा था 'त्रि-भाषा फ़ॉर्मूला'। इसके द्वारा ये प्रयास किया गया था कि हिन्दी और अन्य भारतीय भाषाओं के बीच में एक समता पैदा की जाए—अहिन्दी-भाषी, संवैधानिक बहसों की भावनाओं को देखते हुए हिन्दी सीखें—और हिन्दी-भाषी, कोई हिन्दी-इतर भाषा। तीसरी भाषा कोई भी आधुनिक यूरोपीय भाषा हो सकती थी, लेकिन असल में तो सिर्फ़ अंग्रेज़ी ही होके

रह गई। जिस फ़ॉर्मूले की तजवीज़ की गई थी उसके एक सरल रूप को 1961 में मुख्यमंत्री सम्मेलन में पारित किया गया। इस प्रस्ताव ने ये उम्मीद जताई थी कि अलग-अलग भाषाओं के इस्तेमाल करनेवालों में जज़्बाती एका पैदा होगा और साथ ही भाषा सीखने का भार हिन्दी वालों और दूसरों पर बराबर का होगा।

लेकिन सच कहा जाए तो तीन भाषाओं के फ़ॉर्मूले को अमल में लाने की मुहिम नाकाम ही रही। महाराष्ट्र और गुजरात जैसे इक्के-दुक्के सूबों को छोड़कर, अहिन्दी इलाक़ों में हिन्दी को सिखाए जाने पर ध्यान नहीं दिया गया। हिन्दी इलाक़ों में दूसरी भाषा, कोई अलग भारतीय भाषा होनी थी, मगर इस सुझाव को अमल में लाने में ख़ासी बेईमानी नज़र आई जब उस अलग भाषा की जगह संस्कृत, उर्दू या हिन्दी के किसी रूप या 'बोली' को दे दी गई। इसने तीन-भाषा के फ़ॉर्मूले की फ़ौरी मौत तो तय कर ही दी, साथ ही हमेशा से सिर पर मँडराती भाषायी, सांस्कृतिक विद्वेष की राजनीति फिर से लहरा उठी। उर्दू का क्या हश्र हुआ अपनी ही जन्मभूमि में, इसकी कहानी तफ़सील से कहीं और बखान की जानी चाहिए। शायद इतना-भर कहा जा सकता है कि जब तक कि पिछली राजनीति का असर बाक़ी था, तब तक ठीक से सोच सकना सम्भव नहीं था। मसलन, क्या उर्दू को, हिन्दी के साथ-साथ, तीसरी भाषा का दर्जा मिलना चाहिए था—या हिन्दी की जगह मिलनी चाहिए? ज़रा-सा भी ध्यान दिया जाए तो ये ज़ाहिर हो जाता है कि ये दोनों सवाल इस झूठे बहकावे को सही मानकर चलते हैं कि हिन्दी और उर्दू असल में दो अलग भाषाएँ हैं। अगर विकृत 'हिन्दी' को ही हिन्दी मान लिया जाएगा, तो लाज़िमी है कि उर्दू को अलग माना जाए और इस तरह वो विकृत 'उर्दू' ही उर्दू बन जाएगी। ज़हरीला इतिहास उन सब सम्भावनाओं में तब तक ज़हर घोलता रहेगा, जब तक हम उस ज़हरीले इतिहास से निकली धारणाओं में जकड़े रहेंगे।

संविधान द्वारा निर्धारित 1965 की सीमा के मद्देनज़र, लोकसभा ने 1963 में हिन्दुस्तान की सरकारी भाषा पर फिर विचार किया। जैसा कि संविधान सभा की बहसों के दौरान हुआ था, इस बार भी वही हुआ। 1965 में हिन्दी को एकमात्र सरकारी भाषा बनाने के संवैधानिक प्रावधान के पक्ष और विपक्ष दोनों तरफ़ से, तेज़-तर्रार बातें कही गईं। नतीजा ये हुआ कि 'ऑफ़िशियल लैंग्वेजेज़ ऐक्ट ऑफ़ 1963' के तहत तय हुआ कि 1965 से हिन्दी ही एकमात्र सरकारी भाषा होगी, मगर साथ ही ये अहम बात भी तय की गई कि उसके साथ अंग्रेज़ी भी 'एक और सरकारी भाषा' के रूप में जुड़ी रहेगी। इस 'ऐक्ट' में ये भी कहा गया कि दस साल बाद संसदीय कमेटी फिर विचार करेगी और उसे, उसके बाद, अंग्रेज़ी को तजने या चलने देने की सिफ़ारिश करने का हक़ होगा। नेहरू ने अहिन्दी-

भाषी इलाक़ों के नुमाइन्दों को वचन दिया कि उन पर हिन्दी थोपी नहीं जाएगी। मगर 1964 में नेहरू के गुज़र जाने के बाद, अगले प्रधानमंत्री गुलज़ारी लाल नन्दा ने हिन्दी के पक्ष में क़दम उठाने की शुरुआत की। मसलन, सरकार की एजेंसियों से पूछा गया कि बदलाव की तयशुदा और अहम तारीख़ 26 जनवरी, 1965 के बाद "हिन्दी के इस्तेमाल के लिए, वे क्या क़दम उठाने की तजवीज़ करते हैं।" जब इसकी ख़बर तमिलनाडु पहुँची तो हिंसा भड़क उठी। चारों तरफ़ आन्दोलन, दंगे और फिर अत्यन्त नाटकीय ढंग से आत्मदाह की घटनाएँ हुईं। अन्ततोगत्वा, 1967 में 1963 के राजकीय भाषा अधिनियम Official Languages Act में संशोधन डाला गया—नेहरू के वायदे को क़ानूनी आश्वासन की शक्ल दी गई—जब तक कि एक भी अहिन्दी-भाषी राज्य हिन्दी के एकमात्र सरकारी भाषा बनने से इनकार करता है, तब तक अंग्रेज़ी को 'अतिरिक्त सरकारी भाषा' के पद पर बनाए रखा जाएगा। इस बीच, 1965 की प्रतीक्षा के दौरान, हिन्दी प्रदेशों में भी आन्दोलनों की गति तेज़ हुई। मसलन, 1964 में जब हिन्दी संघर्ष समिति ने प्रस्ताव पारित किए कि अंग्रेज़ी निर्धारित तिथि 1965 के बाद हरगिज़ न चलाई जाए तो प्रस्तावकों के नाम यूँ थे : बिशम्भर नाथ पांडे, वरिष्ठ गांधीवादी और पक्के सेक्युलर कांग्रेसी; हरदेव बाहरी, जाने-माने भाषाविद्; राजेन्द्र कुमारी बाजपेयी, कांग्रेसी, बाद में किसी राजभवन में विराजित; और मुरली मनोहर जोशी, भाजपा के एजेंडा के ख़ास कार्यवाहक, पद्म विभूषण।[25] मगर ये सब करतूतें और लोहिया के अनुयायियों के तमाशे रंग नहीं ला सके। संवैधानिक डेडलाइन आई, और फिर टल गई। और जो विजय की आशा से प्रेरित उत्सवी माहौल था, वो देखते ही देखते बदल गया—और उसकी जगह आई बौखलाहट, और खीझ, और तीव्र आक्रोश। इन बरसों का 'अंग्रेज़ी हटाओ' आन्दोलन आज भी याद है—बौखलाई अराजक हिंसा जिसके अगुवा लोहियावादी युवा कार्यकर्ता थे। 1965 के पहले का 'राष्ट्रभाषा हिन्दी' की निश्चित विजयाकांक्षी आश्वासन का दौर जैसे बहुत पीछे छूट गया था।

फ़िलहाल 'अतिरिक्त' लेकिन अधिकारी अंग्रेज़ी, भले ही "associate additional language" ही सही, इसी का राज है, अंग्रेज़ी ही हिन्दी के एकच्छत्र साम्राज्य हासिल करने की राह का रोड़ा है। सच ये है कि अंग्रेज़ी का ज्ञान एक वर्ग-विशेष को ऐसी पूँजी देता है, ऐसी-ऐसी पहुँच देता है जिसका हिन्दी वाले सपना भर देख सकते हैं। सन् साठ के बीते दशक में, अंग्रेज़ी हटाओ का आन्दोलन उरूज़ पे था, और अंग्रेज़ी में लिखे साइनबोर्ड और नाम

पट्टियाँ भी शिकार थीं। लेकिन आज तो अन्तर्राष्ट्रीय परिस्थिति भी हिन्दी बेचारी के विरुद्ध, अंग्रेज़ी का ही पलड़ा भारी कर रही है। यहाँ तक कि वो राज्य जो अंग्रेज़ी का महत्त्व घटाकर स्थानीय भाषाओं को अपनाने लगे थे—मसलन पं. बंगाल, उत्तर प्रदेश, बिहार—वापिस अंग्रेज़ी को फिर से जगह दे रहे हैं। और जहाँ सरकार क़दम उठाने में देर कर रही है, जनता ख़ुद प्राइवेट सेक्टर की मदद से अंग्रेज़ी अर्जित करने की कोशिश कर रही है।

लेकिन इन सारी बातों के बावजूद, अंग्रेज़ी का समसामयिक साम्राज्य, अस्थायी और डाँवाडोल ही है, रह सकता है। अंग्रेज़ी निर्विवाद रूप से सामाजिक अभिजात का प्रतीक है, प्रतीक एक ऐसे वर्ग का जिसका सामाजिक दायरा और सत्ता में बने रहने का अधिकार निरन्तर घटता जा रहा है, ग़ायब होता जा रहा है। इस अभिजात के पिंजरे से निकल पाना अंग्रेज़ी के लिए असम्भव हो गया है—उसका ऐतिहासिक सम्बन्ध, उसकी साँठ-गाँठ एक सर्वग्राही वर्ग के साथ अब और यहाँ अटूट है। लेकिन दुर्भाग्यवश, आविष्कृत 'हिन्दी' का भी अपना दबा-छुपा इतिहास है अभिजात का, हिन्दी का भी एक 'ऊँचा' सवर्ण तबक़ा है जिसके अपने और ख़तरनाक राष्ट्रीय, तथाकथित राष्ट्रवादी इरादे हैं। हालाँकि ये बात कभी खुल के न कही जा सकती है न स्वीकार की जा सकती है, लेकिन अंग्रेज़ी और इस 'हिन्दी' की एक परस्पर निर्भरता है। दोनों एक-दूसरे के सहारे ही अपना वजूद बनाए हुए हैं—एक की कमज़ोरियाँ ही दूसरी को मज़बूती और ठहराव देती हैं। दोनों एक-दूसरे को हद में रखती हैं और सुरक्षित भी।

जड़ें इतिहास में हैं, और कारण आसानी से समझे जा सकते हैं, लेकिन हिन्दी की मानसिकता अजीब घेराबन्दी की-सी है, या फिर हो गई है। हिन्दी ने अपने विभिन्न 'विरोधियों' के ख़िलाफ़ ही इतने लम्बे समय से अपने आपको परिभाषित किया है—कभी ब्रजभाषा, कभी उर्दू, आज अंग्रेज़ी—कि एक तरह की असुरक्षा-जनित आक्रामकता ही उसका प्रमुख गुण बन गया है। एक तरह की बाह्य 'परस्पर निर्भरता' तो है ही जो हिन्दी और अंग्रेज़ी को बाँधे हुए हैं : दोनों मिलकर—भले ही ग़ैर-इरादतन—सामान्य जनता की शक्तियों को एक पक्ष के ख़िलाफ़ एकत्रित, और दूसरे पक्ष द्वारा बरग़लाने का काम करती हैं। और दोनों के इस अघोषित और अस्वीकृत सहयोग से वर्तमान दुर्व्यवस्था को अजब स्थायित्व मिलता है। लेकिन एक और गहरा, गूढ़ सम्बन्ध है दोनों के बीच। उर्दू से 'ख़तरा' तो टल गया, लेकिन अंग्रेज़ी आज भी गले पड़ी है, छाती पर मूँग दल रही है। और जब तक ये स्थिति बनी रहती है, हिन्दी अपनी 'बेचारगी' की मन:स्थिति में क़ैद है, आज़ाद नहीं है अपने ही पेचीदा इतिहास को समझने और स्वीकार करने के लिए। हिन्दी ठिठकी-सी, स्तब्ध, जकड़ी खड़ी है अपने ही

अन्तर्विरोधों में, अपने ही गुप्त, और शायद गोपनीय, इतिहास में। लेकिन चिन्ता क्या, मुजरिम मौजूद है—अंग्रेज़ी!

'हिन्दी' का हाल आज डाँवाडोल है। 1965 के जबरन अधूरे क्लाइमैक्स की अब दुखद याद-भर बाक़ी है। अब कोई भी ऐसी तारीख़ नहीं है जिसका इन्तज़ार किया जा सके। फ़ैज़ की लाइन याद आती है : 'अब यहाँ कोई नहीं, कोई नहीं आएगा।' सर्जनात्मक लेखकों ने तो ख़ैर कभी भी सरकारी हिन्दी को बहुत घास नहीं डाली—और अब तो 'हिन्दी' बस एक सरकारी नाँद बन के रह गई है, जिसमें थके-हारे हिन्दी वाले मुँह मारते हैं। हिन्दी की महान स्थापक संस्थानों की वर्तमान स्थिति के बारे में कुछ न कहना ही बेहतर होगा।

तो फिर हम आज 'हिन्दी' की बात ही क्यों करें, क्यों किताब लिखें और पढ़ें, बहस करें? क्योंकि इसके बावजूद कि कोई भी हिन्दी प्रेमी, लेखक या पाठक इसकी क़तई परवाह नहीं करता, लेकिन फिर भी ये 'हिन्दी' आज भी शिक्षा तंत्र के अन्दर मौजूद है। ख़ास इसलिए ये जली-बुझी 'हिन्दी' आज भी रेडियोधर्मी पदार्थ के समान, अपना ज़हर दूर-दूर तक फैला रही है। 'हिन्दी' ही लेखक और पाठक के सम्बन्ध को विकृत करती है, लोगों की साहित्यिक रुचि को भ्रष्ट करती है, और ख़तरनाक सांस्कृतिक मूल्यों का संचार करती है। ये 'हिन्दी' ही हिन्दीभाषी क्षेत्र की ऐतिहासिक स्मृति गढ़ने का काम करती है। निचली कक्षाओं में, तथाकथित पांडित्यपूर्ण ग्रन्थों में, यानी कि इस 'हिन्दी' के व्यवहार में नित्य, दिन-प्रतिदिन, बँटवारे का 'तर्क' दोहराया जाता है। कृष्ण कुमार हिन्दी की पाठ्य पुस्तक उद्धृत करते हैं :

> पाकिस्तानी उर्दू छोड़ो, हिन्दुस्तानी हिन्दी सीखो/अपनी भाषा, रीति-नीति को अपनाओ, हिन्दू से दीखो।[26]

ये अपना क़हर और तरीक़ों से भी बरपा करती है। कृत्रिम 'हिन्दी' का आग्रह एक ख़ास तरह के भेदभाव को बढ़ावा देता है—शास्त्रीय और सार्वजनिक लोकप्रिय विमर्श के बीच, और इस ऊँच-नीच के भेद से, दोनों स्तर पर नुक़सान होता है। 'शास्त्रीय' स्तर पर कैसी विकृतियाँ आती हैं, उसका थोड़ा जायज़ा तो हमें मिल चुका है। लेकिन 'निचले' या सार्वजनिक स्तर पर भी इसका कुप्रभाव देखा जा सकता है। क्योंकि सार्वजनिक स्तर की हिन्दी शास्त्रीय 'हिन्दी' से हर मानी में 'इतर' है, इसलिए ये उलटे दुराग्रह की चपेट में आ जाती है, एक ऐसी हिन्दी जो कि नौकरों को हुकुम देने के काम आती है, या फिर Zee Channel

की हिन्दी जैसी बन जाती है, बुद्धिविहीन और नफ़ासत से महरूम। एक अहम लेख में, डी.एल. शेठ का कहना है कि 'हिन्दी' के अगुओं के उलटी बुद्धि वाले राष्ट्रवाद ने 'दूसरी' भारतीय भाषाओं को 'प्रादेशिक भाषाओं' का नाम देकर बिना वजह उनसे एक तनाव-भरा रिश्ता बना लिया है, और आज जब कोई रास्ता नहीं सूझता तो आगे बढ़ने के लिए, उसे इस तनातनी से परे जाना होगा। जब बाज़ी फँस गई है और जकड़न असह्य हो गई है, तब ये रिश्ते फिर से बनाने पड़ेंगे। कृत्रिम 'हिन्दी' के पुरोधाओं और प्रवर्तकों ने ये सोचा था कि उनकी 'हिन्दी' अंग्रेज़ी की वारिस-सी है, और सहज ही उसकी जगह ले लेगी। सो वो तो हुआ नहीं, और होने का नहीं। अब तो एक ही विकल्प है कि हिन्दी अन्य भारतीय भाषाओं के साथ मिलकर, एक ऐसा भारतीय भाषाओं पर आधारित प्रतिवर्ग बनाए जो सही मानी में अंग्रेज़ी और उसकी बनाई अन्यायपूर्ण व्यवस्था को चुनौती दे सके। धीरूभाई शेठ का तर्क थोड़ा जटिल ज़रूर लेकिन समझने योग्य है : अपनी प्रादेशिकता स्वीकार करके ही हिन्दी और अन्य प्रादेशिक भाषाएँ, और उनसे सम्बद्ध प्रबुद्ध प्रभावशाली वर्ग, अपनी प्रादेशिकता से उबरकर राष्ट्रीय दर्जा पा सकते हैं।[27] लेकिन ये प्रक्रिया तभी शुरू हो सकती है जब छद्म-राष्ट्रीय कृत्रिम 'हिन्दी' को, रास्ते से अलग कर दिया जाए। यानी कि पहला संघर्ष तो हिन्दी के अपने ही गढ़ में करना पड़ेगा।

मेरी राय में 'हिन्दी' के राष्ट्रीय दर्जे की मुहिम में, सिर्फ़ एक प्रतीक-भर होना लिखा है। अगर वो एक ऐसा 'राष्ट्र' पैदा कर सके जो उसके अपने साँचे में ढला हो, तो बात अलग है। यानी एक ऐसा राष्ट्र जो हिन्दू सवर्ण हो, ब्राह्मणवादी, शुद्ध—गरज़ ये कि एक हिन्दू पाकिस्तान हो। इसके बरअक्स अगर हिन्दी को अपनी ज़रूरी राष्ट्रीय भूमिका निभानी है तो उसे प्रादेशिक ऊँचे सवर्ण तबक़ों के स्वार्थ की राजनीति से दूर हटना होगा, क्योंकि उन्हीं की राष्ट्रीय होने की हवस ने 'हिन्दी' को जन्म दिया है। सिर्फ़ इसी तरह वो अपाहिज बना देनेवाले 'कल्चर' की सियासत से छुटकारा पा सकती है, और अपना प्रादेशिक चरित्र और जनबल दुबारा हासिल कर सकती है। ज़ाहिर है, ये बात भाषा तक सीमित नहीं रहेगी, बहुत आगे जाएगी। ठीक जैसे हिन्दी को कृत्रिम 'हिन्दी' बनाने में तमाम सामाजिक और आर्थिक कारणों का हाथ था, वैसे ही आज उलटी प्रक्रिया चलाकर 'हिन्दी' से फिर हिन्दी बनाने के तमाम सामाजिक और आर्थिक परिणाम होंगे। एक नई तरह की राजनीति ही इस या ऐसी प्रक्रिया को गति दे सकती है।

कृत्रिम 'हिन्दी' की अहमियत सिर्फ़ इसलिए है, क्योंकि हिन्दी की अहमियत है।

ज़ाहिर है कि हिन्दीभाषी इलाक़ों के लोकतंत्र के नागरिकों की भाषा हिन्दी है। और वो हिन्दी है जिसने गुज़री सदियों में इस अनेकताओं वाले देश के लोगों की बातचीत को एक-दूसरे तक पहुँचाना मुमकिन किया है। लेकिन, इस बात की ज़िद करना कि अभिजात सवर्ण तबक़ों की कृत्रिम 'हिन्दी' फ़ौरन राज्य की भाषा बन जाए, उन तबक़ों की बेसब्र लालच के अलावा और कुछ भी नहीं है। जब देश के सब लोगों का लोकतंत्र और भागीदारी की नागरिकता का अधिकार मान्य हो जाएगा, सरकारी कामकाज लोकल भाषा में किया जा सकेगा। हिन्दीभाषी इलाक़ों में ये भाषा हिन्दी और उसकी बोलियाँ होंगी, न कि कृत्रिम 'राष्ट्रवादी' 'हिन्दी'। अलग-अलग इलाक़ों के आपसी लेन-देन की ज़रूरत, वक़्त के साथ ये लाज़िमी कर देगी कि एक साझा भाषा पनपे। इतिहास के अनुभव इशारा करते हैं कि वो भाषा हिन्दी से मिलती-जुलती कोई भाषा ही होगी। लेकिन इस सिलसिले की शुरुआत भी नहीं हो सकती जब तक नक़ली, कृत्रिम 'हिन्दी', जन-भाषा हिन्दी के आसन पर क़ब्ज़ा किए बैठी है।

काफ़ी दिलचस्प बात है कि इन हालात का अन्दाज़ा हिन्दी कवि धूमिल ने अपनी एक कविता, 'भाषा की रात' में लगा लिया था। ये कविता 1960 के दशक के ज़माने की है जब उत्तर भारत में 'अंग्रेज़ी हटाओ' और दक्षिण भारत में 'हिन्दी हटाओ' के आन्दोलन जारी थे। उस तल्ख़ ज़माने में आपस में मुठभेड़ करते हुए अलग भाषाएँ बोलनेवालों के पीछे धूमिल को 'असली कसाई' नज़र आता है, जो दोनों को खा रहा है :

तुम्हारा ये तमिल-दुख
मेरी इस भोजपुरी पीड़ा का
भाई है
भाषा उस तिकड़मी दरिन्दे का कौर है।

ये बहुत कमाल की बात है कि 1965 की 'तिकड़मी' तारीख़ के चलते जिस जंगनुमा अति-राष्ट्रवाद का आलम तारी था, उसके बावजूद धूमिल ये कह पाए :

भाषा ठीक करने से पहले आदमी को ठीक कर
आ! अपने चौदह मुखों से
बोलता हुआ आ।[28]

मेरा लेखन आम तौर पर उस हिंसा का बखान है जो लोगों की बोली हिन्दी पर तत्सम 'हिन्दी' हठधर्मिता ने की है। मगर मैं अपनी बात ये कहकर ख़त्म नहीं

करना चाहता कि ये हिंसा सफल रही है। ऐसा होना मुमकिन ही नहीं था। ऐसा इसलिए कि 'हिन्दी' वाले ख़ुद अपने शायराना और लोकतांत्रिक मूड में ये राय देते हैं कि आप लाख घास को ख़त्म कर देने की कोशिश करें, वो फिर पनप जाएगी—वो लुकी-छिपी-दुबकी रहती है, मौक़ा पाते ही फिर लहलहा उठती है। ये हिन्दी, अपनी सारी, विविध और विभिन्न आंचलिकताओं को सँजोए, फल-फूल रही है। 'ये सरकारी हिन्दी नहीं है, ये परिनिष्ठित हिन्दी नहीं है, किन्तु राजनीतिज्ञों की स्वार्थ-नीति की चिन्ता न करके जो हिन्दी राष्ट्रभाषा बनी है, वह यही हिन्दी है—अनेकरूपा, अपरिनिष्ठिता, जीवन्त...'[29]

यहाँ निराशा का कोई कारण नहीं। मैंने तो ऐतिहासिक हिंसा के वाक़ये को रेखांकित किया है—ताकि वो विस्मृत न हो, दबाया न जा सके—क्योंकि अगर ऐसी हिंसा का सामना न किया जाए तो वो और तमाम विकृतियों को जन्म देती है। इन हिंसा-जनित विकृतियों से हिन्दी को मुक्त कर सकें, यही मेरा लक्ष्य है। कृत्रिम 'हिन्दी' से बँधी हुई जन-भाषा हिन्दी, समस्या का ही अंग बनकर रह गई है। लेकिन यही जन-भाषा हिन्दी, उस फ़रेबी 'हिन्दी' से छुटकारा पाकर, समाधान का रास्ता प्रशस्त कर सकती है। मैं ये ख़ूब समझता हूँ कि इस ऐतिहासिक दुःस्वप्न से जागकर मुक्ति पाने की प्रक्रिया आसान नहीं होगी, डगर लम्बी है, बाधाएँ अनेक—लेकिन शुरुआत तो होगी।

# टिप्पणियाँ

### 1. परिचय

1. R.B. Sharma (1978, passim).
2. Hansen Jaffrelot (1998).
3. Premchand, cited in R.B. Sharma (1978, p. 350).
4. See D.L. Sheth (1995) and Sudipta Kaviraj (1992).

### 2. नाम में क्या रखा है?

1. S. Bhattacharya (1997, p. 44).
2. *Sammelan Patrika, 'Rajarshi Tandon Janmashati Visheshank',* p. 53. It seems that Maulana Azad too claimed the credit for having introduced Hindustani into the Congress constitution, see Granville Austin (1966, p. 271, fn 12).
3. Rahul Sankrityayan( 1937, p. 231).
4. John Borthwick Gilchrist, *The British Indian Monitor...*(1806, lvii).
5. Introduction, Part I, vol. 1, p. 23.
6. From *Musafiran-i-Landan,* in Shackle/Snell (1990).
7. *The Problem of Hindustani* (1944, pp. 77-80).
8. V. Dalmia (1997), p. 153 fn.
9. In *Qava'id-i-Urdu* (1914). Excerpt in Shackle/Snell (1990).
10. Guleri (1988, p. 114).
11. Sitaram Chaturvedi (1993 Vikram, Part 11, p. 28).
12. Ashok Kelkar (1968).

### 3. मैक्डॉनेल भये कोतवाल

1. Cited by Malaviya in *Court Character and Primary Education in* NWP&O (1897), quoting the Printed Parliamentary Papers.
2. Hali, (p. 125).
3. King (1994, pp. 74-75).
4. Robinson (1971).
5. Robinson (1993, p. 134).
6. In MacDonnell Papers, Bodleian Library, Oxford.

7. See Das (1978). Also see Dalmia (1997, p. 169).
8. George Grierson, *The Modern Vernacular Literature of Hindustan* (1889, p. 107).
9. Ibid.
10. Sharma (1975, p. 191).
11. Washbrook (1991, pp. 188-9).
12. Bhatia (1987).
13. Thapar (1989).
14. Sharma (1975, pp. 201-2); also see Dalmia (1997).
15. Shukla (1929, p. 232).
16. Kaviraj (1992a).
17. Cohn (1985, p. 298).
18. Gilchrist, in ibid. p. 302.
19. The detailed story is available in King (1994, pp. 69-71).
20. This section relies largely on King (1994), chapter four: 'Language, Education and Employment'.
21. For "Urdu", see Rai (1984), on the Language Reform Movement; for "Hindi", see Dalmia (1997, p. 160).
22. Gilchrist, The British Indian Monitor..., (1806), p. 295, and passim.
23. See the Introductory Note to Fallon (1879) *A New Hindustani-English Dictionary.*
24. King (1994, p. 103).
25. *A Sketch of the Hindustani Language,* Edinburgh (1880, p. 9).
26. Proceedings of the Education Dept. NWP&O (1884, in IOL).
27. Proceedings of the Education Dept. NWP&O (1903, p. 37).
28. Robinson (1993, p. 141).
29. King (1994, p. 148).
30. V.P. Education Report, 1915-16.
31. Pratap Narain Misra, 'Triptyantaam'.
32. Bayly (1973).
33. Misra (1956, p. 119). Also see Rawat (1998).
34. Report by the NWP&O Provincial Committee with Evidence Taken before the Commission and Memorials addressed to the Education Commission, Calcutta (1884; p. 73).
35. Robinson (1971, p. 323).
36. Lelyveld (1978, p. 101).
37. See Brass (1974).
38. Bayly (1983, p. 356) .
39. Cited in Fallon's 1879 *Hindustani Dictionary* (p. 100).
40. See Bayly (1983) and King (1991, passim).
41. Strictures upon the Strictures of Sayyad Ahmad Khan Bahadur, Benares (1870, p. 16).
42. Stout (1976, p. 425).
43. Memorandum : *Court Characters in the Upper Provinces of India,* Benares (1868, p. 5).
44. Cited in Srivastava, *Annual of Urdu Studies,* No. 10 (p. 233).

45. Bhatt (Samvat 1998), December 1899 essay entitled 'Hindu Jaati ka Svabhaavik Guna', in *Nibandhavali.*
46. Ramgopal (Saka 1886, p. 9).
47. UPNNR
48. In Chaturvedi (1973, p. 161).
49. Cited, Francesca Orsini, The Hindi Public Sphere (2002, p. 99).
50. May 1892, in IOL.
51. King (1991, p. 128).
52. Hali (1976, p. 124-5)..
53. Ibid. (pp. 123-7).
54. Memorandum (p. 5).
55. Hunter Commission testimony—see ref. 34 above (p. 327).
56. Hali (1976, p. 124).
57. In Misra (1956, p. 141).
58. Cited King (1991, p. 135).
59. *Saraswati,* Hirak Jayanti Ank, ed. Srinarain Chaturvedi, Allahabad: Indian Press (1961).
60. Cited in Nandalal Chatterjee, 'A Forgotten Official Inquiry...' (p. 31).
61. *Hindi Pradip,* May-July (1901).
62. UPNNR
63. UPNNR
64. UPNNR
65. UPNNR
66. UPNNR
67. Reconstructed from MacDonnell Papers and King (1994).
68. Robinson (1993, p. 44, fn 2).
69. UPNNR. Particularly *Pioneer,* 11 August, 1900.
70. In MacDonnell Papers.

## 4. बदलाव की भूमिका

1. Cited by Padma Singh Sharma in *Sabhapatiyon ke Bhashan,* vol. 2, p. 130.
2. Cited in Chatterjee (1955).
3. Ibid.
4. See King (1991, pp. 83-4).
5. Vedalankar (1969, p. 154).
6. King 1991 (p. 83).
7. Ibid (p. 68).
8. Ibid.
9. Cited in *Hindi Bhasha/Nagari Lipi* (p. 219).
10. Lucy Stout, Kayastha ts.
11. *Sabhapatiyon ke Bhashan* vol. 1 (p. 85).
12. Chatterji (1955).
13. *Sabhapatiyon ke Bhashan* vol. 2 (p. 317).

14. King (1991, p. 124).
15. Bayly (1975, p. 119).
16. Tanika Sarkar, *Economic and Political Weekly,* 24 Sept. 1994.
17. Francesca Orsini, *The Hindi Public Sphere,* (2002).
18. Guha (1988, p. 67).
19. Dalmia (1996, p. 287).
20. Oudh Akhbar, published by the Nawal Kishore Press. Cited in King (1974, p. 402).
21. Lelyveld (1978, p. 307).
22. *Abhyudaya,* 13 November (1908, p. 5).
23. UPNNR
24. Cited in King (1974, p. 418).
25. Ibid., p. 428.
26. Robinson (1993, p. 141).
27. Jalal/Seal (1981).
28. Pirzada, *Foundations,* vol.l, p. 74.
29. UPNNR
30. Jalal/Seal (1981).
31. King (1991, p. 59).
32. Bayly (1975, p. 119).
33. Low (1968, p. 12).
34. Cited in K.S. Singh (1992, p. 82). It is unlikely that Sir Syed wrote "lipi" - but "rasm-ul-khat" would have been incomprehensible to Singh's Hindi readers.
35. Pande (1957, p. 219).
36. Anjum (1998).
37. Jalal/Seal (1981).
38. Ibid.

**5. हीरो हैं ये**

1. King (1990). This is obviously not a verbatim report : the use of "dialects" already assumes the existence of a standard language.
2. Chaturvedi (1973, pp. 32-34).
3. Orsini, (2002), p. 17.
4. Krishna Kumar 199, 'Hindu Revivalism...'.
5. Guleri (1988, p. 41).
6. Pritchett (1994).
7. Sharma (1977).
8. Chaturvedi (1973), p. 15.
9. Sitaram (1930, p. 44).
10. Chaturvedi (1986, p. 118 and passim).
11. Alam (1998, p. 331).
12. S.R. Faruqi, *Early Urdu Literary Culture and History,* OUP, (2001).
13. Lelyveld (1993).
14. Lelyveld (1994).

15. Faruqi, *Early Urdu Literary Culture and History,* OUP, (2001), p. 74.
16. Hali's review of *Farhang-i-Asafiya,* cited in Sharma (1932, p. 43).
17. Even the tatsama drive towards reviving the "pure" Sanskrit forms of words is justified, by Malaviya, on the grounds that in the run of time, the meanings of words have changed greatly, thereby affecting "our" beliefs and practices etc., and consequently our life as a community. Until the pure forms of those words are put once again before the people, he writes, reforming the Hindu "jati" will be very difficult. See Chaturvedi, 1993 Vikram, p. 98.
18. Poromesh Acharya, EPW, 1986.
19. Pollock (1998).
20. *Sammelan Patrika,* Tandon Smriti Ank, p.259; lecture delivered 20 Oct. 1938.
21. *Rachanavali,* vol. III, p. 478.
22. Firaq (1971).
23. Balmukund Gupt, passim.: Harioudh, *Sabhapatiyon ke Bhashan,* vol. 2, in Delhi 1923.
24. Sitaram Chaturvedi, ed. *Mahamana Madan Mohan Malaviya Commemoration Volume,* 1993 Vikram, part 1, p. 46.
25. In Singh (1958, p. 202).
26. Sharma (1977, p. 244).
27. Misra (1970); Singh (1952).
28. Rahul Sankrityayan. Also see (1937, pp. 237-245); *Sammelan Patrika,* Tandon Smriti Ank, p. 260; Sharma (1975, p. 158); Nespital, (1990).
29. *Yaadon ki Baraat,* p. 128; edn Delhi (1997).
30. Guleri (1988, pp. 217-26); a 1905 memoir.
31. Cited in Misra (1956, p. 167).
32. Ibid. p. 9.
33. Kausalyayan (1986, p. 163).
34. Guleri (1988, p. 218).
35. In Sahay/Sharma (1960, p. 69).
36. In Misra (1956).
37. Ibid., p. 74.
38. Ibid., p. 229.
39. In Lakshmichand (1963).
40. Sharma, (1978), partic. pp. 277-285.
41. Hindusthan, 3 April, 1888; cited Sahay/Sharma (1960, p. 89).
42. King (1991, pp. 151-2).
43. *Rashtrabhasha Hindi* (1962, p. 29).

## 6. हिन्दी राष्ट्रवाद उर्फ़ हिन्दीत्व

1. Hunter Commission testimony, in Ramgopal (Saka 1886).
2. Dalmia (1997, pp. 190-191).
3. Hunter Commission testimony.

4. Cited in King (1974, p. 292).
5. Misra (1956, p. 14).
6. Sharma (1977).
7. *Granthavali*, vol. 2, p.881; cited in Guleri (1988, p. 181).
8. Dalmia (1997, pp. 29-30).
9. See Bayly (1973).
10. Ibid.
11. Misra (1956, p. 233).
12. Chaturvedi (1973, Adikala, pp. 84-85).
13. Singh (1958, p. 48).
14. Ibid., Preface.
15. In Sahay/Sharma (1960, p. 83).
16. *Sabhapatiyon ke Bhashan,* vol. 2, p. 140.
17. *Sabhapatiyon ke Bhashan,* vol. I, p. 136.
18. Final testimony.
19. Shukla (1948).
20. Orsini (1999).
21. Ibid.
22. At a conference on *Bhasha na samjhi janen waali bhashayen,* i.e., languages that are not recognised as languages, held at Delhi in 1999.

### 7. ये कहाँ आ गए हम

1. Pandit Vamanrao Pethe and Bankim are variously credited with having originated the idea, but Guleri (1988, p. 329) cites a Baba Kishan Das Niranjani who, in 1872, published this: bhaiyo jab takke hindustan mein ek lipi, ek bhasha, ek dharm na hoga tab takke hindustan mein purna sudharna na hogi...
2. *Sabhapatiyon ke Bhashan,* p. 99.
3. Gandhi, *Thoughts on National Language,* p. 31.
4. Premchand, *Vividh Prasang,* vol. 3, p. 290.
5. *Seagul Theatre Quarterly,* No. 2, April 1994.
6. Dwivedi to Banarasi Das Chaturvedi on 3 April, 1938; in Chaturvedi Papers, NAI.
7. Rachnavali, vol. 6. pp. 198-210; this remark, p. 209.
8. *Sammelan Patrika,* Gandhi-Tandon Ank, p. 25.
9. Ibid., p. 37.
10. In Kausalyayan (1986), p. 154.
11. Dalmia (1997, pp. 32-36).
12. *Sabhapatiyon ke Bhashan,* vol. 2, p. 403.
13. Austin (1966, chapter 12)—Language and the Constitution is the classic account of these debates. Real addicts can, of course, always go to the Constituent Assembly Debates—CAD—themselves. This remark, p. 267.
14. TT Krishnamachari, cited Retzlaff, (p. 382); TTK, Austin (1966, p.

283).

15. CAD, IX, 1420-21
16. Austin (1966, p. 298).
17. CAD, IX, 1350.
18. Austin (1966, p. 302).
19. MS's account in author's possession.
20. CAD, IX, p. 1459.
21. Austin (1966, p. 277).
22. CAD, IX, p. 1351
23. Dhulekar in CAD, IX, p. 1349.
24. This account of the three language formula relies on the Kothari Commission Report and Brass, *The Politics of India since Independence* (1990), Chapter 5.
25. Verma (1964, p. 193).
26. Balsakha, (1948); cited Krishna Kumar, 1991
27. Sheth (1995).
28. Dhoomil, *Sansad se Sadak Tak.*
29. Sharma (1975, p. 272).

# सन्दर्भ सूची


Acharya, Poromesh. 1986. 'Development of Modern Language Textbooks and the Social Context of 19th Century Bengal', *Economic and Political Weekly,* 21:17, 26 April.

Ahmad, Z.A. ed. 1941. *National Language for India.* Allahabad: Kitabistan.

Alam, Muzaffar. 1998. 'The Pursuit of Persian : Language in Mughal Politics'. *Modern Asian Studies* 32:2, pp. 317-49.

Austin, Granville. 1966. *The Indian Constitution : Cornerstone of a Nation.* Oxford : Clarendon.

Bayly, C.A. 1973. 'Patrons and Politics in Northern India'. *Modern Asian Studies* 7 (3), pp. 349-88.

Bayly, C.A. 1975. *The Local Roots of Indian Politics. Allahabad 1880-1920,* Oxford : Oxford University Press.

Bayly, C.A. 1983. *Rulers, Townsmen and Bazaars : North Indian Society in the age of British Expansion, 1770-1870.* Cambridge : Cambridge University Press.

Bayly, C.A. 1985. The Pre-history of 'Communalism'? Religious Conflict in India, 1700-1860. *Modern Asian Studies* 19 (2), pp, 177-203.

Bhalla, Alok, ed. 1992. *Images of Rural India in the Twentieth Century,* New Delhi : Sterling.

Bhatia, Tej. 1987. *A History of the Hindi Grammatical Tradition.* Leiden : Brill.

Bhattacharya, Sabyasachi, ed. 1997. *The Mahatma and the Poet : Letters and Debates between Gandhi and Tagore 1915 1941.* Delhi : National Book Trust.

Brass, Paul. 1974. *Language, Religion and Politics in North India.* Cambridge : Cambridge University Press.

Breckenridge, Carol, and Van Der Veer, Peter, eds. 1993 [1994] *Orientalism and the Postcolonial Predicament : Perspectives on South Asia.* Delhi : Oxford University Press.

Chandra, Sudhir. 1984. 'Communal Elements in Late 19th Century Hindi Literature'. *Journal of Arts and Ideas* 6 : pp. 5-18.

Chatterjee, Nandalal. 'A forgotten official Inquiry on the Hindi-Urdu

Controversy'. Indian Historical Records Commission, Proceedings, XXX, 1954, pp. 30-33.

Chatterjee, Nandalal. 1955. 'The Government's Attitude to Hindi-Urdu-Hindustani in the post-Mutiny period'. *Journal of the U.P. Historical Society,* n.s.3.

Chatterjee, Nandalal. 1958. 'A Forgotten Minute of 1875 Regarding the Desirability of Uniting Hindi and Urdu'. *Indian Historical Records Commission,* XXXIV, Part 2, p.90.

Chatterjee, Suniti Kumar. 1973. *India : A Polyglot Nation and Its Linguistic Problems vis a vis National Integration, Bombay :* Mahatma Gandhi Memorial Research Centre.

Chaturvedi, Sitaram. ed. Mahamana Pandit Madan Mohan Malviya Commemoration Volume. Allahabad : Hindi Sahitya Sammelan, 1993 Vikram.

Cohn, Bernard S. 1985. 'The Command of Language and the Language of Command.' *In Subaltern Studies* IV, pp. 276-329, Delhi : Oxford University Press.

*Constituent Assembly Debates*. Abbrev. CAD.

Cronin, Richard P. 1981. 'Language and Nationalism in late 19th and early 20th century India : The substitution of Hindi for Oriya as the Court Language of Sambalpur District, Central Provinces, and its consequences'. In Robert I. Crane and Bradford Spangenberg ed. *Language and Society in Modern India.* Delhi : Heritage.

Dalmia, Vasudha. 1997. *The Nationalization of Hindu Traditions : Bharatendu Harishchandra and Nineteenth-century Banaras.*

Das, S.K. 1978. *Sahibs and Munshis.* Calcutta.

Dasgupta, Jyotirindra. 1970. *Language Conflict and National Development : Group Politics and National Language Policy in India.* Berkeley : University of California Press.

Desai, M.P. 1957. *The Hindi Prachar Movement.* Ahmedabad : Navajivan.

Faruqi, Shamsur Rehman. *Early Urdu Literary Culture and History,* Delhi : Oxford University Press, (2001).

Freitag, Sandra B., ed. 1990. *Culture and Power* in *Banaras : Community, Performance and Environment 1800-1980.* Delhi : Oxford University Press.

Gilchrist, John Borthwick. 1806. The British Indian Monitor, or The Anti-Jargonist, Stranger's guide, Oriental Linguistic, & Various Other Works...on the Hindoostanee Language, Improperly Called Moors; with Considerable Information respecting Eastern Tongues, Manners, Customs...That previous time, and the voyage to the East Indies, may both be rendered agreeably subservient to the speedy acquisition of much useful knowledge on Indian Affairs, intimately connected with future health; fame, happiness and fortune, in that remote but promising portion of the British Empire. Edinburgh, 1806.

Gorakhpuri, Firaq. 1959. 'Friends not foes harming Hindi'. *Hindustan Times Weekly,* 6 December.

Guha, Ranajit. 1988. *An Indian Historiography of India : A Nineteenth Century Agenda and its Implications,* Calcutta : K P Bagchi.

Hansen, Thomas Blom and Christophe Jaffrelot. eds. 1998. *The BJP and the Compulsions of Politics in India,* Delhi : Oxford University Press.

Haynes, Douglas. 1992. *Rhetoric and Ritual in Colonial India : The Shaping of a Public Culture in Surat City,* 1852-1928. Delhi : Oxford University Press.

Jalal, Ayesha, and Seal, Anil. 1981. 'Alternative to Partition : Muslim Politics Between the Wars'. *Modern Asian Studies 15.*

Jordens, J.T.F.1978. *Dayanand Saraswati : His Life and Times.* Delhi : Oxford University Press.

*Journal of Arts and Ideas :* Special Number on Modern Indian Art. 1995.

Karat, Prakash. 1973. *Language and Nationality Politics in India.* Delhi: Orient Longman.

Kaviraj, Sudipta. 1992. Writing, Speaking, Being : language and the historical formation of identities in India. In Dagmar Hellmann- Rajnayagam and Dietmar Rothermund ed. *Nationalstaat und Sprachkonjlikte in Sud-und sudostasien.* Heidelberg : Sudasien Institut.

Kaviraj, Sudipta. 1992a. 'The Imaginary Institution of India' in P. Chatterjee and 1. Pandey, eds. *Subaltern Studies VII.* Delhi : Oxford University Press.

King, Christopher R. 1990. 'Forging a New Linguistic Identity : The Hindi Movement in Banaras, 1868-1914'. In Freitag, 1990.

King, Christopher. 1994. *One Language, Two Scripts : The Hindi Movement in Nineteenth Century North India,* Bombay : Oxford University Press.

Kumar, Krishna. 1991. *Political Agenda of Education.* New Delhi : Sage.

Lelyveld, David.1978. *Aligarh's First Generation : Muslim Solidarity in British India.* Princeton NJ : Princeton University Press.

Lelyveld, David.1993. 'The Fate of Hindustani : Colonial Knowledge and the Project of a National Language.' In Breckenridge, Carol, and Van Der Veer, Peter, eds. 1993.

Lelyveld, David.1994. 'Zaban-e Urdu-e Mualla and the Idol of Linguistic Origins'. *Annual of Urdu Studies,* no : 9.

Low, D.A. 1968. *Introduction. Soundings in Modern South Asian History.* Berkeley : University of California Press.

Malviya, Madan Mohan. "Court Character and Primary Education in NWP&O", (1897).

McGregor, R.S. 1972. 'Bengal and the Development of Hindi, 1850-1880'.

*South Asian Review* 5 (2).
McGregor, R.S. 1991. 'A Hindi Writer's View of Social, Political and Language Issues of his Time : Attitudes of Harishchandra of Banaras (1850-1885)'. *Modern Asian Studies* 25 (1), pp. 91-100.
McLane, John. 1977. *Indian Nationalism and the Early Congress.* Princeton NJ : Prince ton University Press.
Menon, Visalakshi. 1980. 'The Indian National Congress and Mass Mobilization : a Study of the U.P. 1937-39. *Studies in History* II:2, pp. 111-140.
Nespital, Helmut. 1990. 'On the relation of Hindi to its regional dialects'. In M. Offredi ed. *Language Versus Dialect,* Delhi : Manohar.
Nespital, Helmut. 1994. 'The Development of Literary Urdu in the 17th and 18th Centuries with regard to Changes of its Language Structure'. In *Tender Ironies : A Tribute to Lothar Lutze,* Delhi : Manohar, pp. 302-25.
Nespital, Helmut. 1998. 'The Linguistic Structure of Hindavi, Dakkhini, Early Urdu and Early Khari Boli Hindi'. *Berliner Indologische Studien* 11/12: 195-217.
Orsini, Francesca. 1999. 'What did they mean by 'Public'? Language, Literature and the Politics of Nationalism'. *Economic and Political Weekly* (Bombay). 13 February.
Orsini, Francesca. *The Hindi Public Sphere : Language and Literature in the Age of Nationalism,* Delhi : Oxford University Press, (2002).
Pandey, Gyanendra. 1975. 'Mobilization...' *Modern Asian Studies* 9 (2).
Pandey, Gyanendra. 1990. *The Construction of Communalism in Colonial North India.* Delhi : Oxford University Press.
Pirzada, Syed Sharifuddin, ed. *All India Muslim League Documents: 1906-1947.* Karachi, 1970.
Pollock, Sheldon. 1998. 'The Cosmopolitan Vernacular'. *Journal of Asian Studies* 57:1, pp. 6-37.
Pritchett, Frances. 1994. *Nets of Awareness : Urdu Poetry and its Critics.* Berkelcy : University of California Press.
Rai, Alok. 1992. 'Ayodhya Prasad Khattri's Khari Boli and Braj', In Bhalla, 1992.
Rai, Alok. 1995. 'Making a Difference : Hindi, 1880-1930'. *Annual of Urdu Studies,* No: 10.
Rai, Amrit. 1984 [1991]. *A House Divided : The Origin and Development of Hindi-Urdu,* Delhi : Oxford University Press.
Rawat, Ramesh. 1998. '1857 and the Renaissance in Hindi Literature' *Social Scientist,* nos. 296-299.
Retzlaff, R.H. 1960. *Constituent Assembly of India and the Problem of Indian Unity.* Microfilm. NMML, New Delhi.
Robinson, Francis. 1971. 'Consultation and control : The U.P. Government

and its allies'. *Modern Asian Studies* 5 (4), pp. 313-336.

Robinson, Francis. 1973. 'Municipal Government and Muslim Separatism in the U.P. 1883-1916'. *Modern Asian Studies* 7 (3).

Robinson, Francis. 1993. *Separatism Among Indian Muslims. The Politics of the United Provinces Muslims 1860-1923,* Delhi : Oxford University Press.

Sarkar, Sumit. 1983. *Modern India 1885-1947* : Mac Millan

Shackle, Christopher and Snell, Rupert, eds. 1990. *Hindi and Urdu since 1800; A Common Reader.* London : SOAS.

Sheth, D.L. 1995. 'The Great Language Debate : Politics of Metropolitan versus Vernacular India.' In Baxi, Upendra and Parekh, Bhikhu, eds. *Crisis and Change in Contemporary India.* Delhi : Sage.

Srivastava, Sushil. 1995. Review of Christopher King, *One Language, Two Scripts. Annual of Urdu Studies,* No: 10.

Stout, Lucy Carol. "The Hindustani Kayasthas: The Kayastha Pathshala and the Kayastha Conference, 1873-1914". Unpublished Ph.D. thesis, Berkeley, 1976.

Tara Chand. 1944. *The Problem of Hindustani.* Allahabad : Indian Periodicals Ltd.

Thapar, Romila. 1989. 'Imagined Religious Communities'? Ancient History and the Modern Search for a Hindu Identity'. *Modern Asian Studies* 23 (2) 209-231.

Vedalankar, Shardadevi. 1969. *The Development of Hindi Prose Literature in the Early Nineteenth Century (1800-1856 A.D.).* Allahabad : Lokbharti.

Washbrook, David. 1991. 'To each a language of his own': language, culture and society in colonial India'. In Penelope Corfield, ed. *Language, History and Class.* Oxford : Blackwell.

अंजुम खालिक़, 1988 'अंजुमन तरक़्क़ी-ए-उर्दू की सूबाई कॉन्फ्रेंस का सदारती ख़ुतबा', *हमारी ज़बान,* दिल्ली।

कौशल्यायन, आनंद, सं. 1986, *राष्ट्रभाषा की समस्याएँ,* इलाहाबाद (प्रयाग) : हिन्दी साहित्य सम्मेलन।

गर्ग, कमला देवी, एन.डी. (भूमिका 1948), *हिन्दी ही क्यों?,* कलकत्ता : बंगीय साहित्य परिषद।

गुलेरी, चन्द्रधर शर्मा, 1988, *पुरानी हिन्दी और शेष रचनाएँ,* दिल्ली : किताबघर।

गोरखपुरी, फ़िराक़, 1962 [1979] *उर्दू भाषा और साहित्य,* भारतीय ज्ञानपीठ।

गोरखपुरी, फ़िराक़, 1971, 'हमारी बोली', लक्ष्मीकांत वर्मा, सं. *हिन्दी भाषा और नागरी लिपि,* इलाहाबाद : हिन्दुस्तानी अकादेमी।

चतुर्वेदी, रामस्वरूप, 1986 [1998] *हिन्दी साहित्य और संवेदना का विकास,* इलाहाबाद : लोकभारती।

चतुर्वेदी, श्री नारायण, 1973, *आधुनिक हिन्दी का आदिकाल 1957-1908,* इलाहाबाद : हिन्दुस्तानी अकादेमी

चतुर्वेदी, श्री नारायण, 1981, *उर्दू क्या है?* इलाहाबाद : हिन्दी साहित्य सम्मेलन।

द तासी, गार्सा, *हिन्दवी साहित्य का इतिहास,* अनुवाद : लक्ष्मी सागर वार्ष्णेय, 1953, इलाहाबाद : हिन्दुस्तानी अकादेमी।

दास, गोविन्द, 1965, *राजभाषा हिन्दी,* इलाहाबाद (प्रयाग) : हिन्दी साहित्य सम्मेलन।

दास, ब्रज रत्न, 1934 (1962), *भारतेन्दु हरिश्चन्द्र,* इलाहाबाद : हिन्दुस्तानी अकादेमी।

दुबे, उदय नारायण, 1979, *राजभाषा के सन्दर्भ में हिन्दी आन्दोलन का इतिहास,* दिल्ली : प्रकाशन संस्थान।

द्विवेदी, हजारीप्रसाद, 1981, *हिन्दी साहित्य : उद्भव और विकास, ग्रंथावली,* खंड 3, दिल्ली : राजकमल प्रकाशन।

द्विवेदी, हजारीप्रसाद, 1995, *भाषा, साहित्य और देश,* दिल्ली : भारतीय ज्ञानपीठ।

धूमिल, 1972, 'भाषा की रात', *संसद से सड़क तक,* दिल्ली : राजकमल प्रकाशन।

पाण्डेय, चन्द्रबली, 1948, *शासन में नागरी,* इलाहाबाद (प्रयाग) : हिन्दी साहित्य सम्मेलन।

पाण्डेय, चन्द्रबली, 1957, *राष्ट्रभाषा पर विचार,* बनारस, नागरी प्रचारिणी सभा।

प्रसाद, खत्री स्मारक ग्रंथ, पटना, बिहार राष्ट्रभाषा परिषद।

प्रेमचन्द, 1962, *विविध प्रसंग* (3 खंड), इलाहाबाद : हंस प्रकाशन।

*भारत में भाषायी आन्दोलन के पचास वर्ष : एक सिंहावलोकन।*

*भारतेन्दु समग्र,* सम्पादन : हेमन्त शर्मा, 1987, वाराणसी : हिन्दी प्रचारक।

भट्ट, बालकृष्ण, संवत 1998, *निबन्धावली,* प्रयाग : हिन्दी साहित्य सम्मेलन।

मलीहाबादी, जोश, *यादों की बारात,* 1971 [1997], दिल्ली।

माथुर, उषा, 1990, *खड़ी बोली विकास के आरम्भिक चरण,* इलाहाबाद : हिन्दुस्तानी अकादेमी।

मिश्र, प्रताप नारायण, 1992, *ग्रंथावली,* वाराणसी : नागरी प्रचारिणी सभा।

मिश्र, विद्यानिवास, 1970 [1982] *हिन्दी की शब्द सम्पदा,* दिल्ली : राजकमल प्रकाशन।

मिश्र, शितिकंठ, 1956, *खड़ी बोली का आन्दोलन,* काशी : नागरी प्रचारिणी सभा।

रामगोपाल, साका, 1886, *स्वतंत्रतापूर्व हिन्दी के संघर्ष का इतिहास,* प्रयाग : हिन्दी साहित्य सम्मेलन।

राय, अमृत, 1962 [1992], *प्रेमचन्द : क़लम का सिपाही,* इलाहाबाद : हंस प्रकाशन।

*राष्ट्रभाषा हिन्दी : समस्याएँ और समाधान,* 1962 [1988], पटना : बिहार राष्ट्रभाषा परिषद।

लक्ष्मीचन्द, सं. 1963, *हिन्दी भाषा आन्दोलन,* इलाहाबाद (प्रयाग) : हिन्दी साहित्य सम्मेलन।

वर्मा, लक्ष्मीकांत, 1971, *हिन्दी भाषा और नागरी लिपि,* इलाहाबाद : हिन्दुस्तानी अकादेमी।

वर्मा, लक्ष्मीकांत, सं. 1964, *हिन्दी आन्दोलन,* इलाहाबाद : हिन्दी साहित्य सम्मेलन।

व्यास, लक्ष्मीशंकर, सं. 1987, *सभापतियों के भाषण* (भाग 1), इलाहाबाद (प्रयाग) : हिन्दी साहित्य सम्मेलन।

शर्मा, पद्मसिंह, 1932 [1951], *हिन्दी, उर्दू और हिन्दुस्तानी,* इलाहाबाद : हिन्दुस्तानी अकादेमी।

शर्मा, रामविलास, 1975 [1995], *भारतेन्दु युग और हिन्दी भाषा की विकास परम्परा,* दिल्ली : राजकमल प्रकाशन।

शर्मा, रामविलास, 1977 [1989], *महावीर प्रसाद द्विवेदी और हिन्दी नवजागरण,* दिल्ली : राजकमल प्रकाशन।

शर्मा, रामविलास, 1978, *भारत की भाषा समस्या,* दिल्ली : राजकमल प्रकाशन।

शाह, रमेश चन्द्र, एन.डी. 'काव्य भाषा', *भाषा,* इलाहाबाद : इलाहाबाद संग्रहालय।

शुक्ल, रविशंकर, 1948, *हिन्दी वालो, सावधान!,* काशी (वाराणसी, बनारस) : नागरी प्रचारिणी सभा, 1947

शुक्ल, रामचन्द्र, 1929 (1990), *हिन्दी साहित्य का इतिहास,* काशी : नागरी प्रचारिणी सभा।

*सभापतियों के भाषण,* 12 खंड : 1910-22, 1923-31, इलाहाबाद : हिन्दी साहित्य सम्मेलन।

*सम्मेलन पत्रिका,* गांधी-टंडन स्मृति अंक, नं. 55 : 3-4, इलाहाबाद (प्रयाग) : हिन्दी साहित्य सम्मेलन, शक 1891

*सम्मेलन पत्रिका,* टंडन जन्मशती विशेषांक, नं. 66 : 1-4, (प्रयाग) : हिन्दी साहित्य सम्मेलन, शक 1891।

सत्यनारायण, एम. 1976, 'भारत में भाषायी आन्दोलन के पचास वर्ष : एक सिंहावलोकन', मैसूर हिन्दी प्रचार समिति में दिया गया व्याख्यान, 16 अक्टूबर 1976

सरस्वती हीरक जयंती अंक, सं. श्री नारायण चतुर्वेदी, 1961, इलाहाबाद : इंडियन प्रेस।

सहाय, शिवपूजन, और शर्मा, नलिन विलोचन, सं. 1960, अयोध्या, प्रयाग खत्री स्मारक ग्रन्थ, पटना : बिहार राष्ट्रभाषा परिषद।

सांकृत्यायन, राहुल, 1937, *पुरातत्व निबन्धावली,* इलाहाबाद : इंडियन प्रेस।

सिंह, कृपाशंकर, 1992, *हिन्दी-उर्दू-हिन्दुस्तानी, हिन्दू-मुस्लिम साम्प्रदायिकता और अंग्रेज़ी राज 1800-1947,* दिल्ली : प्रासंगिका प्रकाशन, 1992

सिंह, नामवर, 1952 [1971], *हिन्दी के विकास में अपभ्रंश का योग,* इलाहाबाद : लोकभारती।

सिंह, बैजनाथ, सं. 1958, *द्विवेदी युग के साहित्यकारों के कुछ पत्र,* इलाहाबाद : हिन्दुस्तानी अकादेमी।

सीताराम, लाला, 1930, हिन्दी सर्वे कमेटी की रिपोर्ट, इलाहाबाद : हिन्दुस्तानी अकादेमी।

हाली, अल्ताफ़ हुसैन, 1901 [1976], *हयात-ए-जावेद,* दिल्ली : ताज।

# अनुक्रमणिका

# उत्तर कथन

# *हिन्दी राष्ट्रवाद* : बीस साल बाद

## रविकान्त

अब तक ख़ुद ही एक छोटा-मोटा बौद्धिक इतिहास रच चुकी ये ऐतिहासिक किताब तक़रीबन दो दहाई पहले जब अंग्रेज़ी में आई थी तो इपंले ने इसकी भूरि-भूरि प्रशंसात्मक समीक्षा करते हुए ये आरज़ू की थी कि इसे हिन्दी में आना ही चाहिए।[1] लिहाज़ा इपंले के लिए यह डबल तोहफ़ा है कि ख़ुद आलोक राय वल्द अमृत राय वल्द नवाब राय उर्फ़ प्रेमचन्द ने इसकी तर्जुमानी का न सिर्फ़ बीड़ा उठाया, बल्कि उसे अपनी अप्रतिम-मख़्सूस, पैनी-लहरदार, हिन्दुस्तानी-हिन्दी शैली में कुछ यूँ अंजाम दिया है कि स्रोत-भाषा और लक्ष्य-भाषा की शब्द-संख्या अमूमन बराबरी पर छूट रही है![2] जहाँ-तहाँ मूल पाठ से छूट भी ली गई है, लेकिन यह फ़ैसला और कारनामा तो अनुवादक बना लेखक ही ले और कर सकता था। विडम्बना से लबरेज़ उनकी तहदार अंग्रेज़ी गद्य की धार से परिचित पाठकों को उसकी लक्ष्यभेदी सटीकता का कुछ आस्वाद शायद यहाँ भी मिल जाए, और न भी मिले तो इस एक शिकायत को आख़िरकार मिटाने का सुकून तो हम सबको अब है ही कि 'अगर हिन्दी वालों से वाक़ई मुख़ातिब थे तो किताब हिन्दी में क्यों नहीं लिखी?' सराय-सीएसडीएस से निकले पहले *दीवान* में हमने इसके निष्कर्षों पर हिन्दी पट्टी के दुभाषी इतिहासकारों-पत्रकारों के बीच से निकली चन्द प्रतिक्रियाओं और बहसों को छापा[3] था, जिन्हें कुछेक साल बाद *साखी* के एक

---

1. 'इपंले : 'इन पंक्तियों के लेखक' का संक्षेपण, स्वत्वाधिकारी संजीव कुमार, लेखक, आलोचक और सम्पादक, *आलोचना*। किताब की मेरी समीक्षा के लिए देखें : 'बिब्लियो' : अ रिव्यू ऑफ़ बुक्स, खंड 5, सं. 11-12, नवम्बर-दिसम्बर 2001
2. वल्दियत के आह्वान को अन्यथा न लें : इपंले की मंशा इस ख़ानदान की बदलती बहुभाषी रियाज़त और उनके बीच की आपसी बहस को रेखांकित करने की है, बस। प्रेमचन्द को उर्दू वाले भी अपना ही मानते हैं; अमृत राय ने 'अ हाउस डिवाइडेड' में हिन्दी-उर्दू विभाजन की ऐतिहासिक पड़ताल अपने ढंग से की है, जिससे आलोक इत्तेफ़ाक़ नहीं रखते।
3. आलोक राय, संजय शर्मा, शाहिद अमीन, पलाश कृष्ण मेहरोत्रा, 2002, 'ये ख़लिश कहाँ से होती...जो जिगर के पार होता', रविकान्त व संजय शर्मा, सं. 2002, दीवान-ए-सराय 01 : →

अंक में भी जगह दी गई थी, और जिन्हें यहाँ परिशिष्ट के रूप में पुनर्प्रकाशित कर हम उस मुबाहिसे को जारी रखने के साथ-साथ उस वाद-विवाद-संवाद को भी न्यौतना चाहते हैं, जो भविष्य की हिन्दी के गर्भ में है। हिन्दी न हमसे शुरू हुई थी, न हमारे साथ, ख़ुदा न करे, ख़त्म हो रही है!

ज़ाहिर है कि जिस 'कितबिया' की ऐसी धूम अंग्रेज़ी-माध्यम के विद्वानों के बीच रही है, उसका दायरा और उसकी कीर्ति की उम्र हम हिन्दी में भी दराज़ करना चाहते हैं। हमारे-जैसे 'दुपहरिया' या उभयचर लोग[1] इस 'ट्रैक्टवा' से सिर्फ़ इसलिए मुतास्सिर नहीं थे कि हम अंग्रेज़ी जानते हुए भी जानबूझकर हिन्दी लिखनेवाले हुए, बल्कि इसलिए भी कि इसने हमारे उस दुख की शिनाख़्त की थी, जिसे हम बचपन में महसूस तो करते थे, लेकिन वाणी नहीं दे पाते थे, और जिसे धूमिल ने भी सही पकड़ा था। हैरानी-भरी यह टीस दरअसल महज़ बोलचाल की हमारी असली मातृभाषा, मगही, को 'टुच्ची' बता दी गई अस्मिता को पढ़ने-लिखने-परीक्षा-पास-कर-नौकरी करने और छपने की औपचारिक और विशाल 'मातृभाषा-राष्ट्रभाषा-हिन्दी' में विलीन कर देने के हमारे नेताओं के विवश विवेक से जवाब माँगना चाहती थी, लेकिन सवाल थे कि बन नहीं पाते थे। यूँ तो जनपदीय भाषाओं की तरफ़ से सवाल महापंडित राहुल सांकृत्यायन और रामविलास शर्मा ने भी अपने-अपने ढंग से पूछे ही थे, लेकिन मिसाल के तौर पर शर्मा जी ने भोजपुरी के उदयनारायण तिवारी और मैथिली के जयकांत मिश्र-जैसों को महज़ ये बताने के लिए पूछे थे कि बोलियों की समृद्ध विरासत और आपसी लेन-देन के इतिहास के बावजूद उनका हिन्दी की छत्रच्छाया में, उसके सम्प्रभुत्व में ही रहना श्रेयस्कर है, और स्थानीय भाषा के आधार पर क्षेत्रीय पुनर्गठन की माँग हिन्दी के राष्ट्रवादी-जनवादी दावे के बहुसांख्यिकीय वज़न को कम करेगी।[2] ऐसा लगता है कि मार्क्सवादी-हिन्दी-राष्ट्रवादी शर्मा जी इन बोलियों के बोलनेवालों को अपने तर्कों से हरा चुकने के बाद उनसे भाषायी त्याग की गुहार लगा रहे हैं। इस सन्दर्भ में सिर्फ़ एक अर्ज़ हम आलोक से करना चाहेंगे कि शक्तिसम्पन्न हिन्दी और 'उसकी' निर्बल बोलियों के बीच का

→ मीडिया विमर्श : 11 हिन्दी जनपद, सराय सीएसडीएस, वाणी प्रकाशन, नई दिल्ली, पृ. 112-113, साखी के अंक 11 (अप्रैल-जून, 2005) में भी किताब के एक अध्याय के साथ ये चीज़ें छपी थीं और आगे किसी अंक में कुछ आलोचनाएँ।

1. क्या ही ख़ूबसूरत शब्द है। खेल के लिए उत्सुक और क़ाबिल लड़कों को चुनकर दो दलों में बराबर बाँट चुकने के बाद अगर कोई अतिरिक्त बच्चा निकल आता था, तो उसे दोनों टीमों से खेलने का मौक़ा मिलता था, 'दुपहरिया' के रूप में।
2. रामविलास शर्मा, *भाषा और समाज*, राजकमल प्रकाशन, नई दिल्ली, ख़ासकर अध्याय 'बोली और भाषा' संस्करण 2008।

यह ऊँच-नीच का रिश्ता एकतरफ़ा शोषण का नहीं हो सकता था : इतिहास का यह पाठ भी ग़ैर-मुनासिब नहीं कि बोलियों के प्रतिनिधियों ने वृहत्तर एकता के नाम पर अपने स्वत्व की क़ुर्बानी दे दी हो। स्वदेश के लिए त्याग को केवल सम्पत्ति-दान या जेलयात्रा तक ही क्यों महदूद रखा जाए?

यहाँ यह भी ग़ौरतलब है कि बिहार की हिन्दी की स्कूली किताबों में स्थानीय साहित्यकारों—शिवपूजन सहाय, दिनकर, रेणु, जानकीवल्लभ शास्त्री, नागार्जुन, राजा राधिकारमण प्रसाद सिंह—की रचनाओं की बाक़ायदा नुमाइन्दगी थी, जिसने हमारी बोली-प्रेरित अस्मिता के तब तक अमूर्त फफोलों पर क्षेत्रीय गर्व का शीतल फाहा रखा होगा। कहा जा सकता है कि असुरक्षा-बोध से उबर जाने के बाद या फिर हम-जैसे अविकसित राष्ट्रभाषियों की चिन्ता को दूर करने के लिए क्षेत्रीय अकादमियों ने बोलियों की सम्पदा पर कुछ दिलकश संग्रह और कुछ बेहतरीन शोध करवाए और छापे थे।[1] लेकिन यह खोज तो हमने बाद में की, और ये सवाल तो इस किताब को पढ़ते हुए ही शक्ल ले पाए। हमारे लिए किताब के मद्दाह होने की एक और वजह बतौर अनुवादक अपने भोगे हुए तजुर्बात-ओ-हादसात से निकलती है : शुद्धतावादी आग्रहों और संकीर्ण मोहपाश से निर्वाण प्राप्त कर जैसे ही आप अपनी हिन्दी को बरतने का दायरा अपने कम्फ़र्ट ज़ोन के बाहर, आस-पड़ोस की सीमाओं में बढ़ाते हैं, तो आपके शब्दकोशीय विकल्प कई गुना बढ़ जाते हैं, जिससे आपकी भाषा को अपेक्षित लोच और समृद्धि दोनों मिलती है, और अनुवाद का काम आसान हो जाता है।[2] हिन्दी की फ़िल्मी ज़बान की वैश्विक लोकप्रियता पर सोचते हुए मेरी यह धारणा पहले से कहीं ज़्यादा बलवती हुई।

बहरहाल, मेरे लिए आज बीस साल बाद भी इस किताब के बुनियादी नतीजों से असहमत होना मुश्किल है। पलटकर देखें तो हिन्दी सिर्फ़ आधुनिकता की ही भाषा साबित नहीं होती, बल्कि राष्ट्रवादी पहचान और विमर्श की भी शास्त्रीय भाषा बनकर उभरती है। एक तरीक़े से राष्ट्रवाद भूगोल और आबादी पर क़ब्ज़ा जमाने की पुरानी सामन्ती-साम्राज्यवादी राजनीति और विचारधारा का आधुनिक संस्करण है। आधुनिक दौर में संसाधन और रोज़गार सिर्फ़ ज़मीन से नहीं बल्कि दफ़्तरों की नौकरियों से भी पैदा होते हैं। बेनेडिक्ट ऐंडरसन की

1. समाज-विज्ञान व मानविकी के अनुशासनों में बिहार राष्ट्रभाषा परिषद की किताबें कम-से-कम आठवें दशक तक लासानी ठहरती हैं, हालाँकि अन्य राज्य-स्तरीय अकादमियों ने भी बेहतरीन काम किया था।
2. वी. शान्ताराम की फ़िल्म *तीन बत्ती चार रास्ता* (1953) का कोशकार नायक भाषायी अनेकता में नेहरूवादी एकता स्थापित करने की दुविधा पार कर इसी निष्कर्ष पर पहुँचता है।

'कल्पित समुदाय' की सर्वमान्य सैद्धान्तिकी बताती है कि आधुनिक ज़माने में इन पर आधिपत्य के औज़ार पूँजीवादी छापाख़ाने से हासिल किए जाते हैं, जिनके लिए मुद्रित, मानक, सार्वभौम और सक्षम भाषा एक आधारभूत ज़रूरत है। इन्हीं आधुनिक और मुख़्तलिफ़ भाषाओं में छपे नक़्शों, अख़बारों, पौराणिक-धार्मिक इतिहासों और उपन्यासों के ज़रिए हम ख़ुद को क़ौम के रूप में अभिकल्पित और परिभाषित करते हैं, और जनगणना के आँकड़ों के मुताबिक़ समुदाय और राष्ट्र के रूप में ख़ुद को शुमार करते या पाते हैं। कुटिल औपनिवेशिक निज़ाम के बरअक्स, और साथ ही आपस में नत्थम-गुत्था, पहचान की ये पेचीदा प्रक्रियाएँ भाषा या/और धर्म के आधार पर क़ौमों के बीच मरणांतक स्पर्धा, जनसंहार और अन्तहीन विभाजन पैदा कर गुज़रती हैं। यानी शत्रुओं की सतत ईजाद करता राष्ट्रवाद स्वभावतः युयुत्सु है और बैरी-संसाधनों पर क़ब्ज़े के लिए लगातार युद्धरत रहना उसके अस्तित्व को सार्थकता और विस्तार देता है। हमारे यहाँ सरकारी दफ़्तरों पर भाषायी आधिपत्य की लड़ाई कब सिर्फ़ नाम और लिपि के आवेदनी संघर्ष से शुरू होकर कितनी जल्दी धर्म-ध्वजा फहराती हुई साहित्य-मात्र में व्याप गई, पता ही नहीं चला।

साहित्य की विभिन्न आधुनिक विधाओं के रीते बर्तनों में सामग्री की अथक श्रीवृद्धि कर अपनी क्षमता और गुणवत्ता की स्थापना करने तथा साथ-साथ प्रतिद्वंद्वी भाषाओं-लिपियों-बोलियों को व्यापारिक, नैतिक और राजनैतिक तौर पर अपदस्थ करने के बाद ग़ुलामी और आज़ादी के बदलते दौर में पत्रकारिता, नाटक, सिनेमा और रेडियो जैसे भाषायी मक़ामों का नम्बर आता है। आलोक राय की नज़र में ब्राह्मणवादी 'हिन्दी' की कहानी सीमित सफलता की कहानी है, जबकि हिन्दी साहित्य में, जैसा कि किताब की दीर्घायित समीक्षा में वसुधा डालमिया ने भी सुझाया, महिलाओं, मुसलमानों और दलितों के नानाविध रजिस्टर या इन्दराज खुलते चले जाते हैं।[1] यही बात हम क्षेत्रीय लबो-लहजे से पगी हिन्दियों के बारे में भी कह सकते हैं, जिन्हें अब सरकारी-ग़ैरसरकारी दोनों क़िस्म के एफ़एम चैनलों पर बेधड़क सुना जा सकता है, क्योंकि भाषा की हुक्मरानी के कार्यभार से राज्य ने छुट्टी ले ली है, और यह हिन्दी के भविष्य के लिए शुभ संकेत है। इतिहास गवाह है कि पारम्परिक मनोरंजन और मीडिया-बाज़ार के लगातार विस्तार पाते इलाक़ों में उस असह्य-आदर्शों वाली 'हिन्दी' की छाया सबसे कम रही है, जिसे लादने की सरकारी-ग़ैरसरकारी इदारों में पर्याप्त कोशिशें हुईं। मसलन, हिन्दी सिनेमा में संस्कृत बेशक कथानक के अलावा आनुष्ठानिक और प्रतीकात्मक तौर पर श्लोकों और मंत्रों में मौजूद है, लेकिन वर्चस्व संस्कृतनिष्ठ हिन्दी का

1. 'द लोकेशन्स ऑफ़ हिन्दी', इकनॉमिक ऐंड पॉलिटिकल वीकली, अप्रैल 5, 2003, 1377-84

न होकर सरल हिन्दी-उर्दू और बोलियों का यूँ देखा जा सकता है कि मुसलसल विस्तार पाते शहराती मध्यवर्ग के लिए होली-रक्षाबंधन जैसे अवसरों पर सुनने के लिए लोकगीतों के भंडार भी हिन्दी फ़िल्मों से ही आते हैं, जो यूट्यूब और मोबाइल के ज़रिए अब अक्षरश: हस्तामलक हैं। बहुत कम लोग जानते हैं कि रेडियो सिलोन के ज़माने में उसी स्टेशन के पास देशभक्ति गीतों के ग्रामोफ़ोन रिकॉर्डों का आकाशवाणी से कहीं बड़ा ज़ख़ीरा हुआ करता था, इसलिए लोग स्वतंत्रता दिवस जैसे राष्ट्रीय उत्सवों पर भी अपने रेडियो-सेट का रुख़ दक्षिणायण ही रखते थे! उर्दू व हिन्दुस्तानी को उखाड़कर हिन्दी की प्रतिस्थापना करने और बुख़ारी बिरादरान को पाकिस्तान की राह पकड़वाने के बावजूद आकाशवाणी हिन्दी साहित्य की वह अमिय रसधार नहीं बहा सकी कि सिनेमा के बिगड़ैल और खिचड़ी गीत-संगीत को मात दे सके या जलावतन रख सके : विविध भारती की स्थापना कर और फिर उस पर विज्ञापन की स्वीकृति देकर कांग्रेस की सरकार के उच्च-भ्रू संस्कारों ने लोकप्रिय रुचि से प्रेरित बाज़ारू हिन्दुस्तानी संगीत और ज़बान के आगे घुटने टेक दिए। ये हिसाब अलग से लगाया जाना चाहिए कि शास्त्रीय संगीत और लोक-गीत, लोक-नाट्य व लोक-संगीत के बीच आकाशवाणी ने प्रसारण-समय का बँटवारा कितना उचित किया, और भोजपुरी सहित तमाम क्षेत्रीय लोक-संस्कृतियों को अपनी नैसर्गिक भौगोलिक हदें लाँघने के लिए सिनेमा का मुँह क्यों जोहना पड़ा या कैसेट-युग का इन्तज़ार क्यों करना पड़ा?[1]

लेकिन यह भी तय है कि हमारे और आनेवाले वक़्त में बदलते भाषायी आचार-व्यवहार के सन्दर्भ में भाषायी विमर्श का ताना-बाना काफ़ी मुख़्तलिफ़ होगा। मसलन, उसी ज़माने में यह बात उठी थी कि हिंग्लिश नामक एक नई, संकर, 'ज़ी टी. वी. की भाषा' बड़ी तेज़ी से फैल रही है, तो क्या शुद्ध हिन्दी और अलहदा उर्दू के अखाड़ेबाज़ों को इस नुक़्ते से भी मंथन करने की ज़रूरत नहीं होनी चाहिए कि हम आपस में कुछ यूँ फ़ासला बनाकर चलते रहे कि एक तीसरी वैश्विक ताक़त को घुस-पैठने का मौक़ा मिल ही गया, और अब तो हम सिर्फ़ एक-दूसरे पर इल्ज़ाम ही लगा सकते हैं कि जिन चौकियों की ज़िम्मेदारी तुमने ली थी, वहाँ निगहबानी चाक-चौबन्द नहीं रही।[2]

आख़िरी बात : *हिन्दी राष्ट्रवाद* हिन्दुस्तानी इतिहास के एक ख़ास कालखंड में एक ख़ास तरह की 'हिन्दी' के बनने-बिगड़ने की कहानी है, जिसके केन्द्र

---

1. पीटर मैनुअल, *कैसेट कल्चर : पॉपुलर म्यूज़िक ऐंड टेक्नोलॉजी इन नॉर्थ इंडिया,* ऑक्सफोर्ड यूनिवर्सिटी प्रेस, नई दिल्ली, 1993
2. हिंग्लिश को समझने की एक ताज़ातरीन कोशिश के लिए देखें, फ्रेचेस्का ओर्सीनी और रविकान्त, सं. 2022, *हिंग्लिश लाइव : लैंग्वेज मिक्सिंग अक्रॉस मीडिया,* ओरिएंट ब्लैक स्वान।

में प्रिंट-संस्कृति है। हम सहज देख सकते हैं कि हर ऐतिहासिक तकनीक से भाषा का एक विशिष्ट रिश्ता बनता है। पूँजी-संकुल छापाख़ाने की प्रौद्योगिकी के लिए लिपि महत्त्वपूर्ण थी, लेकिन सिनेमा और रेडियो के लिए उतनी नहीं। अब डिजिटल युग में मीडिया का संगम हो रहा है, सीरी और एलेक्सा बोले हुए का जवाब भी देती हैं, और उन्हें लिख भी देती हैं। इपंले को लगता है कि बोलियों का भविष्य अब पिछली सदी की तुलना में ज़्यादा बेहतर है, बल्कि उन जनजातीय भाषाओं की उत्तरजीविता के मौक़े भी उज्ज्वलतर हैं, जिन्होंने लिपियों का मुँह तक नहीं देखा और छपाई जिन्हें छू तक नहीं गई। ज़ाहिर है जब पचास साल बाद हम भाषाओं के बारे में बात करेंगे तो मुक़ाबला राष्ट्रवाद के असली या नक़ली क्लोन के बीच नहीं होगा, कृत्रिम बुद्धि-जनित स्थानीय-वैश्विक भाषाओं का होगा! अफ़सोस हम न होंगे!

# *हिन्दी राष्ट्रवाद* : हिन्दीत्व को समझने की कोशिश

## अपूर्वानन्द

दिल्ली मेट्रो में सफ़र कर रहा था। सामने चार युवक बैठे थे। एक के हाथ में गोल मुड़ा एक अख़बार था। "क्या चिथड़ा लेकर चल रहे हो?" दूसरा उसकी भर्त्सना कर रहा था। दोस्तों की आपसी चुहल थी। लेकिन मुझसे रहा नहीं गया। पूछा, क्यों उस अख़बार को चिथड़ा कह रहे हैं। मालूम हुआ वह 'दैनिक जागरण' था। 'देश का सबसे अधिक बिकनेवाला अख़बार'! वे युवक भारत की प्रशासनिक सेवाओं में किसी में जगह बनाने के लिए दिल्ली के मुखर्जी नगर में तपस्या करनेवाले हज़ारों-हज़ार की आबादी के सदस्य थे। ऐसे अख़बार उन्हें न ख़बर देते हैं, न राजनीति, आर्थिक तंत्र, दुनिया को समझने का कोई तरीक़ा ही सुझाते हैं, ऐसा इन छात्रों का कहना था। फिर भी इस आबादी में भी ये अख़बार ही सूचना के मुख्य स्रोत हैं। मेरे हमसफ़र छात्रों का कहना था कि वे 'हिन्दू', 'फ्रंट लाइन' और 'इंडियन एक्सप्रेस' पढ़ते हैं। हिन्दी अख़बार 'सवर्ण' समुदाय के छात्रों के लिए सूचना का ज़रिया तो हैं ही, वे उनका दिमाग़ भी बनाते हैं, ऐसा इनका कहना था। इस वजह से उनका नज़रिया भी संकीर्ण और साम्प्रदायिक बन जाता है और उनसे किसी भी विषय पर क़ायदे से बात करना मुश्किल होता है। इन अख़बारों से आपको भारत के बाहर की कोई खोज-ख़बर तो नहीं ही मिलती, भारत में ही हिन्दी प्रदेशों से अलग दूसरे राज्यों का भी हाल नहीं मिलता।

मेट्रो जब ज़ोर बाग़ पहुँचने को हुई, छात्र उतरने को उठ खड़े हुए। आख़िर में मालूम हुआ कि ये चारों छात्र किसी बहुजन मंच की बैठक में शामिल होने जा रहे थे। इस चर्चा को हम शायद किसी निष्कर्ष पर पहुँचने के लिए पर्याप्त नमूना या प्रमाण न मानें लेकिन इससे हिन्दी और जाति के बीच के सम्बन्ध की एक संकेत तो मिलता ही है। राजनीतिक रूप से सजग और संघर्षशील अस्मिता हिन्दी अख़बारों और अब टी. वी. चैनलों को अपने लिए उपयोगी नहीं मानतीं। इन दलित छात्रों की शिकायत यह थी कि इनके विचारधारात्मक पूर्वग्रह को

छोड़ भी दें तो ये सूचना के प्रामाणिक स्रोत भी नहीं रह गए हैं। इसके अलावा ये समाज में व्याप्त जातिवादी पूर्वग्रहों को और मज़बूत ही करते हैं। इस दृष्टि से कोई शोध या अध्ययन हिन्दी पत्रकारिता जगत के बारे में किया नहीं गया है। लेकिन मंडल आयोग की रिपोर्ट को लागू करने के समय या दुबारा उच्च शिक्षण संस्थानों में आरक्षण लागू करने के समय की इनकी भूमिका दलित और पिछड़े सामाजिक वर्गों के ख़िलाफ़ ही थी।

इसका कारण क्या हिन्दी पत्रकारिता पर सवर्ण वर्चस्व है? 2019 में न्यूज़ लांड्री और ऑक्सफैम की एक संयुक्त रिपोर्ट में हिन्दी अख़बारों, टी. वी. चैनलों और वेबसाइट की दुनिया में सम्पादकों, लेखकों के जातिगत प्रतिनिधित्व की पड़ताल की गई। इन तीनों में ही नेतृत्वकारी भूमिका में तक़रीबन 100 प्रतिशत क़ब्ज़ा सवर्ण जातियों का है। लेखकों या टिप्पणीकारों में अनुसूचित जाति, जनजाति और पिछड़े समुदायों को 3 से 5 प्रतिशत हिस्सा ही मिलता है। जाति के प्रश्न पर लिखनेवालों में भी 50 प्रतिशत से नीचे ही इन समुदायों की हिस्सेदारी है। अन्तरराष्ट्रीय विषय हों या राष्ट्रीय राजनीति, खेल, सिनेमा या मनोरंजन, प्रायः सवर्ण जातियों के लिए आरक्षित हैं। रिपोर्ट का निष्कर्ष यह है कि दलित हों या पिछड़े, आज भी विषयमात्र हैं, विचारणीय हैं, वे स्वयं विचार करने योग्य नहीं माने जाते। प्रतिनिधित्व का प्रभाव नज़रिए पर पड़ता है, यह अब मानी हुई बात है। हिन्दी पत्रकारिता का नज़रिया हिन्दी के 'नई चाल' में ढलने के 150 साल गुज़र जाने के बाद भी क्या 'बभनी' ही बना हुआ है, जैसा आलोक राय ने पिछली सदी के ढलते वर्षों में अपनी किताब 'हिन्दी नैशनलिज़्म' में लिखा था?

संख्या से फ़र्क़ पड़ता है। हिन्दी पत्रकारिता से अलग अगर हिन्दी भाषा और साहित्य के विश्वविद्यालयीय जगत में जाति विचार के केन्द्र में तो है ही, अब साहित्य और सौन्दर्य का नज़रिया भी दलितों और पिछड़े समुदायों के अध्येता निर्धारित कर रहे हैं। यह मुमकिन हुआ है छात्रों और अध्यापकों में इन सामाजिक समुदायों की बढ़ती उपस्थिति से। यह उपस्थिति अगर आरक्षण से निश्चित न की जाती तो क्या अकादमिक हिन्दी संसार का स्वर वैसा ही नहीं रहता जैसा आज पत्रकारिता का है?

हिन्दी का दावा यह था कि वह मात्र भाषा नहीं है, वह जनतंत्र की आकांक्षा है। अभी भी उसकी आत्म छवि का मसला सुलझा नहीं है। वह है क्या?

भाषा या विचारधारा? प्राचीन या आधुनिक? स्वप्न या मृगमरीचिका? रानी या दासी? वर्चस्वशाली या संघर्षकारी? सखी या प्रतिद्वंद्वी? क़ातिल या मकतूल? मित्र या शत्रु? ख़बरनवीस या ख़बर? प्रचार या विचार? हिन्दी क्या है आख़िर? हिन्दी को लेकर जो दुविधाएँ, उलझनें, दुश्चिन्ताएँ पिछली तक़रीबन एक सदी

पहले ज़ाहिर की जाती रही थीं अगर बदली नहीं हैं तो यह उस भाषा का कसूर है या उसे इस्तेमाल करनेवाले समाज का?

आलोक राय की किताब 'हिन्दी राष्ट्रवाद' हिन्दीत्व को समझने की कोशिश करती है। हिन्दी को लेकर जो दुविधाएँ, उलझनें, दुश्चिन्ताएँ पिछली तक़रीबन डेढ़ सदी से ज़ाहिर की जाती रही हैं, उनका ब्योरा आलोक राय की किताब 'हिन्दी नैशनलिज़्म' में मिलता है। पादटिप्पणियों और सारे सन्दर्भों के होते हुए भी किताब का मिज़ाज 'अकादमिक' नहीं है, अगर अकादमिक का मतलब क्रियाविहीन विश्लेषण से हो। इस किताब में हिन्दी को लेकर आलोक राय की सहानुभूति, बेचैनी, झल्लाहट, नाराज़गी, निराशा और आशा के अहसास से बचना मुश्किल है।

यह आवश्यक नहीं है कि हिन्दीत्व और हिन्दुत्व समानार्थक हों। यह भी कि बावजूद इसके इतिहास में दोनों ही दिशाओं की तरफ़ जा पाने के संकेत हैं। हिन्दी जनतांत्रिक भावनाओं और विचारों की वाहक हो सकती है और उन्हें नष्ट करने का काम भी इससे लिया जा सकता है।

अमूमन हिन्दी के बारे में बात ऐसे की जाती है जैसे यह ख़ुद ही कर्ता या कर्त्री हो। हिन्दी तो उस पर निर्भर है, उस जन पर जो ख़ुद को हिन्दीवाला कहता है। हिन्दीवाली नहीं, यह ध्यान रहे।

इस किताब के लेखक के किए तर्जुमे को दोबारा जब पढ़ रहा था, कलकत्ते से हिन्दी के बारे में एक ख़बर आ रही थी। 'इंडियन इंस्टिट्यूट फ़ॉर द कल्टीवेशन ऑफ़ साइंस' के छात्रों और शोधार्थियों के विरोध प्रदर्शन की। वे संस्थान पर हिन्दी थोपे जाने की केन्द्र की कोशिश की मुख़ालिफ़त कर रहे थे। वे अपनी कुलसचिव के उस परिपत्र से उद्विग्न थे जिसमें उन्हें बताया गया था कि भारत सरकार संस्थान से नाख़ुश है क्योंकि वह राजभाषा हिन्दी के प्रयोग के भारत सरकार द्वारा निर्धारित लक्ष्य को पूरा नहीं कर पाया है।

कुलसचिव ने संस्थान के सारे कर्मियों को निर्देश दिया कि वे इस लक्ष्य को पूरा करने के लिए संस्थान में नियुक्त हिन्दी अधिकारी से मदद लें। जब परिसर और बाहर इस पत्र का विरोध हुआ तो स्पष्टीकरण दिया गया। यह निर्देश मात्र दफ़्तरी कारोबार के सिलसिले में किए जानेवाले पत्राचार और फ़ाइलों पर की जानेवाली टिप्पणियों के सन्दर्भ में है, संस्थान में अध्यापन, शोध, प्रकाशन आदि के बारे में नहीं।

हिन्दी राजभाषा है, यह साबित करने के लिए या उस पद की प्रतिष्ठा के लिए आवश्यक है कि कुल पत्राचार का 55 प्रतिशत हिन्दी में हो और हिन्दी में जो पत्र संस्थान को लिखे गए हैं, उनका जवाब हिन्दी में ही दिया जाए। फ़ाइलों

पर कम-से-कम 33 प्रतिशत टिप्पणियाँ हिन्दी में हों और उनके नाम अंग्रेज़ी और हिन्दी में अवश्य हो। इसमें भी हिन्दी ऊपर या पहले होनी चाहिए। दस्तख़त ज़्यादा से ज़्यादा हिन्दी में हों। हर तिमाही इस काम का ब्योरा इकट्ठा किया जाए और उसकी रिपोर्ट बनाई जाए।

राजभाषा हिन्दी का परचम इस तरह उन इलाक़ों में फहराया जाता है जो 'हिन्दीभाषी' नहीं हैं। इतिहासकार सुगत बोस ने कहा कि हिन्दी को दफ़्तरी ज़ुबान कहने की जगह जो राजभाषा की पदवी दे दी गई है, उससे ग़लतफ़हमी पैदा होती है। राजभाषा से किसी के हमारे ऊपर राज करने का अहसास होता है। 'ऑफ़िसियल' का अनुवाद किसी और तरीक़े से किया जाना चाहिए।

सारे संस्थानों को नियमित तौर पर संसद की राजभाषा समिति की मेज़बानी करनी पड़ती है। यह कितनी महँगी पड़ती है, दबी ज़ुबान से उन संस्थानों के प्रमुख आपको बताएँगे। इन समितियों के दौरों से हिन्दी के प्रति सद्भाव बढ़ता है या कड़वाहट, यह एक अलग अध्ययन का विषय है।

प्राय: हिन्दीवाले राजभाषा या दफ़्तरी ज़ुबान को राष्ट्रभाषा कह बैठते हैं। मुझे बरसों पहले अपनी एक छात्रा के चेहरे का भाव याद है जब मैंने यह कहा कि हिन्दी भारत की राष्ट्रभाषा नहीं है। दफ़्तरी ज़ुबान कहने में एक रोज़मर्रापन है, साधारणता है जबकि राजभाषा कहने में एक रुआब है। राष्ट्रभाषा में तो और भी अधिकारभाव है।

वह छात्रा मुझे 'हिन्दी दिवस' की बधाई देने आई थी। 14 सितम्बर को जिस हिन्दी का सप्ताह, पखवाड़ा, मास आरम्भ होता है, वह तो 'राजभाषा' हिन्दी है। बैंकों, सरकारी इदारों में यह हिन्दी-जाप का समय है। भाषण, निबन्ध प्रतियोगिताओं में वयस्क अधिकारीगण भाग लेते हैं। हिन्दी के अध्यापक और लेखक पुरोहितों की तरह बुलाए जाते हैं और उन्हें सरकारी ख़र्चे पर दान-दक्षिणा मिलती है। इस अवसर पर अनेक बार हिन्दी सेवकों का सम्मान भी होते देखा है। हिन्दी सम्भवत: अकेली भारतीय भाषा है जिसका राजकीय दिवस मनाया जाता है। हिन्दीवालों की तरफ़ से कभी भी यह नहीं कहा गया कि यह अनावश्यक है और भारतीय भाषाओं के साथ हिन्दी के रिश्ते में एक ग़ैर बराबरी पैदा करता है।

हिन्दी दिवस के साथ ही संयुक्त राष्ट्रसंघ में हिन्दी को मान्यता दिलाने की माँग में असुरक्षा भाव तो है, वही साम्राज्य विस्तार की आकांक्षा भी है। बिना यह विचार किए कि इस पर जिस ख़र्चे की माँग की जा रही है, वह अन्य भारतीय भाषाभाषियों के कर के सहारे होगा।

सरकारी फ़रमान के बिना लेकिन उसी कलकत्ते में हिन्दी एक-दूसरे रास्ते पाँव जमा रही है। जूट मिलों के 'छातूखोर' की भोजपुरी, वज्जिका, मगही आदि

की भंगिमायुक्त बांग्ला के तो कलकत्ते से बंगाली कान अभ्यस्त थे ही। बंगाल से दूर चंडीगढ़ में अपने माँ-पिता के कमरे में अहर्निश चलते बांग्ला धारावाहिकों और कार्यक्रमों को देखते हुए नोट किया कि लोकप्रिय हिन्दी गाने, संवाद अब बांग्ला के बीच स्वीकार्य हैं। उच्चभ्रू बांग्ला क्या अब भ्रष्ट हो रही है या नए यथार्थ से अनुकूलित हो रही है और उससे समझौता कर रही है? क्या यह व्यावसायिक निर्णय किसी नए सांस्कृतिक या भाषाई यथार्थ की सूचना है? क्या यह हिन्दी के लिए उल्लास का क्षण है?

इसी समय बंगाल में रामनवमी के जुलूसों के समाचार भी मिलने लगे। 'ना दुर्गा, ना काली, ओनली राम ऐंड बजरंगबली' के नारे! क्या यह बांग्ला का नारा था या बंगाल को हिन्दी की चेतावनी थी? इसी के साथ बंगाल के चुनावों में भारतीय जनता पार्टी के मतों में भारी उछाल को भी नोट किया जाना चाहिए।

बंगाल से दूर केरल में 2016 में एक सांस्कृतिक तूफ़ान आ गया जब भारतीय जनता पार्टी के तत्कालीन अध्यक्ष ने केरल या मलयालमभाषियों के सबसे बड़े पर्व 'ओणम' की पूर्व संध्या पर समस्त देशवासियों को विष्णु के पाँचवें अवतार वामन की जयंती की शुभकामना दी। इसमें मात्र देवनागरी में लिखी हिन्दी में शुभकामना नहीं दी गई थी बल्कि केरल के प्रिय महाबलि के सर पर पाँव रखे वामन का चित्र भी था। वामन ने न सिर्फ़ महाबलि के सर पर पाँव रखा है, वह उसे आशीर्वाद भी दे रहा है और महाबलि उसके सम्मुख करबद्ध नतमस्तक है।

इस चित्र और शुभकामना में एक मेल था। यह उत्तर भारतीय हिन्दीभाषी वामन के आगे दक्षिण का स्वेच्छापूर्वक समर्पण था। बल्कि उस आधिपत्य को आशीर्वाद की तरह ग्रहण करने का आनन्द भी राजा के चेहरे पर लक्षित किया जा सकता है। इसके ख़िलाफ़ मलयाली समाज की तीखी प्रतिक्रिया के बाद के वर्षों में यह शुभकामना इस तरह नहीं प्रचारित की गई। लेकिन केरल से दूर, जिस राष्ट्र का वह राज्य है उसकी राजधानी दिल्ली में हिन्दीभाषी मुख्यमंत्री ने चार साल बाद 2020 में सभी को वामन जयंती की शुभकामना दी। सिर्फ़ दिल्लीवालों को नहीं। दिल्ली में मलयालीभाषियों की ख़ासी तादाद है और वे प्रशासन में भी प्रभावकारी रहे हैं। दिल्ली पर उनका एक असर है।

क्या दिल्ली के मुख्यमंत्री को चार साल पहले इसी प्रकार वामन की छलविजय का उत्सव मनाने के प्रयास पर केरलवासियों की प्रतिक्रिया याद नहीं रही? या उसकी परवाह नहीं की उन्होंने? एक केरलवासी ने लिखा, "प्रत्येक ओणम पर हर उत्तर भारतीय राजनेता हमें याद दिलाता है कि क्यों हम एक नितान्त भिन्न

संस्कृति हैं जिसे वे न समझ सकते हैं, न उसका उच्चारण कर सकते हैं और न सराह सकते हैं।"

असुर महाबलि को सत्ता से अपदस्थ करके पाताललोक भेज देनेवाले विष्णु के पाँचवें अवतार के वस्त्रमुक्त शरीर पर यज्ञोपवीत को न देख पाना असम्भव है। यह क्या हिन्दीवालों की सांस्कृतिक निरक्षरता है या उसका अहंकार?

हिन्दीवाले बंगाल हो या तमिलनाडु या केरल, हिन्दी के प्रति अनुत्साह की कमी को देखकर हैरान हो जाते हैं। क्यों हिन्दी के प्रति स्वागत-भाव उनमें नहीं है?

मलयालम हो या तमिल या कन्नड़, सरकारी फर्रों पर सवार हिन्दी की अकड़ देख अगर विरक्त हो उठते हैं तो क्या आश्चर्य? कल की छोकरी हिन्दी इन गहरी जड़ोंवाली भाषाओं पर सवारी करना चाहती है, क्या यह बर्दाश्त किया जा सकता है?

कुछ ऐसी ही बात मैथिली के लेखक यात्री ने लिखी। क्या नई-नवेली छोकरी हिन्दी बूढ़ी मैथिली की पीठ पर ठोकर लगाएगी? याद रहे, यही यात्री हिन्दी के नागार्जुन हैं।

हिन्दी की जय यात्रा का उन क्षेत्रों की भाषाओं के लिए क्या तात्पर्य था जो खड़ी बोली हिन्दी के पहले से उनकी जनता को वाणी देती रही थीं? यात्री या नागार्जुन 1969 में 'मिथिला दर्शन' नामक पत्रिका में अपने मैथिली स्तम्भ 'चिन्तन-अनुचिन्तन' में लिख रहे हैं, "मैथिली को हम समस्त बिहार की सर्वाधिक विकसित और सर्वाधिक सक्षम भाषा मानते हैं। 1500 वर्ष पुरानी और परिष्कृत अभिव्यक्तिवाली भाषा है हम सबकी यह मैथिली। आयु के हिसाब से आज की हिन्दी को मैथिली के बग़ल में खड़ी देखने पर पड़ोसी परिवार की दुलरुआ छौंड़ी जैसी जान पड़ती है हमें तो।"

सो उनको हँसी आती है मन-ही-मन, जब 'नीक-नीक लोग' हिन्दी भाषा का व्यवहार 'मुख शुद्धि एक रूप' से कर रहे हैं जबकि "उन लोगों की मातृभाषा हिन्दी कभी नहीं रही।"

यात्री को रोष है कि "बिहार राज्य के शासन के कर्ता-धर्ता और शिक्षा नीति के निर्देशक मैथिली के प्रति चिरकाल से अवहेलना प्रदर्शित करते रहे हैं। जिनकी मातृभाषा और संस्कारभाषा मैथिली है, वे उच्च पदासीन होते ही मैथिली के प्रति दुष्टबुद्धि और जड़ता के शिकार हो जाते हैं।"

रविकांत ने ठीक ही लिखा है कि मैथिली, मगही या अवधी अथवा ब्रज ने सम्भवत: हिन्दी का स्वागत किया हो, स्वेच्छा से उसके लिए जगह छोड़ी हो। लेकिन मामला आख़िरकार नए स्वतंत्र भारत में अपनी जगह के दावे का था। इसी स्तम्भ में एक जगह नागार्जुन या यात्री लिखते हैं, "यह सत्य है कि आज

तक हिन्दी को बिहार राज्य के सचिवालय में अच्छी तरह या पूर्णरूपेण प्रवेश नहीं मिल सका है। व्यवहार में दशांश मात्र हिन्दी का प्रचलन देखने में आता है। लेकिन मैथिली को तो शतांश स्थान भी नहीं मिल सका है। सचिवालय में एक छोटी सी टेबल भी तो मैथिली को प्राप्त नहीं हुई है।"

"फिर भी हिन्दी पर हमको दया आ रही है। बिहार सचिवालय में हिन्दी को शीघ्रातिशीघ्र उसका गौरवोचित अधिकार मिले।"

हिन्दी अब सिर्फ़ उर्दू से नहीं लड़ रही थी, उसे हर भारतीय भाषा से द्वंद्व करना था। 'अखिल भारतीय हिन्दी साहित्य सम्मेलन' (प्रयाग) के अध्यक्ष सेठ गोविन्द दास उन्हें हिन्दी के लिए सर्वाधिक उतावले महानुभाव दिखलाई पड़ते हैं। उनकी इस हड़बड़ी को देखकर आशंका है कि हिन्दी का मार्ग 'अति आसुरी, अति वाममार्ग' प्रमाणित होगा।

मैथिली लेखक तो हिन्दी को उसका वाजिब हक़ मिलता देखना चाहता है लेकिन हिन्दी के कर्णधार की मान्यता है कि मैथिली को संवैधानिक मान्यता मिलने पर हिन्दी का अहित होगा।

हिन्दी का सर्वाधिक अहित सेठ गोविन्द दास जैसे महानुभाव कर रहे थे। 'हिन्दी चलाओ' क्या है? 'हिन्दी लादो' ऐसे अकारण अधिकाधिक ज़ोर लगाने से शंख नहीं बजेगा! हाँ! आँख-मुँह अवश्य ही रक्ताभ हो जाएगा। यह तमाशा देखकर क्या लोगों को हँसी नहीं आएगी?

हिन्दी मैथिली की तरह ही ब्रज, अवधी, भोजपुरी से आशंकित रही है। वह उनसे आत्मसमर्पण ही नहीं, उनसे आत्मविसर्जन की माँग करती रही है।

किशोरावस्था की सीवान के डीएवी बहुद्देशीय माध्यमिक विद्यालय के प्रधानाध्यापक पुत्तू बाबू को 'भोजपुरी माई' के आन्दोलन में भाग लेते हुए देखता रहा था। हिन्दीवालों ने इन भाषाओं को बोलियाँ कहकर बाद में अपनी उपभाषाएँ घोषित कर दिया। बचपन की याद है। भोजपुरी भाषी मित्रों के साथ खड़ी बोली में बात करने पर उनका ताना : "ढेर अंग्रेज़ी मत बूकौ।" यह कहना ग़लत नहीं है और आलोक राय ने इसे भी नोट किया ही है कि हिन्दी अब इन इलाक़ों की आकांक्षा नहीं रही। वे सीधे अंग्रेज़ी से राब्ता क़ायम कर रहे हैं।

हिन्दी की असुरक्षा या ग्रन्थियाँ बनी हुई हैं। उनमें एक उर्दू ग्रन्थि है। दिल्ली में 'माई दिल्ली स्टोरी' नामक अभियान के तहत अंग्रेज़ी, हिन्दी, उर्दू और पंजाबी से दिल्ली की तारीफ़ में काव्य पंक्तियाँ चुनी गईं। एक भारतीय और एक फ्रेंच कलाकार इन्हें कलात्मक तरीक़े से दिल्ली की दीवारों पर आँकने निकले। जब उत्तर-पूर्वी दिल्ली में जलबोर्ड की एक इमारत पर वे एक उर्दू शेर लिख रहे थे, अचानक एक भीड़ ने उन्हें घेर लिया। 'जय श्रीराम' का नारा लगाते हुए भीड़

ने इन दोनों कलाकारों को उस उर्दू शेर को पोतकर उस पर देवनागरी हिन्दी में 'स्वच्छ भारत अभियान' और नरेन्द्र मोदी लिखने को मजबूर किया। उसने उन दोनों को लाहौर भाग जाने को कहा।

सारे व्यावहारिक मामलों में उर्दू को हिन्दी पदच्युत कर चुकी है। लेकिन उर्दू दूषण से मुक्ति का अभियान अभी चल ही रहा है। दिल्ली के एक 'प्रगतिशील' स्कूल का क़िस्सा है। एक इतिहासकार ने अपने बेटे की हिन्दी की नोटबुक में 'आसान' को काटकर उसका शुद्ध हिन्दी रूप 'सरल' देखा तो उनसे रहा न गया। वे बहस करने स्कूल जा पहुँचे। अध्यापक के सामने अपने हिसाब से तुरुप का पत्ता चला, "ऐसे तो प्रेमचन्द भी लिखते थे। क्या आप उन्हें भी दुरुस्त करते?" अध्यापक इस दलील से अविचलित था, "पहले बच्चा हिन्दी सीख जाए फिर प्रेमचन्द की तरह भले लिखे।"

पिछले एक दशक में हिन्दी को उर्दू से मुक्त करने का अभियान मूर्खता की सारी हदें पार कर गया है। दीवाली के बाद से हिन्दू और जैन समुदाय के नए साल की शुरुआत पर 'साल मुबारक' कहकर एक-दूसरे को बधाई देने की परम्परा गुजरात में चली आ रही है। 2020 में लेकिन इसके इस्तेमाल पर लोगों को शर्मिंदा किया गया। क्या 'नववर्ष शुभ हो' नहीं कहा जा सकता था? अरबी, फ़ारसी या उर्दू से मुक्ति का यह अभियान 100 साल में भी अपना लक्ष्य प्राप्त नहीं कर सका है।

उर्दू और हिन्दी का रिश्ता पेचीदा है। यह भी समय की विडम्बना ही है कि जिस देश ने बाहर से आई फ़ारसी को भी घरेलू बना लिया, वह अपनी मिट्टी में पनपी एक भाषा को खदेड़ देना चाहता है। लेकिन उर्दू किस तरह हिन्दीवालों का उद्धार कर सकती है, इसे एक तजुर्बे से समझा जा सकता है। चेन्नई में एक सभा से अपने होटल लौटने के लिए टैक्सी पर बैठा तो रास्ता बताने का मसला आया। तमिलनाडु में हिन्दी के प्रति विरक्ति है, यह ऐतिहासिक स्मृति है। जब ड्राइवर को मैंने अंग्रेज़ी में रास्ता बताना चाहा तो उसने हिन्दी में जवाब देकर चौंका दिया। आगे मालूम हुआ कि वह मुझसे उर्दू में बात कर रहा था। यह भाषा उसने स्कूल में सीखी थी। एक 'अहिन्दी' प्रदेश में हिन्दीवाले को उर्दू ने रास्ता पार करवाया, यह समझ लेने पर हिन्दीवाले उर्दू से अपना रिश्ता सहज कर सकेंगे, जैसा आलोक राय चाहते हैं।

हिन्दी के शिक्षण में शुद्धि का आग्रह तो है ही, उस पर बच्चे को नीतिवान, राष्ट्रभक्त बनाने का दायित्व भी है। नतीजतन स्कूल की हिन्दी बच्चों को हिन्दी से दूर भगाने का सबसे अच्छा ज़रिया है। गम्भीर, शुद्धतावादी हिन्दी में किसी आनन्द और छेड़छाड़ की गुंजाइश नहीं। 2003-4 में दिल्ली के स्कूलों के लिए

हिन्दी की किताबों में से एक में सर्वेश्वर दयाल सक्सेना की कविता 'चक्कर पे चक्कर' शामिल की गई। कविता कुछ इस तरह है :

आओ एक बनाएँ चक्कर
फिर उस चक्कर में इक चक्कर
फिर उस चक्कर में इक चक्कर
फिर उस चक्कर में इक चक्कर
और बनाते जाएँ जब तक
ऊब न जाएँ थक कर।
फिर सबसे छोटे चक्कर में
म्याऊँ एक बिठाएँ
और बाहरी एक चक्कर में
चूहों को दौड़ाएँ।
दौड़-दौड़ कर सभी थकें
हम बैठे मारें मक्कर,
नींद लगे हम सो जाएँ
वे देखें उझक-उझक कर।
आओ एक बनाएँ चक्कर।

इस कविता पर हिन्दी के अध्यापकों को सख़्त आपत्ति थी क्योंकि यह कविता बच्चों को कोई सन्देश नहीं देती थी। व्यर्थ ही चक्कर लगाने से क्या लाभ?

शुष्क और 'राष्ट्रनिर्माण' के कर्तव्य के बोझ से हिन्दी की पाठ्यपुस्तकों की पीठ टेढ़ी हो गई है। अंग्रेज़ी की किताबों में सिर्फ़ मज़े के लिए पाठ भी हैं लेकिन हिन्दी उद्‌देश्यपरकता की मारी हुई है। क्या ताज्जुब कि हिन्दी राष्ट्रवाद के गढ़ उत्तर प्रदेश में 2018 में 'अमर उजाला' ने यह ख़बर छापी : "यूपी बोर्ड में परीक्षार्थी अपनी मातृभाषा हिन्दी विषय की वैतरणी पार नहीं कर पाए हैं।" इंटर की अपेक्षा हाईस्कूल में दोगुने परीक्षार्थी फेल हुए हैं।

इंटर में तीन लाख 38 हज़ार 776 व हाईस्कूल में सात लाख 81 हज़ार 276 सहित कुल 11 लाख 19 हज़ार 994 अनिवार्य प्रश्नपत्र में ही उत्तीर्ण होने लायक अंक नहीं ला सके हैं। 2020 में हालत कुछ बेहतर हुए थे। हिन्दी में अनुत्तीर्ण छात्रों की तादाद तक़रीबन 8 लाख की थी।

अभी भी वही सच है जो आलोक राय ने 'हिन्दी राष्ट्रवाद' में नोट किया था। देवनागरी हिन्दी की शिक्षा लेनेवाले बच्चों की घर-पड़ोस की भाषा आज भी यह हिन्दी नहीं है।

यह हिन्दी निरन्तर घुसपैठ के लिए ताक लगाए दूषणों से युद्धरत एक परिशुद्ध मनोवैज्ञानिक क्षेत्र निर्माण की परियोजना है। स्कूल में न सीख पाए तो क्या इसकी सेवा इसे राष्ट्रभाषा बनानेवाली राजनीति के सेवक बनकर तो की ही जा सकती है। लोकप्रिय दायरे में हिन्दी घृणा, हिंसा का प्रचार करनेवाली भाषा बनकर ही सन्तुष्ट है।

हिन्दी के अख़बार और बाद में टेलीविज़न चैनल मुसलमान विरोधी राजनीति के स्वयंसेवक बन गए। पिछली सदी के आख़िरी दो दशकों तक विस्तृत 'राम जन्मभूमि अभियान' में उनकी भूमिका का अभी पूरा अध्ययन नहीं हुआ है। उत्तर प्रदेश के ही पत्रकार कृष्ण प्रताप सिंह ने 'वायर' के अपने एक लेख में विस्तार से इसका ब्योरा दिया है कि किस तरह हिन्दी के सारे बड़े अख़बार हिन्दुत्व की राजनीति के प्रचारक और मुखपत्र बन गए थे। इस दुखद गाथा का सिर्फ़ एक अंश इस लेख में मिलता है। हिन्दी अख़बारों और टी.वी. चैनलों ने 2013 में उत्तर प्रदेश के मुज़फ़्फ़रनगर में साम्प्रदायिक हिंसा को भड़काने और उसे जायज़ ठहराने में बढ़-चढ़कर उत्साहपूर्वक हिस्सा लिया। साक्षरता के प्रसार के कारण हिन्दी अख़बारों को पढ़नेवालों की तादाद में भारी बढ़ोतरी हुई लेकिन इन अख़बारों ने अपने पेशे की ज़िम्मेदारी और जनतांत्रिक कर्तव्य से पूरी तरह मुँह मोड़कर 'हिन्दू राष्ट्र' की स्थापना को अपना उद्देश्य बना लिया।

इस पर हिन्दी पत्रकारिता में कभी बहस नहीं हुई कि पत्रों के पाठक और टेलीविज़न चैनलों के दर्शक सिर्फ़ हिन्दू नहीं हैं और वे भी सिर्फ़ मुसलमान विरोधी हिन्दू नहीं हैं। क्या अपने मुसलमान और ईसाई या दलित पाठकों और दर्शकों के प्रति असंवेदनशीलता या बेपरवाही का तात्पर्य और परिणाम इनके प्रकाशक और सम्पादक समझते हैं?

हिन्दी की वह नई चाल फिर क्या है जिसमें उसके ढलने की ख़बर भारतेन्दु हरिश्चन्द्र ने उत्साहपूर्वक दी थी? इस सवाल के जवाब के लिए आलोक राय की तरह ही एक दूसरी किताब की दरकार होगी।

# परिशिष्ट

# ये ख़लिश कहाँ से होती है...

संजय शर्मा, आलोक राय और शाहिद अमीन की बातचीत

**संजय शर्मा :** अपनी किताब *हिन्दी नैशनलिज़्म* के बारे में बताएँ—मुख्य कथ्य क्या है, कौन-कौन से मुद्‌दे उठाए गए हैं?

**आलोक राय :** संजय, मेरी कोशिश ये दिखाने की रही है इस किताब में कि हिन्दी, आधुनिक हिन्दी, जिसको आज हम मानक हिन्दी समझते हैं, वो किस प्रक्रिया से बनती है। ये इतिहास मेरी नज़र में हिन्दी जगत में पूरी तरह से आया नहीं है। इसके कई कारण हो सकते हैं, उन कारणों में जाने की ज़रूरत नहीं है। लेकिन मेरी नज़र में हिन्दी के अपने स्वस्थ विकास के लिए ज़रूरी है कि इतिहास ठीक से जाना जाए। इसलिए पहली कोशिश तो मेरी यही है कि ये इतिहास हिन्दी मानस में आए। मेरा अपना ख़याल ये भी है कि हिन्दी का विकास महज़ एक भाषा का विकास नहीं है बल्कि उसका सम्बन्ध और बड़े मसलों से भी है। इसलिए मुझे लगता है कि जो हिन्दी प्रदेश का एक तरह का राजनैतिक भटकाव या ठहराव है, उसमें अगर हिन्दी को भी मेरी नज़र में (विकृत) इतिहास से मुक्ति दिलवाई जा सकती तो शायद ये विकास सम्भव हो सकेगा।

**संजय शर्मा :** अच्छा तो ये बताइए कि क्या हिन्दी वालों ने—हिन्दी के जो लेखक रहे हैं, जो संस्थापक रहे हैं—उनके जीवन, कर्म और इतिहास की पर्याप्त आलोचना नहीं की है? आपको ऐसा लगता है?

**आलोक राय :** असल में अब तक ये रहा है कि हिन्दी की स्थिति हमेशा से कुछ युद्धकाल की-सी रही है। हिन्दी की स्पर्धा पहले उर्दू के साथ थी, फिर अंग्रेज़ी से हो गई। इसलिए ये समझा गया है कि एक बार जब हिन्दी के सारे युद्ध समाप्त हो जाएँगे, उसके बाद फिर हम ये इतिहास लिख सकेंगे। लेकिन मेरी नज़र में वो स्थिति कभी आएगी नहीं। और ज़रूरी यह है कि ये जो बातें

दब गई हैं, या दबाई गई हैं (ऐसा मैं नहीं कह रहा हूँ) लेकिन जो बातें ध्यान में नहीं हैं उनको ध्यान में लाना आवश्यक है, सिर्फ़ इसलिए कि जो ग्रन्थियाँ इससे जुड़ गई हैं, उनसे मुक्ति मिल सके।

**संजय शर्मा :** अच्छा एक विरोधाभास तो यह दिखता है कि एक तरफ़ तो हिन्दी प्रदेश का राजनैतिक प्रभुत्व रहा है, लेकिन हिन्दी के सवाल पर वह महसूस करता है कि उसे एक raw deal मिली है, उसके साथ सौतेला व्यवहार हुआ है, ये कैसे?

**आलोक राय :** हम एक तरह से देखें तो शायद raw deal है भी, इस मायने में कि इसके बावजूद कि तरह-तरह की संवैधानिक गारंटियाँ मिली हैं, लेकिन आज भी हिन्दी वाले ये महसूस करते हैं कि उनकी भाषा को वो दर्जा नहीं मिला जो उसे मिलना चाहिए। मेरी नज़र में वो दर्जा उसे नहीं मिलेगा जब तक कि हिन्दी अपने इतिहास, अपने विकासक्रम को ठीक से समझेगी नहीं, क्योंकि हमेशा ये माना गया है कि दोष कहीं और है। दुश्मन कहीं बाहर है। मेरा तर्क यह है कि हिन्दी के दुश्मन हिन्दी में ही हैं, या हिन्दी में भी हैं और पहले उनसे जूझना पड़ेगा। उसके बाद ही हम आगे बढ़ सकते हैं।

**संजय शर्मा :** और ये काम हिन्दी प्रतिष्ठानों की परिधि से बाहर निकलकर ही किया जा सकता है?

**आलोक राय :** भई देखिए, नागरी प्रचारिणी सभा, हिन्दी साहित्य सम्मेलन, इन संस्थाओं ने और अन्य संस्थाओं ने भी अपने ज़माने में अच्छा काम किया है। लेकिन मेरी नज़र में ये उस इतिहास को भूल चुके हैं। अपने, जिसे मैं उनका हीरोइक बैकग्राउंड, या गौरवशाली विरासत कहता हूँ, उससे कट चुके हैं। मेरी नज़र में शायद हिन्दी का सबसे बड़ा दुर्भाग्य ये है कि उसे राजभाषा का दर्जा मिला है। हुआ ये है कि सरकारी सुविधाओं की तलाश में हिन्दी की जो अपनी रचनात्मक ज़मीन थी उससे वह कटती गई है। और इसलिए मेरी नज़र में हिन्दी का मसला सिर्फ़ इन हिन्दी संस्थानों की गिरफ़्त में रहा तो कभी सुलझेगा नहीं। इसलिए हिन्दी वालों के लिए ये ज़रूरी है कि हम हिन्दी—अपनी भाषा—को फिर से अपनाएँ और ये जो हिन्दी के ठेकेदार हैं, उनसे उसको बचाएँ।

**संजय शर्मा :** इस मुहिम में आप अभिजात वर्ग की क्या भूमिका देखते हैं? उसके लिए तो हिन्दी दूसरे दर्जे की भाषा रहेगी न?

**आलोक राय :** देखिए वो जो अभिजात वर्ग है, जो अंग्रेज़ी-भाषी वर्ग है, उससे

ये उम्मीद करना कि हिन्दी की नैया पार लगाएगा, ये तो नामुमकिन है। लेकिन हिन्दी वालों को तो कुछ करना पड़ेगा। और उसके बाद फिर जब हमारा अपना मन साफ़ हो जाता है, उसके बाद हो सकता है कि दूसरी लड़ाई लड़नी पड़े। लेकिन अभी तो हम वो लड़ाई लड़ने के लिए भी मुक्त नहीं हैं।

**संजय शर्मा :** एक चीज़ अक्सर देखी गई है कि अगर आप हिन्दी वालों को यह याद दिलाएँ कि उनकी विरासत में साम्प्रदायिकता के तत्त्व भी हैं तो वे परेशान हो जाते हैं। कहते हैं, साहब हिन्दी ऐसी नहीं है। आप इस पर क्या कहते हैं?

**आलोक राय :** देखिए, मैं एक बात साफ़ कर दूँ कि मैं अपने आप को एक हिन्दी वाला मानता हूँ। इसलिए मैंने जो लिखा, अपने आप को एक हिन्दी वाला मान के लिखा है, और हिन्दी के हक़ में लिखा है। ये सच है कि एक ख़ास वर्ग के मन में ये भ्रान्ति है कि हिन्दी राष्ट्रवाद और हिन्दू राष्ट्रवाद एक हैं। मेरी नज़र में ये एक नहीं हैं। लेकिन इन दोनों में एक सम्बन्ध है। क्या सम्बन्ध है, ये हमें ख़ुद जानना है। अगर हम ये चाहते हैं कि हिन्दी राष्ट्रवाद को एक रूप दे सकें, कि हिन्दी राष्ट्रवाद और साम्प्रदायिक राष्ट्रवाद एक नहीं हैं तो उसके लिए ये ज़रूरी है कि हिन्दी वाले पहले अपना इतिहास ठीक से जानें।

**संजय शर्मा :** सबसे पहले आप यह बताइए कि यह हिन्दी और उर्दू का जो इतिहास है, क्या आप कहेंगे कि यह हमारे राष्ट्रवाद का भी इतिहास है। हिन्दी-उर्दू विवाद पर केन्द्रित किताबों को पढ़ते हुए कई बार ऐसा लगता है जैसे साथ-साथ राष्ट्रवाद या साम्प्रदायिकता का इतिहास भी पढ़ रहे हों।

**शाहिद अमीन :** इसके बारे में एक तरह से तो मैं आप से मुत्तफ़िक़ हूँ, सहमत हूँ कि राष्ट्रवाद का इतिहास और हिन्दी-उर्दू का इतिहास भी एक तरह से मिला हुआ है। क्योंकि राष्ट्रवाद का इतिहास भी आख़िरकार भारत और पाकिस्तान का इतिहास हो जाता है। और एक तरह से हिन्दी और उर्दू का इतिहास हिन्दुओं और मुसलमानों के इतिहास के रूप में परिणत हो जाता है। लेकिन एक दूसरी बात है जो कि काफ़ी विस्मित करनेवाली है, जिस पर लोग उतना ध्यान नहीं देते। पिछले 15-20 साल में हमने देखा है कि भारतीय राष्ट्रवाद को लेकर कई अवधारणाएँ निकलीं। तरह-तरह से इतिहासकार कह रहे हैं कि नहीं, यह ऐसा इतिहास है जिसको हमें नए तरीक़े से देखना है। लेकिन ताज्जुब की बात है कि बिलकुल हाल तक हिन्दी के इतिहास को लेकर इस तरह से उतनी चर्चा नहीं हुई है। जैसे कि हिन्दी को अपने इतिहास की ज़रूरत ही न हो, वह तो बस, नैचुरली है। इसलिए, आलोक राय की यह किताब एक अहम किताब है क्योंकि

वह बताती है कि हिन्दी के भी कई इतिहास हो सकते हैं। हिन्दी के इतिहास में भी कई तरह से लोग दिख सकते हैं, जिस तरह से भारत के इतिहास में। जहाँ हिन्दी का—या यूँ कहिए—'हिन्दीत्ववादी' इतिहास या फिर राष्ट्रवाद का राष्ट्रवादी इतिहास एक ही हो सकता है, क्योंकि वह अपने आप में मुकम्मल है, अखंड है। लेकिन हिन्दी को लेकर अब नए सवाल उठ रहे हैं। ऐसे सवाल जो पहले राष्ट्रवाद को लेकर उठ चुके हैं। मसलन, एक तरह जो नया रवैया है, राष्ट्रवाद के इतिहास लेखन में सामने आया है, वो ये है कि राष्ट्रवाद के जो अभिजात हैं, एलीट हैं, ये दम भरते हैं कि हम 'निरीह जनता' और लोगों को रेप्रेज़ेंट करते हैं। लेकिन वो इनसे भिन्न हैं। तभी तो वे रेप्रेज़ेंट करते हैं। इसलिए त्याग का जो भाव है वो बहुत अहम है किसी भी राष्ट्रीय नेता के लिए। गांधी के बारे में तो यहाँ तक कहा गया कि 'देखिए, बैरिस्टर थे, लेकिन कितना कुछ छोड़के साधारण आदमी की तरह हो गए।' उसी प्रकार हिन्दी भी यह दम भरती है कि वो भारत का जो यथार्थ है, उसको पूरी तरह से रेप्रेज़ेंट कर देती है। लेकिन क्या इसमें भी वही राष्ट्रवाद वाली बात नहीं है कि आप रेप्रेज़ेंट करते हैं क्योंकि आप बिलकुल वो नहीं हैं। तभी तो आप रेप्रेज़ेंट कर रहे हैं।

तो क्या जो हिन्दी हम पढ़ते हैं, जिस हिन्दी से जूझते हुए हमारे बच्चे कई-कई बार खिन्न हो जाते हैं, क्या यह वही हिन्दी है जिसमें हमारा सर्वहारा या हमारा किसान बात करता है? हिन्दी को भारतीयता या सर्वसाधारण की ज़िन्दगी का एक प्रतिबिम्ब समझा जाता है। लेकिन जो हिन्दी लिखी जाती है वो बिलकुल वही नहीं है। देखिए प्रेमचन्द को लीजिए, *गोदान* को लीजिए। एक बहुत अहम राष्ट्रवादी उपन्यास है *गोदान,* जिसमें होरी जब धनिया से बात करता है तो एक भी भोजपुरी का शब्द उसमें नहीं आता।

भोजपुरी संज्ञाएँ हो सकती हैं *गोदान* में, भोजपुरी क्रियाएँ नहीं हैं। राही मासूम रज़ा का आप *आधा गाँव* देखिए। उसमें भोजपुरी क्रियाएँ हैं, भोजपुरी वाक्य हैं। *आधा गाँव, मैला आँचल* इसीलिए ऐसे नॉवेल हैं, इतने अहम हिन्दी के नॉवेल हैं, जिनमें फ़ुटनोट्स हैं। क्योंकि अगर किसी क्षेत्र के ठेठ यथार्थ को लेखक रेप्रेज़ेंट कर रहे हैं तो वह 'ठेठ' हिन्दी में रेप्रेज़ेंट नहीं कर पाते हैं। एक तरह से हिन्दी दावा करती है कि वो भारतीय जनता के ज़्यादा पास है उर्दू के बनिस्बत। लेकिन ये वो हिन्दी नहीं है जो जनता बोलती है। हिन्दी रेप्रेज़ेंट भी करती है लेकिन जिनको रेप्रेज़ेंट करती है उनसे ज़रा पृथक् भी है। हिन्दी को अब ये महसूस करना है कि एक तरह से जहाँ वह रेप्रेज़ेंट कर रही है, वहीं वो लोगों को अपने ढंग से रेप्रेज़ेंट कर रही है। ये कोई जस-का-तस यथार्थ की अभिव्यक्ति नहीं है। हमारा एक भाषायी यथार्थ है और यह उसकी हिन्दी में अभिव्यक्ति है।

**संजय शर्मा :** एक बात मैं और जानना चाहूँगा। दीगर लोगों ने भी कहा है और आलोक राय में भी है कि 18वीं-19वीं सदी में एक तरफ़ उर्दू पर फ़ारसी का और हिन्दी पर संस्कृत का प्रभाव बढ़ता है। लेकिन जब भी कोई भाषा औपचारिक रूप से ख़ुद को साहित्यिक विधाओं में अभिव्यक्त करना शुरू करती है तो इस तरह का शुद्धीकरण प्राय: होता ही है। बोलने से, लिखने से, छपने तक एक बदलाव होता ही है। अगर यह अवश्यंभावी है तो हिन्दी और उर्दू के बदलाव को लेकर इतनी परेशानी क्यों?

**शाहिद अमीन :** एक हद तक ये बात ठीक है, लेकिन औपचारिक साहित्य भाषा में किस तरह लिखा जाए वो भी तो बदलता रहता है। उर्दू के बारे में मैं ये कहना चाहूँगा कि ज़ाहिर है कि 19वीं सदी में उसमें फ़ारसीयत का एक पुट है। लेकिन उसी जगह मीर भी हैं जिनकी पोएट्री में उतनी फ़ारसी नहीं है। उसी तरह हमारे 1930-40 के दशक के मन्टो हैं, प्रॉग्रेसिव राइटर्स एसोसिएशन (भारतीय प्रगतिशील लेखक संघ) है। एक हमारे दिमाग़ में अजीब क़िस्म की बात घर कर गई है कि साहब उर्दू एक बार तगड़ी फ़ारसी वाली बनी तो वैसी ही होकर रह गई। तो भई 1930-50 के जो मन्टो हैं, वो क्या वही उर्दू लिख रहे हैं जो हिन्दुस्तान के अवाम को समझ में नहीं आती है?

**संजय शर्मा :** लेकिन मीर के बारे में ये एक क़िस्सा आलोक राय ने दिया है कि एक बार वो लखनऊ गए और बोले तक नहीं किसी से, कि ज़बान दूषित न हो जाए। तो कुछ वो अहसास उस एलीट में हमेशा से था कि हम अपनी ज़बान को भ्रष्ट न कर दें।

**शाहिद अमीन :** अपनी ज़बान को भ्रष्ट न कर दें, ये तो है। लेकिन मीर में भी 'कभू' या और इस तरह के कई लफ़्ज़ हैं जो कि करख़नदारी ज़बान के हैं। तो हो सकता है कि वो कुछ अपनी ज़बान को जो दिल्ली के करख़नदार हैं उनसे लेना चाहते थे। लखनऊ के चिकनगरों से नहीं। तो मैं जो कहना चाहता हूँ वह यह कि एक तरह से क्योंकि हिन्दी का उर्दू पर 19वीं सदी में जो ज़बर्दस्त आरोप था, कि वह एलीटिस्ट है, इतना घर कर गया है हमारी सामूहिक भाषायी समझ में, इसलिए हम कई बार भूल जाते हैं कि 1930-40 तक आते-आते उर्दू वो एलीटिस्ट भाषा नहीं रही जो 19वीं सदी के आख़िरी दशकों की थी। नहीं तो साहिर को लीजिए या कैफ़ी आज़मी को लीजिए—आप देखेंगे कि उनके अन्दर एक ताक़त है कि अपनी ग़ज़लों के अश्आर को ही वो बदल देते हैं, जब फ़िल्मों में आते हैं। तो उर्दू में एक क्षमता है, एक लोच है।

किसी भी भाषा की जब आपस में मुठभेड़ होती है तो ये एक तरह से लाज़िम

है कि भाषा की बुनियादी ख़ासियत को एक जगह एक दौर में फ़िक्स कर दिया जाता है, क्योंकि आप अगर उसको फ़िक्स न करें तो उस भाषा को तेज़ बदलते हुए वर्तमान में कैसे बरत पाएँगे? तो मैं कहूँगा कि आज ख़ास तौर से हिन्दी की ये ज़रूरत है कि वह और लचीली हो, क्योंकि ज़ाहिर है हिन्दी—अगर मैं हिन्दी का एक शुद्ध शब्द इस्तेमाल करूँ—पूर्णरूपेण इस वक़्त हिन्दुस्तान में सफल हुई है। इसलिए हिन्दी को अकड़कर नहीं रहना चाहिए। यह नहीं सोचना चाहिए कि अगर फ़लाँ लफ़्ज़ आ गया तो मिश्रता या मिलावट आ जाएगी। अरे आप में तो भोजपुरी भी आएगी और आप में उर्दू भी आएगी क्योंकि भोजपुरी कोई बिलकुल अलग भाषा तो है नहीं। और ज़्यादातर लोग तो अब उर्दू में नहीं लिख रहे हैं। तो अब जबकि हिन्दी ही एक अलग भाषा है जिसमें हम लिख रहे हैं, आप लिख रहे हैं, सब लिख रहे हैं तो अब वह वो हिन्दी नहीं हो सकती—हिन्दी साहित्य सम्मेलन वाली, नागरी प्रचारिणी सभा वाली। क्योंकि वो हिन्दी तब लड़ रही थी जब उर्दू भी ताक़तवर थी। आज हिन्दी सबकी है। इसलिए हिन्दी ज़ुबान को भी अब लचीला होना पड़ेगा, जैसे कि मीर साहब ने कहा कि "हम हुए, तुम हुए कि मीर हुए, सब उसी ज़ुल्फ़ के असीर हुए।" तो अब तो सभी लोग हिन्दुस्तान में बहुत हद तक हिन्दी में लिख रहे हैं। तो मैं जो देखता हूँ जो कि मेरे ख़याल से एक दिलचस्प चीज़ हुई है—असग़र वजाहत हैं, अब्दुल बिस्मिल्लाह हैं, ये लोग हिन्दी में लिख रहे हैं, लेकिन वो एक पंडिताऊ हिन्दी तो नहीं लिखेंगे। इसलिए नहीं कि वो मुसलमान हैं, बल्कि इसलिए कि वो कामगार के बारे में लिख रहे हैं, बुनकर के बारे में लिख रहे हैं, एक ग़ैर हिन्दीत्ववादी जनपद के बारे में लिख रहे हैं। यहाँ मुझे एक दिलचस्प सम्भावना दिखाई देती है कि जिस तरह से हिन्दी ने अपने को परिभाषित किया था 19वीं सदी में उर्दू की टक्कर में—अब वो बदलेगा। बदलना चाहिए भी। क्योंकि अगर हमारे समाज में इतनी उथल-पुथल हो रही है, दलित प्रश्न इतना उभर के आया है। दलित लोग हर चीज़ को प्रश्नांकित कर रहे हैं और एक तरह से बहुत हद तक सही कर रहे हैं। उनकी तरफ़ से भी भाषा पर तो अब सवाल उठेंगे। हिन्दी जीती है, लेकिन क्योंकि जीत गई है और सबको रेप्रेज़ेंट करने का दम भरती है तो उसको अपने दरवाज़े और खिड़कियाँ और खोलनी पड़ेंगी।

**संजय शर्मा :** फिर राजभाषा बनकर और राज्य के माध्यम से जो वो अपनी शक्ति को और बढ़ाना चाह रही है वो भी ठीक नहीं होगा...

**शाहिद अमीन :** ये तो ठीक नहीं होगा, क्योंकि सरकार और अवाम जो है उसमें तो हमेशा शासक और शासित का रिश्ता रहा है, भले ही वे हमारे प्रतिनिधि हों।

अगर भाषा सत्ता की भाषा होगी तो फिर वो लोगों की बोलचाल की भाषा से और दूर होती चली जाएगी।

**संजय शर्मा :** लेकिन अब तो ये हालत हो गई है कि उर्दू को अगर सरकारी मदद न मिले तो उसकी पत्रिकाएँ और उसका पढ़ना-लिखना ही बिलकुल जैसे ख़त्म हो जाएगा। आप सोचते हैं कि उसे सरकारी प्रश्रय की ज़रूरत है?

**शाहिद अमीन :** मेरे ख़याल से ये ज़रूरी है क्योंकि अगर देखिए तो जिस तरह से एक प्रकार का 'जल-जमाव' हो गया है, जिसकी वजह से उर्दू पढ़ना नामुमकिन-सा है हिन्दी जनपद में, स्कूल में, अगर आप ऐंग्लो-अरैबिक स्कूल में जाते हैं, मदरसे में जाते हैं, तब तो आप उर्दू जानेंगे। उसके अलावा आप कुछ नहीं जानेंगे। तो उर्दू का एक तरह से ghettoisation (दड़बाकरण) हो गया है। तो ज़ाहिर है कि एक तरह से उसको प्रोत्साहन देना पड़ेगा। हालाँकि उसकी भी समस्याएँ हैं, मसाइल हैं। क्योंकि फिर वही होता है कि एक ख़ास गुट सरकारी वरदहस्त के बल पर ही अपना काम करता रहता है। लेकिन मैं एक बात यहाँ कह देना चाहता हूँ कि मैं इससे मुत्तफ़िक़ नहीं हूँ, सहमत नहीं हूँ कि साहब, इस लिपि को ही ख़त्म कर दीजिए। क्योंकि वरना तो भई हिन्दी को भी क्यों न रोमन कर दिया जाए? दक्षिण में भी लोग पढ़ने लगेंगे। अगर हिन्दी की पहली लड़ाई देवनागरी लिपि की थी तो उर्दू को अगर संरक्षण देना है तो उसको रोमन लिपि करके ऐसा करना मेरे ख़याल से दुरुस्त नहीं होगा, क्योंकि फिर आप उसे एक लम्बे ज़ख़ीरे से काट देंगे। उर्दू की एक जगह है, जगह थी और उसके लिए थोड़ी-बहुत तो सरकार से मदद की ज़रूरत है। लेकिन उससे ज़्यादा मेरे ख़याल से ज़रूरत है हिन्दी पढ़ाने में, हिन्दी पढ़ने में, हिन्दी लिखने में और लचीले होने की। स्कूली हिन्दी तो आज ऐसी है कि दूर से ही पता चल जाए कि साहब उर्दू का शब्द आपकी तरफ़ आनेवाला है और बचके भाग लीजिए। जब तक ये मानसिकता रहेगी तब तक हमारा जो तनाव है भाषा को लेकर वो हमेशा रहेगा। मैं आपको बताऊँ आजकल मैं जो थोड़ा-बहुत हिन्दी में लिखता हूँ, जहाँ भी 'ज' के नीचे बिन्दी लगाता हूँ तो लोग काट देते हैं—कि भई हिन्दी में बिन्दी क्यों? हिन्दी में नीचे की बिन्दी क्यों—तो भैया, हिन्दी में ऊपर भी बिन्दी क्यों?

अगर आपका अल्फ़ाबेट (ककहरा) इतना अड़ियल रहेगा तो भाषा किस तरह से लोगों को आपस में एक साथ मिला पाएगी।

**संजय शर्मा :** तो ये सवाल क्या इतना उलझ गया है? ये दरार बहुत ज़्यादा हो गई है? या आपको लगता है कि नहीं, अभी सारे रास्ते बन्द नहीं हुए हैं?

**शाहिद अमीन :** ये तो भई अब साहित्य के ऊपर काफ़ी कुछ मुनहसिर है और

अख़बार और साहित्य के बीच क्या रिश्ता हो, इसके ऊपर मुनहसिर है। जहाँ तक मैं देखता हूँ, अख़बार तो काफ़ी शुद्धीकरण की तरफ़ चलते रहेंगे। लेकिन आज हिन्दी के जो नए क़िस्म के लेखक आ रहे हैं, और वो नए मुद्दे उठा रहे हैं जो कि हाशिए पर रखे हुए लोगों के—चाहे वो औरतों का सवाल हो या दलितों का सवाल हो या जनजातियों का सवाल हो। तो ज़ाहिर है कि हमें सोचना पड़ेगा कि क्या *सरस्वती* की भाषा या महावीर प्रसाद द्विवेदी की भाषा ही उपयुक्त है इन लोगों की भावनाओं को सामने लाने के लिए। मैं समझता हूँ कि जब एक नए क़िस्म के लोग हमारे शिक्षण संस्थानों में आएँगे तो जो बोलियाँ हैं, वो भोजपुरी है या अवधी है या अन्य, वो अपने आप तो ग़ायब नहीं हो जाएँगी? अभी भी दिल्ली में लोगों को थोड़ा ताज्जुब होता है—अरे ये तो 'बिहारी' सुनाई दे रही है। सिर्फ़ खड़ी बोली या पंजाबी सुनाई देनी चाहिए! तो एक तरह से इतनी social mobility होगी उसके साथ मुझे लगता है कि साहित्य में, हिन्दी लेखन में तो ज़रूर कुछ न कुछ बदलाव आएगा। इतिहासकार के नाते मैं तो चाहूँगा कि जब मैं इतिहास लिखूँ तो वो हिन्दी में लिखा इतिहास हो, इतिहास में लिखी हिन्दी न हो।

**संजय शर्मा :** आपकी नज़र में आलोक राय की किताब की कोई कमज़ोरी, या ख़ूबियाँ क्या हैं?

**शाहिद अमीन :** किताब की ख़ूबी तो ये है कि एक दुभाषिया आदमी लिख रहा है। क्योंकि अभी तक ज़्यादातर हिन्दी का इतिहास जो लोग लिखते रहे हैं वे हिन्दी विभाग के ही लोग रहे हैं। आलोक राय अंग्रेज़ी पढ़ते-पढ़ाते हैं और वो हिन्दी पर लिख रहे हैं। तो एक बड़ी दरार जो है, कि भई एक तो अभिजात वर्ग है जो सिर्फ़ अंग्रेज़ी काटता है और हम लोग हिन्दी वाले हैं, हम हिन्दी जानते हैं, एक तो उस खाई को उन्होंने पाटने की कोशिश की है। मेरे ख़याल से उन्होंने बहुत सारी चीज़ें कहने की कोशिश की है। लेकिन कमज़ोरी अगर है तो यह कि वो एक तरह से 1930-50 में हिन्दी और उर्दू में किस तरह का लेखन हुआ, ख़ास तौर से प्रगतिशील लेखक संघ वाले लोगों का, उसका रिश्ता पहले की लड़ाइयों से क्या है, हिन्दी-उर्दू की जो जड़ छवि थी, उसे कैसे बदला, उसके ऊपर आलोक राय ने उतना काम नहीं किया। हालाँकि वो हमारा बहुत बड़ा सरमाया है, क्योंकि आख़िर वही है जो कि अभी हाल तक हमारी फ़िल्मों का एक अटूट अंग था। अब तो ख़ैर हिन्दी फ़िल्म गीतों का क्या हाल हुआ है वो तो अल्लाह या भगवान या ईसा मसीह, जो भी इस वक़्त सैटेलाइट में बैठा देवता है, वही जाने। लेकिन एक हद तक 1930-50 में प्रगतिशील लेखकों ने जो लिखा है, किस क़िस्म की हिन्दी और उर्दू आम लोगों के मसाइल और

परेशानियों को झेलती हुई उभरकर आई है, मेरे ख़याल से आलोक राय उसकी तफ़सील में नहीं जाते हैं, जो कि एक महत्त्वपूर्ण दृष्टि है हिन्दी और उर्दू की गुत्थी को समझने और सुलझाने में।

**संजय शर्मा :** आपने फ़िल्मों की बात की—अब टेलीविज़न पर या फ़िल्मों में 'मुस्लिम सोशल' जैसी जो विधा थी वह बहुत कम दीखती है। टेलीविज़न तो जैसे एक अलग भाषा ही गढ़ रहा है जिसे हम हँसी और व्यंग्य में कभी-कभी 'हिंगलिश' कहते हैं। इस माहौल में क्या आपको ये लगता है कि भाषा पर पढ़ने से ज़्यादा टीवी देखने का असर हो रहा है?

**शाहिद अमीन :** टीवी का असर तो बहुत ज़बर्दस्त है और ज़ाहिर है कि हिन्दी भी स्कूलों में एक अजब कठमुल्लई तरीक़े से पढ़ाई जाती है। ज़्यादातर हिन्दी के शिक्षक, विशेष शिक्षक होते हैं। वो आपका क्लास टीचर नहीं होता है। वो बाहर से आता है, पढ़ाकर चला जाता है। तो ये हिंगलिश भाषा जो निकल रही है, मैं इसका समर्थक नहीं हूँ। मैं समझता हूँ कि अभी भी जो ज़्यादा मज़ेदार बात होगी वो ये कि जो हमारी नई पीढ़ी के लेखक होंगे वो किस तरह से क्लिष्ट हिन्दी को अपने तजुर्बों से प्रभावित करेंगे। वो तजुर्बे जो एक तरह से कई क़िस्म की बोलियों से जुड़े हुए हैं, उनको किस क़िस्म से लाएँगे। वो हिन्दी के लिए शायद वही काम करेगा जो अंग्रेज़ी में लिखनेवाले हिन्दुस्तानी लेखकों ने अंग्रेज़ी के लिए किया। आज बहुत कहा जाता है कि सलमान रुश्दी के बाद से भारतीय लेखक जो अंग्रेज़ी में लिखते हैं उन्होंने अंग्रेज़ी ज़बान को क्या से क्या कर दिया। मैं सोचता हूँ कि अगले 10-15 साल में हिन्दुस्तान में हिन्दी को लेके भी शायद यही होगा। शायद हम कहें कि वो देखिए, उस ख़ित्ते का अदीब, उस क्षेत्र का लेखक, उस भाषायी इलाक़े का मनई—उसे देखिए उसकी बात में एक पूरा इलाक़ा जी उठता है, जिससे हम नावाक़िफ़ थे। उसे पढ़े बिना उस जवार को नहीं जाना जा सकता। अगर हिन्दुस्तानी तजुर्बे को लेकर अंग्रेज़ी के लेखक उस भाषा में जो हासिल कर पाते हैं वही बात उत्तर भारत के अलग-अलग तजुर्बों को लेकर हिन्दी में क्यों नहीं हो सकता है? उसने मानक हिन्दी को कैसे-कैसे नए आयाम दिए हैं, यह सोचने की बात है।

(रविकान्त व संजय शर्मा(सं.) दीवान-ए-सराय 01 : मीडिया विमर्श://हिन्दी जनपद, सराय-सीएसडीएस+वाणी प्रकाशन, 2002, पृ. 112-133)

## ...जो जिगर के पार होता

शाहिद अमीन, आलोक राय और पलाश कृष्ण मेहरोत्रा की बातचीत

**शाहिद अमीन :** आपने अपनी किताब का नाम 'हिन्दी राष्ट्रवाद' रखा है। दिलचस्प बात है कि राष्ट्रवाद पर तो विभिन्न दृष्टिकोणों से चर्चा होती रही है, लेकिन हिन्दी का केवल एक एकीकृत इतिहास माना जाता है। मुझे इसमें विरोधाभास दिखता है कि हिन्दी के पक्ष और विपक्ष में ढेर सारी बहसें हुई हैं, लेकिन काफ़ी देर तक हिन्दी के अन्दर कोई बहस नहीं हुई। हिन्दी का कोई इतिहास नहीं था, जबकि 70 के दशक तक राष्ट्रवाद, जिसने हमें वाक़ई परिभाषित किया, के विभिन्न इतिहास सामने आने शुरू हो गए थे। इसके क्या मायने हैं? हिन्दी और राष्ट्रवाद के रिश्ते के बारे में यह हमें क्या बताता है?

क्या आपको कुछ अजीब सा नहीं लगता—राष्ट्रवाद को प्रश्नचिह्नित करने का दौर और हिन्दी पर सवाल उठाने के दौर में ये लगभग तीस साल का फ़र्क़? नक्सलबाड़ी दौर के बाद से राष्ट्रवाद पर सवाल उठने शुरू हो गए थे, जबकि हिन्दी पर केवल अब जाकर सवाल दाग़े जा रहे हैं, अब जबकि अंग्रेज़ी के भारतीय लेखकों ने एक निश्चित मुक़ाम हासिल कर लिया है। अपनी किताब में आप महज़ एक निराश समर्थक के बजाय एक हताश द्विभाषी हिमायती दिखते हैं। तो सवालों का एक सेट तो ये हुआ।

दूसरे, कोई व्यक्ति उँगली उठा सकता है कि हिन्दी की आलोचना करनेवाले आप कौन होते हैं? आप एक ऐसे व्यक्ति के दृष्टिकोण से हिन्दी को देख रहे हैं, जो केवल हिन्दी से बँधा हुआ नहीं है, सिर्फ़ उसी पर निर्भर नहीं है। क्या यह तर्कसंगत सवाल है?

**आलोक राय :** यह मान लेना कि हिन्दी के बारे में बोलने का अधिकार तथाकथित भुक्तभोगियों को ही है, शायद सही नहीं है। मेरा दृष्टिकोण उन लोगों का है, जो हिन्दीभाषी होते हुए भी...बीसवीं सदी के पूर्वार्द्ध में हिन्दी को जिस तरह से

परिभाषित किया गया, उससे एक दूरी बनाए रखने की ज़रूरत महसूस करते हैं।

**शाहिद अमीन :** और ऐसा नहीं है कि आप हिन्दी विरोधी या 'राष्ट्र विरोधी' हैं, बल्कि आप यह समझने का प्रयास कर रहे हैं कि हिन्दी और राष्ट्रवाद, दोनों के द्वारा किए जा रहे बड़े-बड़े दावों के मूल में क्या है।

**आलोक राय :** मुझे नहीं मालूम कि यह किताब में कितना स्पष्ट हो पाया है, लेकिन मेरी मंशा 'हिन्दी' और इससे सम्बन्ध रखनेवाले राष्ट्रवाद के बीच अन्तर करने की रही है, और मैं एक ऐसे संभाव्य राष्ट्रवाद के बारे में सोचता हूँ, जो जनभाषा या जनभाषाओं के वैविध्य को प्रयुक्त और प्रतिबिम्बित करता हो।

मेरा मानना है कि जब तक यह कृत्रिम 'हिन्दी' जनभाषा का पर्याय रहेगी या ऐसी समझी जाती रहेगी, हमारे राष्ट्रवाद के साथ गहरी समस्या रहेगी। इसके नाम पर लोगों का छलपूर्वक प्रतिनिधित्व किया जा रहा है। मैं हिन्दी राष्ट्रवाद और 'हिन्दी' राष्ट्रवाद के बीच अन्तर करने का प्रयास कर रहा हूँ। हिन्दी राष्ट्रवाद सम्भवत: इस अर्थ में यूटोपिया है कि इसका वास्तविक अस्तित्व नहीं है। अभी तक इसका अस्तित्व एक अधूरी सम्भावना के रूप में है। यह एक क़िस्म का जन राष्ट्रवाद है, जो वास्तव में उन लोगों को लामबन्द कर सकता है, जिनका इस समय प्रतिनिधित्व नहीं हो रहा है। हाँ, लोगों के नाम पर बोलने का ढोंग करनेवालों की बात अलग है। मैंने अपनी किताब में दो टूक कहा है और यहाँ भी कह दूँ कि इसकी ज़िम्मेदारी उस सवर्ण वर्ग की है जिसने संस्कृत की शरण लेकर जनभाषा हिन्दी के साथ बलात्कार किया है। आज भी जन के नाम पर बोलनेवाले सवर्ण अभिजात वर्ग का प्रभुत्व निर्विरोध क़ायम है। इसका कारण यह है कि उसे अंग्रेज़ी की ओर से चुनौती नहीं दी जा सकती। चुनौती केवल नीचे से ही आ सकती है, केवल जनता के नाम पर ही आ सकती है।

**शाहिद अमीन :** मैं इस पर बाद में आऊँगा, लेकिन पहले मैं किताब के शीर्षक 'हिन्दी राष्ट्रवाद' पर थोड़ी और चर्चा करना चाहूँगा। जब आप हिन्दी राष्ट्रवाद कहते हैं, तो कहीं आप हिन्दी और राष्ट्रवाद का मुद्दा तो नहीं सुझाना...

**आलोक राय :** नहीं...।

**शाहिद अमीन :** अगर नहीं, तो क्या यहाँ हिन्दुस्तानी राष्ट्रवाद के लिए कोई जगह बनती है? आपका कहना है कि आप हिन्दुस्तानी पद का उपयोग नहीं करना चाहते, क्योंकि इससे अभिजातवाद और विशेषाधिकार का बोध होता है।

**आलोक राय :** शाहिद, हिन्दी राष्ट्रवाद से मेरा आशय वास्तव में हिन्दुस्तानी

राष्ट्रवाद के काफ़ी क़रीब है। मैं इस पद से बचकर चला हूँ, क्योंकि इस पर एक विशेष राजनीति की काई इस तरह जमी है कि लगातार इस पद को लेकर सफ़ाई देने की ज़रूरत पड़ती। असल में मेरा विचार स्पष्टत: एक सामान्य, साझा भाषा का है। सम्भवत: इससे हिन्दी राष्ट्रवाद और 'हिन्दी' राष्ट्रवाद के बजाय हिन्दुस्तानी राष्ट्रवाद और हिन्दी राष्ट्रवाद पर बात करना कुछ आसान होगा। डर यह था कि बात इसमें न उलझ जाए कि हिन्दुस्तानी का क्या हुआ?

**शाहिद अमीन :** अच्छा बताइए, हिन्दुस्तानी पद के साथ ऐसा क्या हुआ कि यह एक क़िस्म के राजनीतिक खूँटे से बँधा लगता है और आप इसे अस्वीकार्य पाते हैं। मैं आपको इस मुद्दे पर थोड़ा कोंचना चाहता हूँ। हिन्दुस्तानी संगीत कहें तो चलता है; या फिर मुकेश के इस प्रसिद्ध गाने—छोड़ो कल की बातें/कल की बात पुरानी/नए दौर में लिखेंगे मिलकर नई कहानी/हम हिन्दुस्तानी—से आपको समस्या नहीं होती। लेकिन हिन्दुस्तानी जब भाषा के लिए प्रयुक्त होती है, तो आपको इसमें एक फ़ालतू बोझ महसूस होता है। क्या आपको नहीं लगता कि विरासत का यह बोझ हिन्दुस्तानी के बजाय उर्दू से ज़्यादा वाबस्ता है।

**आलोक राय :** मुझे नहीं लगता कि हमारे बीच में कोई मतभेद हैं। मैं यह भी नहीं कह रहा मुझे मत कोंचो...

**शाहिद अमीन :** आपको उद्धृत कर रहा हूँ—"विशिष्ट क्षेत्रीय राजनीति से पैदा होने के कारण 'हिन्दुस्तानी' के बचाव को यथास्थितिवादी विशेषाधिकार की रक्षा के तौर पर देखा गया।" यह भी एक कारण है कि आप इस पद का उपयोग नहीं करना चाहते। मगर इस हिन्दुस्तानी या उर्दू ने जोश मलीहाबादी, मजाज़ और कैफ़ी आज़मी को भी पैदा किया है। तो यह कहना कि इस भाषा की जड़ें विशेषाधिकार की रक्षा में निहित हैं...मैं इसमें दिक़्क़त महसूस करता हूँ, क्योंकि यह एक ऐसी किताब में आता है, जो अन्यथा सरकारी हिन्दी की तीव्र आलोचना करती है।

मुझे अभी शिकागो से प्रोफ़ेसर सी.एम. नईम का ई-मेल मिला है—उन्होंने 18वीं सदी के मुग़लकालीन कवि मीर तक़ी मीर की आत्मकथा का अनुवाद किया है—और उन्हें लगता है कि आप सरकारी उर्दू वालों के प्रति कुछ नरम रहे हैं। नईम साहब की बात में दम हो सकता है, लेकिन इससे अन्तत: कोई फ़र्क़ नहीं पड़ता, क्योंकि ग़ैर-सरकारी हिन्दुस्तानी के प्रति आप वज्रादपि कठोर हैं। इस पर आपकी क्या प्रतिक्रिया होगी? मैं चाहूँगा कि आप इस पर थोड़ा ग़ौर करें। पहली बात तो ये है कि यह ऐसा पद है, जिसे मैं आसानी से छोड़ नहीं

सकता, क्योंकि यह हमें सानुप्रास हाइकू हिन्दी-हिन्दू-हिन्दुस्तान की आसान समझ पर सवालिया निशान लगाने की अनुमति देता है। मैं हिन्दुस्तान पद को हिन्दुस्तानी में बदलकर हिन्दू और हिन्दुस्तान के बीच के स्वाभाविक समीकरण को काट रहा हूँ। मुझे लगता है कि विशुद्ध रूप से अर्थगत लड़ाई में हमें हिन्दुस्तानी (पद) से फ़ायदा मिलता है।

**आलोक राय :** क्या सचमुच? मुझे नहीं लगता कि यहाँ कोई अन्तर है—जिस भाषायी क्षेत्र को मैं हिन्दी पद से समझाना चाहता हूँ, वह हिन्दुस्तानी वाला भाषायी क्षेत्र है। समस्या हिन्दुस्तानी भाषा की जड़ों से नहीं है बल्कि इस बात से है कि इतिहास के एक दौर में अवध में विशेषाधिकार की रक्षा के लिए हिन्दुस्तानी का प्रतीक रूप में इस्तेमाल किया गया था। मुझे समस्या सिर्फ़ उस पारिभाषिक शब्द से है और समस्या यह है कि यह पद समकालीन विमर्श में अनुपलब्ध है। लगता नहीं है कि हिन्दुस्तानी 1950 की दहलीज़ को पार कर पाई। संविधान इस पद की हत्या कर देता है।

**शाहिद अमीन :** संविधान सभा इसकी हत्या करती है।

**आलोक राय :** मुझे चिन्ता थी कि यह पद सम्भवत: बहस को बेवजह जटिल बना देगा। इस चिन्ता से मुझे वो कहने के लिए मुक्त होना था, जो मैं कहना चाहता था। लेकिन आपको विशेषाधिकार की रक्षा से भी समस्या है।

**शाहिद अमीन :** हाँ, मुझे है। आप यह परिणाम निकाल रहे हैं कि एक समय विशेष में एक भाषा चन्द लोगों के हाथों में विशेषाधिकार की रक्षा के लिए प्रयुक्त होती है, जो प्रयोग के लिए कोई जगह नहीं छोड़ती। क्या ऐसा नहीं होता कि विशेषाधिकार की स्थितियाँ—जिसमें हममें से बहुत से लोग पैदा हुए हैं—एक ऐसा तर्क पैदा करें, जो वास्तव में विशेषाधिकार पर ही चोट करे। मजाज़ को देखें...

**आलोक राय :** उर्दू शायरी की परम्परा के बग़ैर राष्ट्रवादी काव्य की परम्परा की सम्पूर्णता तो अदृश्य ही रहेगी। ये तो तय है।

**शाहिद अमीन :** मुझे ज़रा भी उज़्र न होता अगर आप विशुद्ध राजनीतिक तर्क देते कि आठवीं अनुसूची में हिन्दुस्तानी का ज़िक्र नहीं है, कि संविधान सभा इसकी हत्या करती है। उधर पाकिस्तान है, इधर भारत है, जैसे कि अन्तर्राष्ट्रीय सीमा पर एक भाषायी क़िस्म की एलओसी (नियंत्रण रेखा) हो...लेकिन आप इसे इस तरह नहीं गढ़ते। आप बज़िद हैं कि उर्दू उच्च वर्ग के विशेषाधिकार की भाषा है और अब हिन्दुस्तानी भी ऐसी ही हो गई है; तो आख़िर आपके पास

सिर्फ़ वही बच गया न, जो आपको पसन्द नहीं है।

**आलोक राय :** विशेषाधिकार की रक्षा पर तो मैं अभी भी ज़ोर देना चाहूँगा। जिस ढंग से हिन्दी का विरोध हुआ, वह पूरी तर्क परम्परा, जिसमें नागरी का विरोध हुआ, में दर्प और मान की ज़बरदस्त भूमिका रही। भाषायी अस्मिता के बनने की पूरी प्रक्रिया दर्परंजित थी।

कहीं एक गहरा कारण भी है, जिस पर ध्यान देना चाहिए। क्षेत्र विशेष की राजनीति में पैदा होने के कारण हिन्दुस्तानी की रक्षा का अर्थ अभिन्न रूप से यथास्थितिवादी विशेषाधिकार की रक्षा हो गया। हिन्दुस्तानी की हिमायत ज़मींदारी-समाज के नॉस्टैल्जिया के साथ जुड़ गई। उदाहरण के लिए संविधान सभा की बहस में यह बिलकुल स्पष्ट है कि हिन्दीवाले सत्ता से वंचित लोगों के नाम पर बोलना चाहते हैं। उनका यह दावा आज के राजनैतिक दौर में और भी ख़तरनाक लगता है।

**शाहिद अमीन :** आडम्बरपूर्ण और थोथा। उस पूरी कार्रवाई को देखें, जिसमें हिन्दी को लेकर एक मुहिम संविधान सभा के बाहर चलाई गई, ठीक उसी समय जब संविधान सभा में बहस चल रही थी—इसे मैं 6 दिसम्बर, 1992 की पूर्वपीठिका कहूँगा, जहाँ राज्य एक क़िस्म की बहुमतवादी बेतक़ल्लुफ़ी से कह जाता है कि "भारत हिन्दुओं की भूमि है", और बजाय इसके कि इस वाक्यांश को यह कहकर संशोधित किया जाए कि "लेकिन यहाँ और सम्प्रदाय भी हैं"—यह हिन्दुओं का भारत वाला बयान—एक स्वाभाविक-सी उक्ति बन जाता है। तो 1947-49 में संविधान सभा में और बाहर जो हुआ, वह भाषायी बहुमतवाद—'क्या कर लोगे' वाले रवैये की शुरुआत था।

**आलोक राय :** भाषायी बहुमतवाद से मैं उतना ही डरता हूँ जितने आप। और इसका वास्तव में तब तक विरोध नहीं किया जा सकता, जब तक कि इसके विरोध से विशेषाधिकार की आवाज़ जुड़ी हुई हो। हिन्दुस्तानी पद के मायने लगातार बदलते रहे हैं, इसका कभी एक मतलब होता है कभी दूसरा। अगर उर्दूवालों ने ग़रूर के अपने उस इतिहास से मुक्ति नहीं पाई है, और अगर आज वे हिन्दुस्तानी के पक्ष में आवाज़ उठाते हैं, तो घमंड की यह विरासत भी उन्हें ढोनी होगी।

**शाहिद अमीन :** ज़रा समझा दीजिए, ऐसा होता कैसे है? कोई मुझे बताए कि जिस अहंकार के साथ सर सैयद अहमद ख़ाँ भाषा के मुद्दे पर 1880 में एजुकेशन कमीशन से मुख़ातिब हुए थे (जिससे बाबू हरिश्चन्द्र नाराज़ हो गए थे) उसे मंटो ने कैसे नहीं छोड़ा? मुझे बताइए किस तरह से साहिर—जो दरअसल हिन्दी फ़िल्मों

के लिए अपनी उर्दू ग़ज़लों को गीतों में नए रूप में ढालते हैं—सामान्य जन के लिए—अहंकार के अपराधी हैं? इसके अलावा उर्दू में लिखनेवाले हर किसी ने पाकिस्तान को अपना भाग्य विधाता नहीं माना। मुझे इस बात से परेशानी है कि आप हिन्दी-उर्दू विवाद में पाकिस्तान की पूर्वपीठिका देखते हैं। इससे होता यह है कि दोनों देशों के जन्म की प्रक्रिया से तमाम तरह की घटनाएँ, आसंग और सम्भावनाएँ नज़रअन्दाज़ हो जाती हैं। तो क्या यह भी आपके तर्क का हिस्सा है?

**आलोक राय :** ज़ाहिर है, मैं इस बारे में सतर्क और सशंक हूँ और कह सकते हैं कि मैं लगभग भाग्यवादी अन्दाज़ में ऐसा कहता हूँ। इस इतिहास से एक नियति का बोध मिलता है।

**शाहिद अमीन :** इसलिए मैंने आपकी किताब के हाशिए पर लिखा है—अति नाटकीय, हिन्दी से सम्बन्धित हर फ़ैसला 1947 और पाकिस्तान की ओर ले जाता है।

**आलोक राय :** शाहिद, मैं यह समझने की कोशिश कर रहा हूँ कि जब संविधान सभा में आर.वी. धुलेकर ने मौलाना हिफ़्ज़ुर्रहमान से कहा—"अगर आज आप हिन्दुस्तानी बोलें तो इसे सुना नहीं जाएगा। आपको ग़लत समझा जाएगा, ग़लत सुना जाएगा। दो या तीन साल इन्तज़ार कीजिए और आपको अपनी उर्दू भाषा मिल जाएगी"—तो उनके ज़ेहन में उर्दू और हिन्दुस्तानी एक ही हैं। इसलिए, "दो-तीन साल इन्तज़ार कीजिए और आपके पास आपकी उर्दू भाषा और फ़ारसी लिपि होगी। अभी उसे इसका विरोध मत करने दो, क्योंकि हमारा राष्ट्र—देश जो अनेक तकलीफ़ों से गुज़रा है—उसे सुनने के लिए तैयार नहीं है।" मैं इस सांस्कृतिक पीड़ा की भावना और इस ज़ख़्म के परिणामों को समझने की कोशिश कर रहा हूँ...।

**शाहिद अमीन :** उनके लिए जिन्हें चोट पहुँची या उनके लिए जो...

**आलोक राय :** हम सभी के लिए। हम एक ऐसी राजनीति से पीड़ित हैं, जो सांस्कृतिक अपमान की इस आम भावना से निकली है। पीड़ा की इस भावना को समझना, इसे दृष्टि से ओझल न होने देना और जैसी यह थी, इसे बाहर खुले में ले आना, मेरे लिए महत्त्वपूर्ण है।

**शाहिद अमीन :** मैं कहूँगा कि ये संविधान सभा में भावी पीढ़ियों के लिए दिए गए घोषणात्मक वक्तव्य हैं। लगभग अभिलेखीय...और भूतदर्शी। मुझ सरीखे व्यक्ति के लिए यह इत्तेफ़ाक़ नहीं है कि मैं स्कूल में उर्दू न सीख सका। सीखी

होती, अगर मेरा दाख़िला किसी आंग्ल-अरबी स्कूल में हुआ होता..., अपने अब्बा के साथ जामा मस्जिद गया होता, हो सकता है क़ुरान पढ़ी होती। चूँकि मेरा सम्बन्ध मुख्यधारा से रहा, मैं स्कूल में उर्दू नहीं सीख पाया। इस तरह यह एक रास्ता तो है इस पीड़ा के प्रारम्भिक दंश (जिसका ज़िक्र आप कर रहे हैं) तक पहुँचने का। लेकिन जिस प्रकार की राजनीति का उदय बाद में होता है। उसकी मुकम्मल व्याख्या इस शुरुआती ख़लिश से नहीं हो सकती। यह तो वही बात हुई : "1947 के कारण भारत को पंथनिरपेक्ष संविधान नहीं अपनाना चाहिए था, लेकिन नेहरू अड़ गए थे।" लेकिन यही भारत और पाकिस्तान के अन्तर को दर्शाता है और इसी कारण मेरे पिता पाकिस्तान नहीं गए। इसलिए अगर कोई आरम्भिक दंश था, तो यह पता लगाना बड़ा मुश्किल होगा कि किस समय इस दंश की निर्मिति हुई और किस तरह इसे पेश किया गया। आख़िर दंश, इस पीड़ा की निर्मिति का एक समय तो 1880 और 1890 के दशक...

**आलोक राय :** लेकिन, शाहिद, क्या इस राजनीति का अवध-अवधी जैसी दूसरी संस्कृतियों से कोई लेना-देना नहीं है? मेरे ख़याल से शीन क़ाफ़ दुरुस्त उर्दू का प्रयोग करने के लायक़ होना एक उच्च संस्कार का लक्षण है, और मैं अपने बारे में कहता हूँ कि मैं अब भी उस व्यक्ति का सम्मान नहीं कर सकता जो शीन क़ाफ़ का सही-सही इस्तेमाल नहीं कर सकता। यह मेरे लिए एक क़िस्म का सांस्कृतिक आभिजात्य है। स्पष्टत: इसे मैंने जानबूझकर नहीं, बल्कि अपने परिवेश से ग्रहण किया है...

**शाहिद अमीन :** तो आप मानते हैं कि जलील और ज़लील में अन्तर कर सकनेवाला व्यक्ति अभिजात है चाहे वह 'निचले तबक़े का' ही क्यों न हो? मैं इस बात पर बल देना चाहता हूँ। आख़िरकार संस्कृत में ढेर सारी ध्वनियाँ हैं, और इस पर फ़िराक़ ने क्या ख़ूब लिखा है कि किस तरह संस्कृतनिष्ठ भाषा को देशज, देहाती या कहें कि मानवीय बनाया गया। बचपन में मैंने एक शब्द सुना था—जब कुछ करने के लिए कोई व्यक्ति इधर-उधर बेतरह भागदौड़ कर रहा होता, मेरी नानी कहा करतीं, "अरे उ तो बड़ा धवाटी मचाए हुए है।" 'धवाटी' संस्कृत से आया शब्द है, धाव—दौड़ना। यह शब्द थोड़ा फ़र्क़ जामा पहिन भोजपुरी में चला आया। अब सुसंस्कृत मुसलमान (शुर्फ़ा) स्त्रियों द्वारा बोला जाता है। तो इस तरह से शब्द अर्थ ग्रहण करते हैं और रोज़मर्रा की भाषा में चले आते हैं। 'ख़रीद' लोकप्रिय शब्द है, लेकिन फ़रोख़्त (बेचना) नहीं है। ख़रीदार शब्द से लाखों लोग परिचित हैं, लेकिन 'फ़रोख़्त किया' लोक प्रचलन में नहीं आ सका। तो एक प्रक्रिया है, जिससे कुछ शब्द—अगर वे युग्म में हैं

तब भी—उभरते हैं और लोकप्रिय हो जाते हैं। यह कहना कि कुछ ख़ास ध्वनियाँ मूलत: अभिजात हैं—जो कंठ्य उच्चारण निकालने में समर्थ हैं, कम देशज हैं—मैं इसे सरल क्या, थोथी समझ ही कह सकता हूँ।

**आलोक राय :** मुझे नहीं लगता कि मैं इस पर कोई सिद्धान्त प्रतिपादित करने जा रहा हूँ। ये तो एक सामाजिक प्रक्रिया का संकेत मात्र है।

**शाहिद अमीन :** मेरी बात अभी पूरी नहीं हुई है। हिन्दी वर्णमाला द्वारा अपनाए गए अड़ियल रवैये का मुद्दा तो है, जिसमें किसी अक्षर में लगनेवाले नुक़्ते को अनावश्यक चिह्न या चेचक के निशान की तरह देखा जाता है, नुक़्ता लगाते ही आप फ़ारसी के पिट्ठू हो जाते हैं, बिन्दु या चन्द्रबिन्दु लगाने से आप संस्कृत की परम्परा का पालन कर रहे होते हैं। आपने स्वयं 1880 के दशक में प्राथमिक शिक्षा और अदालती वर्णमाला पर मदन मोहन मालवीय के तर्क-वितर्क की चर्चा की है। इस प्रसंग में आप एक पते की बात कहते हैं कि मदन मोहन मालवीय की प्रतिभा हिन्दी को अदालती भाषा के रूप में विस्तार देने में है कि "देखो, प्राथमिक शिक्षा से इस लिपि में लोगों को सीखने और पढ़ने में फ़ायदा हुआ है।" पैम्फ़लेट कहता है कि अन्तत: वह अदालती भाषा की बात कर रहे हैं और अदालती भाषा रातों-रात नहीं बदल सकती। अगर उर्दू में ऐसे शब्द हैं, जो होंगे ही तो हम 'ज' में नुक़्ता लगाकर 'ज़' बना देंगे। 1930 में मालवीय ने अपने राष्ट्रवादी साप्ताहिक अख़बार *अभ्युदय* में 'हिन्दी में बिन्दी क्यों' नामक सम्पादकीय लिखा—अब उनके लिए हिन्दी में बिन्दी के प्रयोग का समय गुज़र चुका था क्योंकि यह अलग युग और अलग राजनीति थी।

विडम्बना यह है कि भारत के राष्ट्रपति ज्ञानी ज़ैल सिंह जीवनपर्यन्त अपना नाम हिन्दी में ठीक से नहीं लिखवा सके—लिखनेवालों ने उनके नाम के प्रथमाक्षर 'ज' के नीचे कभी नुक़्ता नहीं लगाया। वह हमेशा जैल सिंह ही रहे। यहाँ तक कि यूनुस और इदरीस देहलवी की उर्दू पत्रिका 'शमा' के हिन्दी संस्करण 'सुषमा' में भी जैल सिंह ही हमेशा छपा। देहलवियों ने *स्टारडस्ट* की तर्ज़ पर उससे बहुत पहले उर्दू की पहली पत्रिका निकालकर एक विशेष प्रकार की उर्दू को लोकप्रिय बनाया। जब उन्होंने इसका हिन्दी संस्करण निकाला, तो 'ज' में लगनेवाले नुक़्ते को छोड़ दिया। मैंने थोड़ा-बहुत हिन्दी में लिखा है और हर बार जब मेरा लिखा प्रकाशक के यहाँ से वापस आया उसमें सभी बिन्दियाँ बाक़ायदा हटा दी गई थीं। एक बार मैंने उकसाते हुए कहा भी था, "हिन्दी में बिन्दी लगाने के लिए क्या मुझे पाकिस्तान जाना पड़ेगा?" मुझे यह यहीं करना है...हिन्दी को अधिक अनुकूल होना होगा।

**आलोक राय :** ज़ाहिर है मैं आपसे असहमत नहीं हूँ। मैं एक प्रकार की सांस्कृतिक राजनीति, जो इस निरर्थक हठधर्मिता की ओर ले गई है, उसको समझने का प्रयास कर रहा हूँ। आप मालवीय सरीखों को उद्धृत करते हुए दिखाते हैं कि वे एक समय में एक प्रकार का दृष्टिकोण अपनाकर प्रसन्न हैं। लेकिन आधी सदी में कुछ चीज़ें और व्यवहार रूढ़ हो जाते हैं। इनमें से कुछ मामलात तो सामाजिक तौर पर कमज़ोर लोगों के हैं ही, जो राजनीतिक सत्ता और सांस्कृतिक अवसर सूँघकर हस्तक्षेप करते हैं। मैं इसका समर्थन नहीं कर रहा, बल्कि इसे समझने का प्रयास कर रहा हूँ। दोनों में फ़र्क़ है।

**शाहिद अमीन :** निश्चित रूप से है।

**आलोक राय :** चूँकि मैं स्वयं को एक सांस्कृतिक संवेदक के रूप में देखता हूँ, इसलिए मैं जानता हूँ कि अगर कोई 'सुसमा' कहता है—जो हिन्दी-उर्दू न होकर हिन्दी का ही शब्द है—तो मेरे भीतर एक झटका सा लगता है। कोई कहता है, "हम बाजार से कागज खरीद लाएँगे", तो मुझे एक झटका-सा लगता है और मैं अपने आप से पूछता हूँ, यह क्या है? मैं जानबूझकर सामाजिक विशेषाधिकार की बात रखने का प्रयास नहीं कर रहा हूँ, बल्कि मैं इसे सामाजिक विशेषाधिकार की एक क़िस्म की जूठन मानता हूँ। इसलिए "बाजार से कागज खरीद लाओ" कहनेवाला "बाज़ार से काग़ज़ ख़रीद लाओ" कहनेवाले से कुछ कमतर लगता है।

**शाहिद अमीन :** 1885 और 1930 के बीच मालवीय के सफ़र को स्वीकार कर पाने की आपकी इच्छा को मैं भली-भाँति समझता हूँ। मैं वर्तमान के बारे में बात करना चाहूँगा। *मध्यकालीन भारत*—अनेक खंडों में प्रकाशित विद्वत्तापूर्ण लेखों के हिन्दी अनुवाद का उदाहरण लीजिए, जिसका सम्पादन इरफ़ान हबीब ने किया है और राजकमल प्रकाशन ने इसे छापा है। उन्होंने फ़ारसी स्वर देनेवाले शब्दों से सभी ध्वनिचिह्नों को बाक़ायदा हटा दिया, यहाँ तक कि मूल स्रोतों से भी। यह सचमुच विडम्बनापूर्ण है। तो ज़ाहिर है हम फ़ारसी के मूल वाक्यांशों को हिन्दी लिपि में ठीक से पढ़ तक नहीं सकते, क्योंकि दीर्घ-दीर्घायित इस आहत भाव को अब छपाई के माध्यम से अभिव्यक्त होना है। हम एक क़िस्म की बर्बरता बरत रहे हैं, जो उससे बहुत अलग नहीं है, जिसका सामना *फ़ायर* और *वॉटर* के निर्माताओं ने किया था।

**आलोक राय :** मैं पूरी तरह सहमत हूँ। मैं कुल मिलाकर यह कह रहा हूँ कि इस बर्बरता को मैं एक मनोविकार के रूप में परिभाषित करूँगा और इसे

ऐतिहासिक रूप से समझते हुए, इसके मूल में जाकर इससे निजात पाना चाहूँगा। ऐतिहासिक दंश को लेकर टंकण का यह प्रतिशोध एक न्यूरॉटिक लक्षण है; मैंने कृत्रिम 'हिन्दी' को भी एक न्यूरॉटिक निर्मिति के रूप में देखा है और एक मायने में इस इतिहास को जानना, इस इतिहास से उबरना भी है।

**शाहिद अमीन :** मैं अब एक परम आदरणीय व्यक्तित्व, 'बाबा-ए-उर्दू' यानी उर्दू के पितामह मौलाना अब्दुल हक़ की बात करना चाहता हूँ, लेकिन अब तो हमारे पास तथाकथित बाबा लोग की उर्दू है। और यह काफ़ी दिलचस्प है कि एक तरफ़ आपके हाथ में हिन्दीवालों का टांकिक प्रतिशोध है, गोया नुक़्ता लगाते वक़्त उनकी क़लम अकारण लड़खड़ा जाती हो। दूसरी ओर अभिजात वर्ग द्वारा उर्दू की बारीकियों को अनुवाद, लिप्यन्तरण आदि के द्वारा समुचित रूप में उपलब्ध कराने का प्रयास है। एक वो हैं, जो वॉल्ड सिटी के अन्दर अपने उर्दू पर्यावास में हैं और दूसरे पर्यावास केन्द्र (हैबिटैट सेंटर) में बैठकर उर्दू के बारे में बात करते हैं। अब यह हमें ख़ास तौर पर उत्तर भारत के इस दुभाषिए युग के बारे में क्या बताता है?

मैं ऐसा इसलिए कह रहा हूँ, क्योंकि मैं यह शिद्दत से महसूस करता हूँ—कम-से-कम हमारे लिए जो कोलकाता या मुम्बई की तुलना में हिन्दुस्तानी पट्टी से आते हैं—कि हम लोगों में द्विभाषी बुद्धिजीवियों की वह संख्या नहीं दिखाई देती। दरअसल त्रासदी यह रही कि अगर आप हिन्दी बहुत अच्छी तरह जानते हैं तो आप हिन्दी में किसी भी विषय पर लिख सकते हैं; रामविलास शर्मा इसके क्लासिक उदाहरण हैं। तो हमारे पास वास्तव में ऐसे द्विभाषी बुद्धिजीवी नहीं रहे जो एक-सी दक्षता या सहजता के साथ पहले हिन्दी और फिर अंग्रेज़ी में इतिहास या ऐंथ्रोपॉलजी पर लेख लिखते, जैसा कि कोलकाता में अब भी करते हैं। क़ाबिल-ए-ग़ौर बात है कि उत्तर भारत में अब जो द्विभाषावाद उभर रहा है, वह दो भाषाओं के रचनात्मक उपयोग से वंचित ही है। एक मृणाल पांडे या एक कृष्ण कुमार अपवाद हो सकते हैं। क्या यह हमें बंगाल या कहीं और के बरअक्स उत्तर भारत की सांस्कृतिक राजनीति और उसके गण्यमान्य अभिजातों के बारे में कुछ नहीं बताता है?

**आलोक राय :** ज़ाहिर है, देसी (वर्नाक्युलर) अभिजात और अंग्रेज़ी अभिजात वर्ग के बीच जैसी खाई हिन्दुस्तान में है, वैसी बंगाल में नहीं। हिन्दुस्तान का देसी अभिजात अपने इतिहास की ज़द में है।

**शाहिद अमीन :** जो उर्दू और अंग्रेज़ी, दोनों के ख़िलाफ़ है। मेरी समझ से बंगाल

का देसी अभिजात कहीं अधिक संस्कृतनिष्ठ बांग्ला पैदा करने में सफल हुआ, क्योंकि उत्तर भारत के देसी अभिजात के साथ समस्या यह थी कि वह भाषा और इतिहास, दोनों का मानकीकरण करने का प्रयास कर रहा था।

**आलोक राय :** ऐसा इसलिए है क्योंकि आधुनिक संस्कृतनिष्ठ बांग्ला को आविष्कृत करनेवाला देसी अभिजात वास्तव में बाहर से कोई चुनौती नहीं ले रहा है। चुनौतियाँ पहले से ही, अन्दर ही हैं। जबकि हिन्दी का अभिजात वर्ग ऐसे लोगों से बना है, जो सत्ता पदों को बहुत ईर्ष्या भाव से निहार रहे हैं और उन पर क़ब्ज़ा करने के लिए प्रयासरत हैं। सच पूछिए तो उन पर क़ाबिज़ हो भी लेते हैं, लेकिन वे फिर भी वंचित हैं। वे जानते हैं कि वे सांस्कृतिक पूँजी से वंचित हैं। तो अन्दर ही अन्दर एक फाँक है, जो हिन्दुस्तान के देसी अभिजात की सीमाओं को उजागर करती है। वे एक अत्यधिक द्वेषपूर्ण और कड़वाहट भरे इतिहास की उपज हैं।

'हिन्दी' न्यूरॉसिस से पीड़ित है। वास्तव में 'हिन्दी' में बहुत कम साहित्यिक रचनाकर्म होता है। साहित्यिक रचना का परिवेश कहीं अधिक खुला और स्वतंत्र है। कृष्णा सोबती सरीखे लेखक 'हिन्दी' का प्रयोग नहीं करते। निश्चय ही, हिन्दी में ज्ञान की सर्जना एक ऐसा क्षेत्र थी जिसकी अनुपस्थिति पर एक सदी पहले ध्यान दिया गया था और इस कमज़ोरी को दूर करने के लिए विभिन्न कार्यक्रमों की शुरुआत की गई थी। कुछ बेहतर काम हुए भी। अगर आप शुरुआती *सरस्वती* को देखें तो वाक़ई ज्ञान सर्जना की इच्छा दिखती है—चित्रकला, आधुनिक कला और लैटिन अमेरिकी राजनीति—इन सब पर लेख हैं। यह सब आरम्भिक चरणों में हिन्दी की विशेषता और उपलब्धि है। पर एक बिन्दु ऐसा आता है जब यह विश्वग्राही महत्त्वाकांक्षी अभियान वास्तव में महज़ एक क्षेत्रीय युद्ध बनकर रह जाता है। हिन्दी से 'हिन्दी' में प्रवेश की इस दहलीज़ पर उसकी बौद्धिक महत्त्वाकांक्षा सीमित हो जाती है।

**शाहिद अमीन :** क्या आप ऐसा मानते हैं कि 'हिन्दी' में अनुवादों की कमी को इस सरकारी हिन्दी की कमज़ोरी के संकेत के रूप में देखा जा सकता है? आप 1840 के दशक की दिल्ली ट्रांसलेशन सोसायटी को याद करें, या फिर जब राष्ट्रीय अभिजात वर्ग, यहाँ तक कि साम्यवादी अभिजात वर्ग का विकास होता है, तब सबसे पहले वह सारा का सारा अनुवाद हिन्दी या उर्दू में करते हैं। ऐसा 1880 और 1920 के दशक में तब हुआ, जब बांग्ला से हिन्दी में अनुवाद किए गए। अब आप यह नहीं कहना चाहते कि हमारे पास एक बड़ा बाज़ार है, हर महत्त्वपूर्ण कृति को हिन्दी में आना चाहिए। अगर आप ऐसा नहीं करेंगे, तो

तुर्गनेव को कैसे पढ़ेंगे? यह कोई राष्ट्रवादी प्रोजेक्ट का हिस्सा नहीं है, बल्कि मैं सिर्फ़ यह कह रहा हूँ कि हमें उस लालसा को पुनर्जीवित करने की ज़रूरत है, जो शुरुआती दौर में थी।

**आलोक राय :** हाँ, दुनिया को अपनी भाषा में आत्मसात करने की बौद्धिक महत्त्वाकांक्षा थी। इसको साकार करने के लिए जिस तरह के सांस्कृतिक श्रम या सांस्कृतिक पूँजी के संग्रहण की ज़रूरत थी, उसका प्रयास न करके 'हिन्दी' को एक विशेष प्रकार की राजनीति के द्वारा हासिल किया गया। सच पूछिए तो विश्वभाषा होने का हिन्दी का दावा, जो विश्व हिन्दी सम्मेलन में समय-समय पर किया जाता रहा है, इस संख्यात्मक दावे पर ही निर्भर करता है कि इसके बोलनेवालों की अच्छी-ख़ासी तादाद होने के कारण हिन्दी को संयुक्त राष्ट्र द्वारा अंगीकृत भाषाओं में से एक होना ही चाहिए। बजाय इसके कि यह ख़ुद मज़बूत होती और दुनिया में अपनी पहचान और जगह बनाती, इसने एक तरह से राजनीतिक सीढ़ियों का सहारा लिया है।

**आलोक राय :** एक बात जो मैंने अक्सर लोगों से सुनी है कि यह आपस में लड़ने का ठीक समय नहीं है। एक बार 'हिन्दी' स्थापित हो जाए तब हम इसके विवादास्पद इतिहास में जा सकते हैं, और इसके इस या उस भाषायी घटक के उचित दावों के लिए लड़ सकते हैं।

**शाहिद अमीन :** बिलकुल, एक तरह की ऐसी हिन्दी, जो उच्च हिन्दी नहीं है, 'हिन्दी' का घटक हो ही नहीं सकती।

**आलोक राय :** हाँ हाँ! इस क़िस्म की लीपा-पोती तो होती ही रही है।

**शाहिद अमीन :** मामला जो भी रहा हो, जीती तो हिन्दी ही न! मैं कभी भी उर्दू में नहीं लिख पाऊँगा, क्योंकि अगर मैं लिखता भी हूँ तो पाठक वर्ग बहुत सीमित मिलेगा। तो मैं इस तरह की हिन्दी लिखूँगा, जो आपको पसन्द नहीं आएगी : "यह तो कोई हिन्दी नहीं हुई" और मैं कहूँगा कि इसके लिए तैयार रहो, क्योंकि भारतीय राष्ट्र-राज्य विविधता को प्रोत्साहन देता है।

**आलोक राय :** लेकिन विविधता को दिया जानेवाला प्रोत्साहन अदृश्य और प्राय: अघोषित सीमाओं के भीतर ही है और ये सीमाएँ हैं तो ज़रूर। वास्तव में जहाँ तक ब्रज, अवधी, मैथिली या भोजपुरी हिन्दी की संवैधानिक श्रेष्ठता स्वीकारने के लिए तैयार हैं, तब तक कोई समस्या नहीं है, लेकिन जिस दिन ये अपनी ख़ुद की परम्परा का दावा करती हैं, हिन्दी संकटापन्न हो जाती है।

**पलाश कृष्ण मेहरोत्रा :** क्या आप इसे थोड़ा और स्पष्ट करेंगे?

**आलोक राय :** जिस भाषायी सूची की भाषाओं को साहित्य अकादेमी पुरस्कार प्रदान करती है, उसमें मैथिली को शामिल किए जाने की राजनीति एक अच्छा उदाहरण है। हिन्दीवाले इसे लेकर ख़ासे उद्विग्न थे, क्योंकि यह झूठ पिछले कई दशकों से बनाए रखा गया था कि मैथिली हिन्दी की एक बोली-भर है। जिस क्षण यह इतिहास कि किस तरह बोलियाँ हिन्दी में सम्मिलित हुईं, उद्घाटित हुआ, पूरा भांडा ही फूट गया। चूँकि इस इतिहास को वे सामने नहीं आने देना चाहते थे, इसलिए उन्होंने इसे आवरणों में कसकर लपेट रखा था।

**पलाश कृष्ण मेहरोत्रा :** एक भाषा को कैसा होना चाहिए, इस प्रकार की सीमाएँ थोपने के प्रयास में हिन्दीवाले कहाँ तक सफल रहे हैं? क्या हिन्दी के लेखक भी इस बोझ को महसूस करते हैं? ढेर सारे लेखकों ने अधिक देसी मुहावरे को हिन्दी लेखन के लिए चुना है। अगर साहित्य जैसे सभ्यता के निर्णायक चिह्नों को नुक़सान नहीं पहुँचा है, तब 'हिन्दी' द्वारा पहुँचाया गया नुक़सान कितना गहरा है?

**आलोक राय :** यह कहना कठिन है। यह प्रश्न इस मायने में अच्छा है कि हम सफलता और असफलता, दोनों की बात कर रहे हैं। मेरी समझ से आप बिलकुल ठीक कहते हैं कि इस मानक हिन्दी को थोपा जाना पूरी तरह सफल कभी नहीं हुआ। इस तथ्य को मेरी किताब में स्वीकार भी किया गया है। जनता की हिन्दी के ऊपर मानक हिन्दी द्वारा की जानेवाली हिंसा सफल नहीं रही है। जैसा कि हिन्दीवाले स्वयं अपने निराले काव्यात्मक मूड में कहते भी रहे हैं—घास को पूरी तरह कौन रौंद सकता है? वह कहीं न कहीं से उग ही आएगी; उसमें अदम्य जिजीविषा है। तो ज़ाहिर है कि कुछ तो है कि साहित्यिक लोगों ने भावहीन और अनुर्वर मानक हिन्दी के प्रभुत्व को स्वीकार करने से इनकार किया है।

दूसरी ओर, मानक हिन्दी हमारे शैक्षिक तंत्र में बहुत ऊँचे जा बैठी है। और इस तरह इसने एक सामान्य स्तर पर लोगों की ख़ुद की, अपनी भाषा की और अपने इतिहास की समझ को, विकृत किया है। इसलिए अपनी रचनात्मकता का उपयोग करनेवाला हिन्दी का लेखक भले ही 'हिन्दी' के प्रभुत्व को दरकिनार कर ले, लेकिन जिस पाठक वर्ग के लिए वह लिखता है, वह अब भी शैक्षिक तंत्र के माध्यम से प्राप्त होनेवाली मानक हिन्दी के बोझ से पीड़ित है। हाँ, मैं यह क़तई नहीं कहूँगा कि हिन्दी में लिखनेवाला हर व्यक्ति इस प्रकार की मानक हिन्दी लिखता है।

**पलाश कृष्ण मेहरोत्रा :** सबॉल्टर्न समूह की यह आलोचना होती रही है—क्या हिन्दी में जन इतिहास न लिखा जाना बेतुका नहीं लगता?

**शाहिद अमीन :** मैंने चेन्नई के कुछ बैंकों के बारे में कहीं एक सर्कुलर पढ़ा था—आज मंगलवार है, इसलिए आपको हिन्दी का ही प्रयोग करना होगा। यह दावा किया जाता रहा है कि हिन्दी कम-से-कम उत्तर भारतीय अनुभव की तो स्वाभाविक, प्रतिनिधि भाषा है। लेकिन समस्या यह है कि पिछले पचास वर्षों में हमारे समाज, विचारों और वृत्तान्तों को समझने के नए तरीक़े वास्तव में हिन्दी में नहीं उत्पन्न हुए। चाहे 'Sanskritization' हो या 'Subaltern' या 'Dominant Caste', 'Vote Bank' या 'Appeasement of Minorities' हो, ये सभी अकादमिक विद्वानों द्वारा भारतीय वास्तविकता को समझने के प्रयासों से ही उभरकर सामने आए हैं। लेकिन यह प्रयास हिन्दी में नहीं दिखता। यही कारण है कि उनके सामने एक दिलचस्प लेकिन मुश्किल समस्या है। मुझ जैसे लोग एक अरसे के बाद हिन्दी में इतिहास लिखते हैं, तो हमें कोई पूर्वपीठिका या कोई सन्दर्भ बिन्दु नहीं मिलता। वस्तुत: हिन्दी में इतिहास लिखने के लिए मुझे एक नया भाषाशिल्प ईजाद करना होता है। ऐसा तो नहीं है कि अंग्रेज़ी में इतिहास लिख चुकने के बाद हिन्दी में इतिहास लिखना शुरू करने पर बने-बनाए मानक हमारी प्रतीक्षा कर रहे होते हैं। मुझे इस वापसी के लिए सच्चे सपूत की भूमिका में आना होगा। अगर हिन्दी जनपद से आनेवाले ज़्यादा से ज़्यादा लोग समाज विज्ञान या इतिहास हिन्दी में लिखना शुरू कर दें, तो हमें सम्भवत: एक बहुत ही दिलचस्प संघर्ष देखने को मिलेगा। उन लोगों के बीच, जो हिन्दी में विभिन्न शैक्षिक अनुशासनों के विकास का प्रयास3 कर रहे हैं और जो हिन्दी का उपयोग बतौर एक अनुशासनिक औज़ार करते हैं।

**आलोक राय :** सम्भवत: यह पूछना वाजिब होगा कि हिन्दी विभागों के बरक्स हिन्दी जनपद में कितनी बौद्धिक ऊर्जा है। अगर हिन्दी के बुद्धिजीवी हिन्दी में इतिहास और समाजशास्त्र लिखना शुरू कर दें, तो क्या वे हिन्दी विभागों में ख़ुद को अपने सहकर्मियों के साथ या उनके ख़िलाफ़ पाएँगे? मेरी समझ से इस सरकारी हिन्दी में इतना अधिक पाखंड और हिंसा अन्तर्भुक्त है कि यह भाषा जब तक इस बोझिल विरासत से छुटकारा नहीं पाती, इन महत्त्वपूर्ण सवालों को उठाने के लिए स्वयं को मुक्त कर पाने में असमर्थ है। मेरी नज़र में यही कारण है कि इस क्षेत्र में प्रचुर संख्या और भरपूर ऊर्जा होने के बावजूद ये महत्त्वपूर्ण सवाल गम्भीर अकादमिक रूप में नहीं उठाए गए।

हिन्दी के उपयोग के अधिकार का दावा करनेवाले एक हिन्दी वाले का उदाहरण लीजिए। एक बार मैं एक फ़िल्म संगोष्ठी में गया, जहाँ उत्तर और दक्षिण भारत, दोनों जगहों के लोग थे। वे एक प्रकार की हिन्दी-अंग्रेज़ी मिश्रित

भाषा बोल रहे थे। हम कुछ-कुछ समझ पा रहे थे और कुछ चीज़ें नहीं। तब एक स्थानीय हिन्दी पत्रकार ने खड़े होकर भाषण देना शुरू कर दिया कि कैसे उसे उसके अधिकारों से वंचित किया जा रहा है, आदि-आदि। वह हिन्दी में बोलना चाहता था और उसकी अपेक्षा थी कि इस पर लोगों को आपत्ति होगी, चूँकि यहाँ पर और तरह के लोग भी हैं। संयोगवश मैं सत्र की अध्यक्षता कर रहा था और मैंने कहा—कृपया आप हिन्दी में बोलिए। उसके बाद उनके पास कहने के लिए तो कुछ था। वह केवल हिन्दी में बोलने के अपने अधिकार पर ज़ोर देना चाहते थे। तो एक और समस्या है कि अगर आपको मौक़ा मिल भी जाए, तो जो भाषा आपको मिली है उसमें आप क्या कहने जा रहे हैं। इस समस्या को बिलकुल ही सम्बोधित नहीं किया जा सका है। कारण कि हिन्दी वालों ने एक ऐसा दुश्मन खोज रखा है जो हर मोड़ पर उन्हें रोके रखता है। वे हमेशा उस निराकार व्यक्ति के साथ छायायुद्ध लड़ते रहते हैं, जिसने उन्हें बोलने के अधिकार से वंचित किया है।

**शाहिद अमीन :** आलोक, इस किताब में आप किससे मुख़ातिब हैं? क्या आप हिन्दीवालों को वापस एक ऐसी स्थिति में लाना चाहते हैं जहाँ से एक अधिक समझदारी भरा संवाद सम्भव हो सके? ज़्यादा उम्मीद है कि हिन्दीवाला कहेगा—मैं अंग्रेज़ी नहीं पढ़ता। या आप ये कह रहे हैं—चूँकि यह 'ट्रैक्ट्स फ़ॉर द टाइम्स' शृंखला का एक भाग है—कि हिन्दी राष्ट्रवाद अब घायल शेर की तरह नरभक्षी हो गया है?

**आलोक राय :** धन्यवाद। मैं समझता हूँ कि वास्तव में सार यही है। मैं हिन्दी भाषियों को सम्बोधित कर रहा हूँ क्योंकि मुझे लगता है कि आज की राजनीतिक परिस्थिति, जिसमें हम सब हिन्दीवाले, अंग्रेज़ीवाले, येवाले, वोवाले सब फँसे हुए हैं, इस बात से जुड़ी है कि हिन्दी जनपद का जनवादी मिज़ाज लगातार बिगाड़ा जा रहा है। मेरे लिए हिन्दी जनपद की प्रजातांत्रिक ऊर्जा का विमुक्त होना अत्यन्त महत्त्वपूर्ण है। और मुझे यक़ीन है कि यह केवल हिन्दी के ज़रिए ही हो सकता है। हम जैसे अंग्रेज़ीदाँ कितने ही आज़ाद ख़याल, ज्ञानी या प्रगतिशील क्यों न हों, तथ्य यह है कि हमें बड़े आराम से पुलिंदा बाँधकर दरकिनार किया जा सकता है। केवल हिन्दी वाले ही इस असीम ऊर्जा को मुक्त कर सकते हैं, इससे सामर्थ्य ग्रहण कर सकते हैं, लेकिन वे तब तक ऐसा नहीं कर सकते, जब तक उनके ऊपर ये ऐतिहासिक भूत सवार है। जहाँ तक मेरा सम्बन्ध है, मेरे वास्तविक पाठक हिन्दीभाषी हैं। हालाँकि किताब अंग्रेज़ी में है, मैं हिन्दीभाषियों से ही मुख़ातिब हूँ।

**शाहिद अमीन :** इस पर मुझे 'शोले' में गब्बर सिंह के उस प्रसिद्ध डायलॉग की याद आती है, जिसमें वह कहता है : "गब्बर से तुम्हें सिर्फ़ एक आदमी बचा सकता है और वो गब्बर ख़ुद है।" तो क्या आपका कहना यह है कि केवल हिन्दीभाषी ही हमें हिन्दीभाषियों से बचा सकते हैं?

**आलोक राय :** सौ फ़ीसदी सही। और इसी कारण मैं हिन्दी के प्रश्न को इतना महत्त्वपूर्ण समझता हूँ। कुछ हद तक महानगरीय अभिजात वर्गों के लिए यह पाखंड करना सम्भव है कि हिन्दी कोई मुद्दा नहीं है, कि यह ख़त्म हो चुकी है, कि भूमंडलीकरण के युग में हिन्दी की किसे आवश्यकता है? मेरे लिए यह एक निहायत अहम सवाल है, क्योंकि एक ऐसी 'हिन्दी' जो इस ऊर्जा की फ़र्ज़ी नुमाइन्दगी करती है, उसे विकृत करती है। और दूसरी तरफ़ सही प्रतिनिधित्व करनेवाली जनता की हिन्दी भी है—मेरे विचारों में राजनीतिक हलक़ों में दोनों ही सक्रिय रहेंगी। इनसे जूझना ज़रूरी है क्योंकि मुझे लगता है हम विकृति के शिकार हैं...।

**पलाश कृष्ण मेहरोत्रा :** बाद की हिन्दी उन्हीं ऊर्जाओं की नुमाइन्दगी करने, उसको वहन करने का स्वाँग भरती है जिनका प्रतिनिधित्व पहले की हिन्दी करती थी। ऐसा क्यूँकर सम्भव होता है?

**आलोक राय :** मूलत: भारतेन्दु से लेकर 1930-40 तक हिन्दी के रूपान्तरण में राष्ट्रभाषा हिन्दी के उदय में, हिन्दी को कुछ हो जाता है। और यह बाद वाली हिन्दी भारतेन्दु की हिन्दी नहीं है, बल्कि वह है जो 30 और 40 के दशक में सामने आती है; मूल रूप में स्कूली हिन्दी एक विशेष पहचान का ज़रिया बन जाती है। ऐसा इसलिए हुआ, क्योंकि हिन्दी और 'हिन्दी', जिसे मैंने अपने लेखन में उद्धरण चिह्नों में रखकर सम्बोधित करने का प्रयास किया है, दोनों नाम एक से ही हैं। सतही समानता और नामों के साम्य के कारण बाद वाली हिन्दी के लिए उन ऊर्जाओं का बोझ उठाने का स्वाँग करना सम्भव है, जो पहले वाली वाक़ई करती है। जब गांधी जी आए और उन्होंने राष्ट्रीय आन्दोलन में हिन्दी की अनिवार्य भूमिका की बात की, तब वह एक विशेष प्रकार की हिन्दी की बात कर रहे थे। लेकिन जब 1945 में टंडन ने गांधी जी को अविलम्ब विदा कहा—"मुझे दुख है, मैं आपको हिन्दी साहित्य सम्मेलन छोड़ने से रोक नहीं सकता"—तो हिन्दी को कुछ हो गया है। एक अन्य हिन्दी है, जिसने इसका स्थान ले लिया है। कुछ है जिसने हिन्दी की प्रकृति में परिवर्तन कर दिया है। और, वास्तव में यही समय है जब हिन्दी की विशिष्टतावादी पुनर्रचना आरम्भ होती है—यह तथ्य भली-भाँति छुप जाता

है क्योंकि एक ही नाम इस ऐतिहासिक निरन्तरता के दोनों सिरों पर भाषा के लिए प्रयुक्त होता आया है।

**शाहिद अमीन :** आप अपनी किताब में जो कह रहे हैं वह एक महत्त्वपूर्ण राजनीतिक प्रश्न है—स्कूलों में हिन्दी कैसे पढ़ाई जाती है? यहीं से जहाँ से भाषा जानने या न जानने के एक विशेष तरीक़े की शुरुआत...

**आलोक राय :** ...पीढ़ियों के मस्तिष्क में भरी गई है और यह न केवल भाषा है जो भरी गई है, बल्कि एक ख़ास क़िस्म की ऐतिहासिक समझ, एक सांस्कृतिक एजेंडा (विश्व के बारे में इसके विचार), एक विश्वदृष्टि और सम्भावित भविष्य की रूपरेखा भी भरी गई है।

हिन्दी एक ख़ास क़िस्म की राजनीति की कूट भाषा बन जाती है और इसी वजह से हिन्दी का मुद्दा महत्त्वपूर्ण है, इसके बावजूद कि मेधावी, रचनात्मक और साहित्यिक व्यक्ति इस राजनीति से हमेशा मुक्त रहे हैं। शिक्षा-तंत्र में युवा मानस की विकृति का सिलसिला निरन्तर, बिना रुके, जारी रहता है।

**पलाश कृष्ण मेहरोत्रा :** आईसीएससी स्कूलों में उर्दू शब्दों के प्रयोग के लिए हमारे अंक काटे जाते थे। और तो और, मैंने निर्मल वर्मा को अंग्रेज़ी अनुवाद के माध्यम से पढ़ा है।

**शाहिद अमीन :** इसे एक दूसरे दिलचस्प कोण से देखा जा सकता है—एक 'अच्छे' प्राइवेट स्कूल में हिन्दी का अध्यापक और कुछ करने नहीं केवल हिन्दी पढ़ाने आता है, जबकि भूगोल का अध्यापक कुछ और भी कर रहा होगा। इसी प्रकार, अंग्रेज़ी का अध्यापक मात्र अंग्रेज़ी का अध्यापक नहीं होता। जिससे होकर बाहर से कुछ आता है; जो हमारा है, जो पूरी तरह आत्मसात् नहीं हुआ है और फिर भी आम जनता का प्रतिनिधित्व करता है, जिससे हर कोई कटा हुआ है। जब आम आदमी अपनी हिन्दी बोलता है तो हर कोई भाग खड़ा होता है। जब हम पढ़ा करते थे, उसकी तुलना में 'भूमंडलीकरण' आदि के इस दौर में मिडिल स्कूल में जिस तरह हिन्दी पढ़ाई और अपनाई जाती है, उससे बहुत ही जटिल स्थिति उत्पन्न हो गई है। पहले अंग्रेज़ी अपनाने का दबाव कम था, लेकिन तब हिन्दी थोड़ा बाहर थी, तो कुछ हद तक भीतर भी थी।

अब आपका औसत चतुर (स्मार्ट) मध्यवर्गीय दिल्ली का स्कूली बच्चा (सरकारी स्कूल में जानेवाला नहीं) हिन्दी में आज उससे कम योग्य होगा जितना वह दस साल पहले होता। फिर भी स्कूलों में हिन्दी का कार्यक्रम स्थितियों के अनुसार बदला नहीं है और हठधर्मिता की हद तक वही है।

**आलोक राय :** मेरे ख़याल से जो होनेवाला है, और यह एक क़यास भर है, कि हिन्दी की बाहरी स्थिति में परिवर्तन इस तथ्य द्वारा छिपाया जाएगा कि पहले से ही एक ख़ौफ़ था और यह केवल वर्तमान ख़ौफ़ को अधिक गहरानेवाला है। पहले का डर यह था कि हिन्दी अपने शत्रुओं द्वारा पीछे ढकेली जा रही है। हिन्दी का इतिहास इस बात का इतिहास है कि कैसे इसको उर्दू, अंग्रेज़ी आदि ने इसके वास्तविक अधिकार से वंचित रखा। और अब पूरा संसार ही हिन्दी के विरुद्ध दिखाई देता है। इसलिए स्थिति में वास्तविक परिवर्तन और उस तरह के अनुभव, जो हमें एक राष्ट्र के रूप में चाहिए, कुछ ऐसी बातें हैं, जिन्हें समझने के लिए हिन्दी वालों को साधन नहीं दिए जाएँगे। सिर्फ़ इसलिए क्योंकि यह वंचित करने के एक लम्बे इतिहास का हिस्सा होगा। मैं इसे महत्त्वपूर्ण मानता हूँ कि सारे अन्तर्राष्ट्रीय चैनलों ने, जो इस देश में आए हैं, वास्तव में हिन्दी श्रोताओं को बिलकुल सीधे सम्बोधित करना शुरू कर दिया है और जो भाषा वे प्रयोग कर रहे हैं वह मानक कृत्रिम हिन्दी से बिलकुल अलग है।

**पलाश कृष्ण मेहरोत्रा :** आप 'ज़ी' टी. वी. की हिन्दी को 'वीभत्स हिन्दी' कहते हैं।

**आलोक राय :** पर उन्हें इस बात का श्रेय मिलना चाहिए कि वे इस ऐतिहासिक बोझ से उबरने की कोशिश कर रहे हैं। और वास्तव में आम आदमी से संवाद की शुरुआत कर रहे हैं। दु:ख की बात होगी अगर केवल बहुराष्ट्रीय टेलीविज़न एजेंसियाँ ही आम आदमी से बात करें...

**शाहिद अमीन :** जबकि विमान परिचारिकाएँ इस हिन्दी में बात नहीं करतीं, वे मानक हिन्दी बोलती हैं।

**पलाश कृष्ण मेहरोत्रा :** तब भी जब आप इंडियन एयरलाइन्स से यात्रा नहीं कर रहे हों...!

**शाहिद अमीन :** जो भी 30,000 फ़ीट ऊपर जाकर हिन्दी बोलता है, एक अजीब तरीक़े से बोलता है। हो क्या रहा है? कोई तुक...

**पलाश कृष्ण मेहरोत्रा :** हवा में हवाई हिन्दी।

**शाहिद अमीन :** लेकिन यह हवाई हिन्दी इतनी गरिष्ठ कैसे हो सकती है?

**आलोक राय :** मैं आपको बताता हूँ कि यह इतनी गरिष्ठ क्यों है। क्योंकि यह संस्कृतनुमा लगने का प्रयास करती है। यही इसकी त्रासदी है। संस्कृत की ज्येष्ठ पुत्री होने के दावे को उचित ठहराने का भरसक प्रयास किया जा रहा है। जो

अपने आप में एक पाखंडपूर्ण दावा है।

**पलाश कृष्ण मेहरोत्रा :** दोनों भाषाओं के व्याकरण में बहुत बड़ा अन्तर है...

**आलोक राय :** दूसरी ओर, इस दावे को पुख़्ता करने के लिए भाषा को संस्कृत-सम दिखाने के लिए, इसे हर तरह से तोड़ा-मरोड़ा जाता है। स्पष्टत:, इस प्रकार की तोड़-मरोड़ से इसमें से जीवन निचुड़ जाता है और आपको यह विचित्र प्रकार की ध्वनि मिलती है, जिसे आप विशेषकर 30,000 फ़ीट की ऊँचाई पर साफ़ सुनते हैं, लेकिन इसे आप निस्सन्देह ज़मीन पर भी सुन सकते हैं।

**पलाश कृष्ण मेहरोत्रा :** ग़ौरतलब है कि दूसरी भाषाएँ भी संस्कृतीकरण की इस प्रक्रिया से गुज़र चुकी हैं और फिर उन्हें अन्दर से ही एक चुनौती मिली है। क्या हिन्दी के साथ ऐसा नहीं हुआ? क्या ऐसा इसलिए है क्योंकि हमारी हिन्दी पट्टी में सबसे अधिक निरक्षर जनसंख्या है। जो इसके कर्ता-धर्ता हैं, उनको वास्तव में कोई चुनौती नहीं मिली है?

**आलोक राय :** मैं नहीं जानता कि जनसंख्या इसे कैसे प्रभावित करती है, लेकिन स्पष्ट रूप से आप बांग्ला बोलें या मराठी, विभिन्न सांस्कृतिक और जन सन्दर्भों में, विविध भाषाएँ संस्कृतीकरण की प्रक्रिया से गुज़री हैं। तो ज़मींदार भद्रलोक द्वारा बांग्ला का संस्कृतीकरण, हिन्दी पट्टी के उन्नतिशील, नवशिक्षित बुद्धिजीवी वर्ग द्वारा हिन्दी के संस्कृतीकरण से बिलकुल अलग प्रक्रिया है। और स्पष्टत: बंगाल के विपरीत हिन्दी के संस्कृतीकरण की प्रक्रिया को इस तरह विवादित होना ही था।

**शाहिद अमीन :** मैं यह बताना चाहता हूँ कि अवैध यौन सम्बन्धों के लिए देहाती बांग्ला में 'आशनाई' शब्द है, जिसका प्रयोग बांग्ला के महान कवि नज़रुल इस्लाम ने भी किया है। मैं इस पर अपना हिन्दी का आख़िरी 'रुपया' भी दाँव पर लगाने को तैयार हूँ कि इस शब्द का हिन्दी में कभी इस्तेमाल नहीं होगा। एक तरीक़ा तो है जिसमें आप बांग्ला में संस्कृत या फ़ारसी दोनों का इस्तेमाल बिना किसी चालान के डर के, सहज भाव से कर सकते हैं, लेकिन हिन्दी में यह ऐतिहासिक रूप से सम्भव नहीं है।

मैं समझता हूँ कि आलोक की पुस्तक का महत्त्व यह है कि यह मातृभाषा, एक राष्ट्रवादी मातृभाषा, का पठनीय और जटिल दृष्टिकोण सामने रखती है। मुझे कभी-कभी लगता है कि हिन्दी के इतिहास-विहीन होने की बात उसी तरह का मीडिया बकवास तो नहीं है, जैसा यह कहना कि 'हिन्दुओं में कोई

इतिहास-बोध नहीं है'। ये ग़ैरज़िम्मेदाराना वक्तव्य इसी क़िस्म के लोग देते हैं।

**आलोक राय :** मेरे लिए इन वक्तव्यों का निहितार्थ इतना ही है कि वे इतिहास को नकारते हैं। यह जानबूझकर याददाश्त खोने जैसी बात है। और मेरे लिए मज़ेदार बात यह है कि इस भूलने की इच्छा को प्रेरित कौन करता है? हम क्या छुपाना चाहते हैं? मैंने इस मनोविश्लेषणात्मक रूपक का अपनी किताब में प्रयोग किया है—कि सेहत का रास्ता रोग सायास उभारने में है, जिसे आप दबाना चाहते हैं। यह सारी पीड़ा और सामाजिक चिन्ता समझ में आती है, लेकिन इसका सामना किया जाना चाहिए। और इस ख़ुशफ़हमी से कि ऐसा नहीं हुआ, और इस सबकी कल्पना पौराणिक कथाओं में ढूँढ़ने से समस्या और भी गहरी हो जाती है। समस्या समाप्त नहीं होती।

**पलाश कृष्ण मेहरोत्रा :** आप कहते हैं कि हमें हिन्दी का इतिहास समझने की आवश्यकता है। दो मूल प्रश्न इस इतिहास में मुझे अहम लगते हैं—कैथी और खत्री का विकल्प।

**आलोक राय :** कैथी भाषा नहीं, बल्कि लिपि है। और रोचक प्रश्न वास्तव में यह है कि कैथी को क्या हुआ? आज तो कैथी कहीं नहीं है।

**पलाश कृष्ण मेहरोत्रा :** इसका महत्त्व इस बात में है कि यह नागरी लिपि का विकल्प थी।

**आलोक राय :** और बहुत अच्छा विकल्प थी। वस्तुत: कैथी का प्रयोग करनेवाले स्कूल नागरी का प्रयोग करनेवालों से अधिक थे। यह कैसे हुआ कि लिपि का एक अल्पसंख्यक रूप जीवित रहता? मैं अपनी किताब में इसे हिन्दी पट्टी की एक प्रकार की जातिवादी राजनीति से जोड़कर देखता हूँ। और मुझे यह जानकर प्रसन्नता हुई कि बद्रीनारायण उपाध्याय, 'प्रेमघन' ने साहित्य सम्मेलन के एक सत्र में घोषणा की थी कि नागरी का पुराना नाम बभनी यानी ब्राह्मणों की लिपि था। संघर्ष कैथी और बभनी के बीच था, कायस्थों और ब्राह्मणों के बीच, जिसमें बभनी की जीत हुई।

मैं हिन्दी पट्टी की राजनीति के बभनी क़ब्ज़े की जड़ खोदने का प्रयास कर रहा हूँ। ज़ाहिर है, घड़ी की सुई घुमाकर कैथी की ओर जाना सम्भव नहीं है। लेकिन जो हुआ उसे पहचानकर और उस राजनीति को समझकर, जिससे इस वर्चस्वशाली लिपि का निर्माण हुआ, हम इस इतिहास के साथ आगे बढ़ सकते हैं।

**पलाश कृष्ण मेहरोत्रा :** खत्री का भी एक विकल्प था, जो अपने समय के लिए नर्म ही था।

**आलोक राय :** खत्री खड़ी बोली के पक्ष में थे। यह एक ख़ास क़िस्म की राजनीति थी जो कि वास्तव में कविता और गद्य की भाषा को लेकर थी। खत्री इस बात पर ज़ोर दे रहे थे कि हालाँकि खड़ी बोली को सर्वत्र गद्य की भाषा के रूप में प्रयोग किया जा रहा था लेकिन दरअसल उसमें कविता भी की जानी चाहिए थी। इसलिए खड़ी बोली के पक्ष में उन्होंने दावा किया, कि ब्रज के विपरीत यह वस्तुत: सभी लोगों की भाषा के नज़दीक थी। चूँकि नागरी और उर्दू दोनों लिपियों में लिखी जा सकती थी, इसलिए अधिक उपयुक्त थी। खत्री यह देखने से पूरी तरह चूक गए कि लिपि आन्दोलन का पूरा ज़ोर एक ऐसी माँग पैदा करना था जो एक सीमित दायरे के बाहर अमान्य हो।

लिपि की माँग कुल मिलाकर एक दरार पैदा करनेवाला आग्रह थी। क्योंकि खड़ी बोली का दावा औरों के भी ख़िलाफ़ खड़ा किया गया एक मोर्चा था, जो अपने वजूद से ज़्यादा विपक्ष को परिभाषित और प्रश्नांकित करता था। अत: खत्री की समन्वयवादी खड़ी बोली के दावे और उसकी माँग में कोई दम नहीं था। लेकिन इन दस सालों में खड़ी बोली भी परिवर्तित हो गई और उसी में से एक नई संस्कृतनिष्ठ 'हिन्दी' भी उभरकर सामने आई।

(रविकान्त व संजय शर्मा (सं.) दीवान-ए-सराय 01 : मीडिया विमर्श://हिन्दी जनपद, सराय-सीएसडीएस+वाणी प्रकाशन, 2002, पृ. 112-133)

अनुवाद : भास्कर जुयाल